Zu diesem Buch

«Schon wird die eigene Erinnerung unscharf, schon läßt sich nicht mehr genau rekonstruieren, was man einst gedacht hat, weil es die Sprache, in der man dachte, nicht mehr gibt. Zwar sind die Wörter die alten, aber sie haben einen anderen Geruch, einen anderen Geschmack.» – Helga Königsdorf hat in den vergangenen Jahren die Gespräche bis in die Gegenwart fortgesetzt, aus denen im Oktober 1990, zur deutschen Vereinigung, der Protokoll-Band «Adieu DDR» bei rororo aktuell entstanden war. Damals ging es darum, zwar nicht repräsentative, aber doch charakteristische Erfahrungen und Erwartungen, Ängste und Hoffnungen sehr unterschiedlicher Menschen aus der DDR festzuhalten, die sich nach 40 Jahren aus der Staatenwelt verabschiedete. Fünf Jahre später nun folgen diesen «Protokollen eines Abschieds» neue «Protokolle eines Aufbruchs».

Entsprechend kommen diesmal zwanzig Menschen aus allen Teilen Deutschlands zu Wort – der Unternehmer aus Süddeutschland, der sich vorübergehend am «Aufbau Ost» beteiligt, ebenso wie die ostdeutsche Kauffrau, die sich eine Existenz aufgebaut hat, der Fregattenkapitän der Bundesmarine, der seine eigenen Erfahrungen mit den neuen NVA-Kameraden macht, ebenso wie der Kranführer aus dem Osten Berlins, der Näheres über die Arbeitsverhältnisse westlichen Wirtschaftens erfährt, die Nürnbergerin, die es in der brandenburgischen Kleinstadt nicht mehr aushält, ebenso wie der ostdeutsche Computerspezialist, der das Vertrauen in die Politik verloren hat, oder der ehemalige Stasi-Mitarbeiter, der nun Versicherungen verkauft.

Helga Königsdorf hat die Geschichten, die ihr in langen Gesprächen mit großer Offenheit erzählt wurden, zu Porträts verdichtet, die für sich und in ihrer Gesamtheit die Befindlichkeit der Menschen in Ost und West im Jahr fünf nach der Einheit einfangen. «Daß dabei Widersprüchliches unaufgelöst nebeneinander bleibt, entspricht der Logik des Lebens, die immer auf ein ‹einerseits und andererseits› hinausläuft.» Sieben dieser Gespräche wurden mit Menschen geführt, die schon in «Adieu DDR» zu Wort kamen. Im Vergleich mit den vorangestellten Texten von 1990 läßt sich ablesen, was aus den Lebensentwürfen vieler in der Wendezeit bis heute geworden ist.

Helga Königsdorf, geboren 1938 in Gera, nach dem Studium Mathematikerin an der Akademie der Wissenschaften in Ostberlin. 1978 veröffentlichte sie ihre ersten Erzählungen: *Meine ungehörigen Träume*. Zwei weitere Sammlungen folgten, außerdem unter anderem: *Respektloser Umgang* (1986), *Die geschlossenen Türen am Abend* (1989), *Ungelegener Befund* (1990), *Gleich neben Afrika* (1992), *Im Schatten des Regenbogens* (1993), *Über die unverzügliche Rettung der Welt* (1994).

Helga Königsdorf

Unterwegs nach Deutschland

Über die Schwierigkeit,
ein Volk zu sein:
Protokolle eines Aufbruchs

Rowohlt

rororo aktuell
Herausgegeben von
Rüdiger Dammann und Frank Strickstrock

Originalausgabe
Veröffentlicht im Rowohlt Taschenbuch Verlag GmbH,
Reinbek bei Hamburg, Oktober 1995
Copyright © 1995 by Rowohlt Taschenbuch Verlag GmbH,
Reinbek bei Hamburg
Alle Rechte vorbehalten
Umschlaggestaltung Susanne Heeder / Philipp Starke
(Foto Alberto Incrocci / The Image Bank)
Satz Aldus (Linotronic 500)
Gesamtherstellung Clausen & Bosse, Leck
Printed in Germany
1290-ISBN 3 499 13618 x

Inhalt

- 7 Vorwort
- 11 Das Wohnmobil *(1990)*
- 17 Ein bißchen treppauf
- 23 Ein Völkchen für sich *(1990)*
- 31 Sicherer auf der Erde
- 35 Die Löcher im Schweizer Käse
- 44 Ein ganz normaler Junge *(1990)*
- 49 Eher ein bißchen zu peacy
- 55 Am Anfang war Erziehung *(1990)*
- 64 Lachen, das aus dem Körper kommt
- 71 Das tägliche Poker *(1990)*
- 76 Wo man denken läßt
- 81 An wem die Schuld hängt
- 87 Die Entscheidung
- 94 Auf dem Kran
- 100 Im Brennpunkt
- 106 Der Apfel, nach dem alle springen
- 115 Für den die Nachtigall singt
- 123 Der aufrechte Gang *(1990)*
- 130 «Oder ihr schmeißt mich raus»
- 135 Alles im Griff
- 140 Etwas wie Glück
- 147 Der Letzte *(1990)*
- 157 Tapetenwechsel
- 166 Die Falle
- 170 Barbourjacke und Korksandaletten
- 177 Wo die Stadt nach innen wächst
- 182 Hochzeitsreise nach Amerika

Vorwort

Wenn gestern jemand gesagt hätte, morgen würde sein, was heute ist, «Wahnsinn!» hätte man nur erwidert. Die Zeit läuft. Schneller und schneller. Schon ist der Herbst neunzehnhundertneunundachtzig nur noch Erinnerung. Eine unwirkliche Erinnerung. Als hätte man geträumt. Die Lambadaklänge. Den Tanz auf der Mauer. Die Illusionen. Ein Volk zu werden war nicht schwer. Bald wird sich der Tag zum fünftenmal jähren. Wir hatten Glück, bedenkt man die Alternativen.

Ein Volk zu sein ist schwieriger, als eins zu werden. Die meisten hatten sich ein Zusammenwachsen leichter vorgestellt. Nicht so bürokratisch, so geschäftlich. «Wir sind schließlich alle Deutsche!» hatten sie gesagt. Doch war seit der Trennung viel Wasser den Rhein und die Elbe hinuntergeflossen. Man hatte verschiedenen Weltsystemen angehört. War sogar deren Vorposten gewesen. Das hatte stärker geprägt, als man sich eingestehen wollte. Den einen rückten die armen Verwandten plötzlich unerträglich nahe. Die anderen erlebten in kürzester Zeit eine soziale Umordnung und Auffächerung von unvorstellbarem Ausmaß, mit allen damit zusammenhängenden Verunsicherungen und Ängsten.

Unser Umgang mit Geschichte teilt uns mehr, als daß er uns eint. Manchmal kommt es mir vor, als wären wir ans Abschwören so gewöhnt, daß wir gar keine positive Geschichte gebrauchen könnten. Wir bewältigen, arbeiten auf, machen wieder gut. Wir stellen in die Ecke und schleifen jeden Stein. Nur eines haben wir nicht gelernt: Wunden vernarben zu lassen.

Schon wird die eigene Erinnerung unscharf, schon läßt sich nicht mehr genau rekonstruieren, was man einst gedacht hat, weil es die Sprache, in der man dachte, nicht mehr gibt. Zwar sind die Wörter die alten, aber sie haben einen anderen Geruch, einen anderen Geschmack.

Wir haben neue Biographien. Jeder schiebt sich seine Rolle ein wenig zurecht. Niemand kann mit sich selbst zerfallen existieren. Das Leben ist einmalig und zu kostbar, als daß der Mensch, wenn nichts mehr korrigierbar ist, sagen könnte, er hätte es verdorben. So kommt es, daß jeder am Ende seine eigene Wahrheit hat. Die Wahrheit des anderen bereitet ihm Schmerzen, wenn sie sein Leben in Frage stellt. In der Nähe wird plötzlich der Splitter im Auge des anderen zum Balken.

Aber es ist kaum jemand, der die Uhren zurückstellen möchte. Die Zukunft will man gemeinsam bestehen. Und da kann unterschiedliche Erfahrung bloß nützlich sein. Die einen bringen ihre Untergangserfahrung mit. Sie hören jedes Knistern im Gebälk. Sie sehen die Risse. Die anderen bauen auf ihr Haus, dessen Festigkeit erprobt ist. Unterdessen beginnen die Probleme auf der Haut zu brennen. Die nichts zu verlieren haben, drängen auf Veränderung. Die anderen machen beruhigende Gesten. Sehr überzeugend ist niemand. Und das macht angst.

Raum und Zeit sind durch die technischen Möglichkeiten geschrumpft. Trotzdem ist der einzelne noch nie so klein und machtlos gewesen wie jetzt. Die Welt wird ihm zwar täglich per Bildschirm serviert, aber es bleibt eine Kunstwelt, in der er nur Zuschauer ist.

In dieser Situation könnte die Mitteilung authentischer Erfahrung eine Ermutigung sein, selbst das Gespräch zu suchen, könnte dazu anregen, einander zuzuhören.

Ich habe Fragen gestellt, zugehört und aufgeschrieben. Es sind Porträts entstanden. Gesichter von Menschen aus Ost und West. Von Frauen und Männern verschiedenen Alters, von Menschen mit unterschiedlichen sozialen Erfahrungen. Einige von ihnen hatte ich schon für «Adieu DDR» befragt.

In diesen Fällen sind die Texte von 1990 den späteren vorangestellt. Ohne Anspruch, repräsentativ zu sein, ist es ein Versuch, aus der Vielfalt von Mitteilungen ein Bild der Zeit entstehen zu lassen. Daß dabei Widersprüchliches unaufgelöst nebeneinander bleibt, entspricht der Logik des Lebens, die immer auf ein «einerseits und anderseits» hinausläuft.

Für mich persönlich waren die Gespräche wichtig. Sie haben mich verändert, meine Weltsicht erweitert. Ich bedanke mich bei meinen Gesprächspartnern.

Wir sind unterwegs. Wo wir ankommen, wo wir weitergehen, das liegt auch bei uns. Wir verändern uns und werden uns zugleich der festen Punkte in uns gewisser.

Helga Königsdorf	10. 6. 95

Das Wohnmobil

24. 8. 90

Mir war klar, daß viel passieren würde, als in Ungarn der Stacheldraht durchgeschnitten wurde. Natürlich hat sich jeder Gedanken gemacht, ob er gehen sollte oder nicht. Darüber haben wir nächtelang gesessen, meine Frau und ich. Man hat sich auch mit guten Bekannten unterhalten, Gleichaltrigen. Das hatte alles sein Für und Wider. Aber hätte es diese Leute nicht gegeben, dann würden wir heute noch immer dasitzen und uns auf den 41. Jahrestag vorbereiten.

An den Demonstrationen habe ich nicht teilgenommen. Ich habe mich da rausgehalten, muß ich ehrlich sagen. Erst einmal hatte ich keine Zeit, und es gab auch genug Krakeeler. Und wir wußten ja alle, die Polizei war zu der Zeit noch nicht so zurückhaltend. Ich habe mich darüber gefreut, und dabei habe ich es belassen.

Ich wußte, zu was dieses Regime fähig war. Ich habe die bei der Armee kennengelernt. Wenn man Meinungen vertreten hat, die dem Kompaniechef nicht gefallen haben, wurde man eindeutig aufgearbeitet. Man bekam keinen Ausgang und keinen Urlaub, und wenn das nichts half, dann ging das weiter.

Ältere Leute haben einen gewarnt: Es gibt Leute in diesem Land, die passen auf, die können dir dein ganzes Leben vermiesen. Das ging so weit, daß wir uns gesagt haben, okay, bei Politik halten wir uns völlig raus. Auf jeden Fall in Gaststätten und bei Leuten, die wir nicht kennen.

Warum sollte ich zu irgendeinem Sozialismus Vertrauen haben? Mit der Variante habe ich abgeschlossen. Nie wieder! Die haben auch nie Vertrauen mir gegenüber an den Tag gelegt. Niemals.

Jede Branche hatte für sich ein ganz spezielles Erlebnis. Und mir ist schon klar, daß ein Künstler den Sozialismus anders erlebt hat als ein Arbeiter. Ein Künstler hatte ja Freiheiten oder konnte sie erreichen. In bezug auf Reisen. Man hat schon mal die Welt sehen können und dabei meistens gut verdient. Man konnte sich auch ein besseres Bild machen über das, was kommt, über den Westen, über den marktwirtschaftlichen Ablauf. Ich kann mich nicht so hundertprozentig in Künstler reinversetzen. Ich habe sie zu keiner Zeit als meine Sprecher empfunden, obwohl sie sicher manches Kluge gesagt haben. Ich habe mich mehr um mich und meine Familie gekümmert, darum, wie das weitergehen sollte. Wir hatten ja alle unsere eigenen Gedanken dazu.

Was erhalten bleiben sollte? Fragen Sie mich das nicht. Die Kindergärten? Na gut. Das ist an sich eine feine Sache. Aber wir wohnen im Neubaugebiet, und da ist keine Gruppe unter zwanzig oder fünfundzwanzig Kindern. Das ist eine Massenabfertigung. Für mich und meine Familie kann ich nur sagen: Gut, daß es so gekommen ist. Uns wird es nur bessergehen.

Wenn ich früher im Ausland war, habe ich schon alle wissen lassen, daß ich DDR-Bürger bin. Wenn man zum Beispiel nach Polen fuhr, da wollte man schon sagen, bei uns ist das so, warum ist es bei euch nicht so. Oder mit einem Sowjetbürger: Man diskutierte, der Zustand war derselbe, aber wie es in jedem Land dahinkam, das war anders.

Wir sehen jetzt eigentlich jeden Tag, daß die Westdeutschen auch bloß Menschen sind. Und wenn man dann zurückdenkt an die vergangenen Jahre: Mein Gott, kamen die sich großartig vor, wenn sie mal hergekommen sind.

Der DDR-Bürger wurde ja dazu erzogen, schön ruhig zu bleiben und alles mitzumachen. Das Selbstbewußtsein ist uns richtig entzogen worden. Wir hatten im Prinzip immer einen Vormund.

Mit unseren Westberliner Bekannten, mit denen wir sehr intensiven Kontakt haben, gibt es solche Probleme gar nicht. Im Gegenteil. Aber es kam ja vor, daß Leute sagten: «Kiek mal, das muß doch so 'n doofer Ossie sein, der da wieder verkehrt rum die Rolltreppe hochlooft!» Oder wie die Bundesbürger uns jetzt die Autos verkaufen, mit Überpreisen, und wir kaufen trotzdem. Oder die ganzen Versicherungsgesellschaften und was da alles auf uns zukommt. Dem sind wir doch noch gar nicht gewachsen. Wir müssen noch eine Menge lernen. Aber wir sind ja lernfähig.

Ich rechne mir bei völliger Mietangleichung eine Miete von

600 DM aus, und damit komme ich hin. Mein Lohn ist mittlerweile schon dreimal gestiegen, von 5,82 DM auf 8,20 DM die Stunde. Und im Augenblick ist noch nichts teurer geworden, aber vieles billiger. Wenn ich jetzt einkaufen gehe, habe ich den ganzen Kofferraum voll.

Wenn Sie fragen, was ich am liebsten kaufen würde: wie fast jeder ein schickes niegelnagelneues Auto, eine Superstereoanlage, einen total starken Fernseher, eine Reise dahin, wo es immer warm ist.

Das meiste habe ich schon. Mit dem Auto überlege ich noch. Bei einigen Typen könnte ich mir vorstellen, sie zu fahren.

Ich denke mir unsere Zukunft so, daß wir beide Arbeit haben werden, daß unser Kind weiter in den Kindergarten geht und daß wir uns aufgrund unserer erarbeiteten Gelder nach und nach etwas leisten.

Gegen die Ausländer habe ich nichts. Sogar unsere Vietnamesen haben sich tadellos eingewöhnt. Man muß dazu sagen, als die zu uns kamen, sahen sie nicht nur körperlich schwach aus, sondern sie haben es wirklich nicht gepackt. Aber, ein Vierteljahr war rum, und die Leute konnten arbeiten. Es wird in Zukunft genug Arbeit geben, und wir werden vielleicht in Zukunft froh sein, wenn wir die Ausländer haben. Wie in der Bundesrepublik. Wie lange das noch dauern wird? Da wage ich lieber keine Prognosen. Weihnachten wird es nicht sein.

Ich habe immer noch so einen kleinen Traum. Einen Transporter, gebraucht gekauft, umgebaut zum Wohnmobil, eine tolle Perspektive. So etwas konnte man eben früher gar nicht machen. Da waren einem in allen Richtungen die Hände gebunden. Wenn man das alles durchkalkuliert, kriegt man für weniger als zehntausend Mark ein Wohnmobil mit toller Innenausstattung, die man sich natürlich selber kauft. Ein Wohnmobil für drei Personen und dann drei Wochen Europa unsicher machen, das ist doch eine tolle Sache. Das ist in Zukunft alles möglich.

Ich war immer mit einem Kind zufrieden, aber meine Frau... Es gab eine Zeit, da wollte sie noch eins haben, aber wie gesagt, es wird auch ohne gehen. Weil man ja nicht so genau weiß, was noch alles an Kosten kommt. Und dann müßte man sich nach einer größeren Wohnung umsehen. Also, mir hat schon immer ein Kind gereicht.

Ich habe zu den Tschechen ein gar nicht so schönes Verhältnis. Ich war ein paarmal mit dem Auto drüben und habe da mitgekriegt, daß man als DDR-Bürger nicht unbedingt gern gesehen ist. Und dann haben sie die Benzinpreise so drastisch erhöht. Pkws haben sie uns in den letzten Jahren auch nicht geliefert. Man hat rundum gemerkt, was die von uns halten. Da bin ich im Augenblick so mißgestimmt, daß ich mir vorläufig nicht vorstellen kann, dahin zu fahren.

Mit den Polen komme ich besser klar. Obwohl – jedes Land hat seine Eigenarten, und die Polen waren nie die Fleißigsten. Na gut, sollen sie alle machen, wie sie denken, da kann man nichts weiter dazu sagen. Das ist eben wahrscheinlich so die Mentalität der Leute. Fairerweise muß man sagen, irgendwoher müssen sie das Geld für ihre Hamsterkäufe haben. Und wir haben es ja hingetragen.

Bei uns im Betrieb stellen wir Badzellen her, so einen Standard: Badewanne, Waschbecken, Tapete geklebt. Als da jetzt zum erstenmal ein Bundesdeutscher reinging, bevor die Mieter eingezogen waren, und sich das anguckte, hat er gesagt: Also, Jungs, das geht nun überhaupt nicht mehr. Die DIN-Norm sagt, in Naßräumen muß generell gefliest werden. Also, das ist so kurios. Wenn man unsere Badzellen sieht, die sind klein, die sind eng, und dann diese Tapete, die sich von selber löst, weil wir das Ganze vierzehn Tage bis drei Wochen auf Freiflächen stehen haben, wo natürlich das Wasser rankommt. Die Leute kommen zu den Baustellen und gucken nur: Das kann nicht wahr sein, die Tapete fällt wieder ab. Und überhaupt das ganze Niveau mit diesen komischen Plastemischbatterien. Das ist für einen Bundesbürger wirklich ein Ereignis, so etwas mal zu sehen. Da haben wir natürlich ein paar Auflagen erhalten.

Ich finde jetzt alles wahnsinnig aufregend. Die Mauer hat uns so unverschämt abgeschirmt, daß wir nicht wissen, was Technik und Fortschritt ist. Das war so gemein! Man hat ja teilweise drüben in der Toilette gestanden und wußte nicht, wie der Wasserhahn aufgeht. Weil die eine völlig andere Technologie haben. Mit diesen Einhebelmischbatterien, das ist eben eine tolle Sache, oder mit den Lichtschranken, wenn man spülen will. Man hat dagestanden wie so ein kleiner Trottel. Und das ist ja bei der anderen Industrie dasselbe, ob es nun Autoindustrie oder Möbelindustrie ist. Ist das nicht beschämend? Wir sind ja nun dasselbe Volk, und wir sind so hinters Licht geführt worden.

Mein Arbeitsplatz – Fertigteilindustrie, Betonelemente – ist zur Zeit nicht in Frage gestellt. Also, ich sehe da totale Perspektive, prima. Der Meisterlehrgang, von dem ich Ihnen früher erzählt habe, da spielt sich vorläufig nichts ab. Es gab mal einen Riesenbedarf. In jeder Schicht mußten zwei Meister gleichzeitig vor Ort sein. Das mußte man reduzieren. Man muß doch effektiv arbeiten. Die Leute sind längst weg, die sich das damals ausgedacht haben. Es gibt noch welche, die haben Erfahrung von früher mit marktwirtschaftlichen Bedingungen. Gleich als es losging, haben wir ein Drittel der Büroangestellten entlassen. Das wurde einfach gemacht. Da gab's ganze Bereiche Neuererwesen und sonst dergleichen, die waren so uneffektiv, was Schlimmeres gab es gar nicht. Zum Beispiel eine Meßtruppe, die hatte dreißig Mann. Die wurden ersatzlos abgeschafft. Und das geht, das geht besser als vorher. Also man wagt sich das gar nicht zu sagen, wir haben in den sechziger und siebziger Jahren besser produziert als später. Schuld daran ist das Neuererwesen. Die haben nur versucht, so billig wie möglich, so schnell wie möglich und soviel wie möglich zu produzieren. Koste es, was es wolle, immer mit einem Minimum an Arbeitsmaterial. Und da kommt dann so was zustande wie so eine Badzelle.

Ich bin dreißig Jahre alt. Seit neunzehnhundertachtundsiebzig bin ich im Betrieb. Natürlich Armee, eineinhalb Jahre und zweimal ein Viertel. Zum Gefreiten befördert. Das war wohl jeder. Ich bin da mit allen ausgekommen. Jeder hat die Notwendigkeit ja irgendwo eingesehen. Obwohl die eineinhalb Jahre für jeden natürlich auch eine Strafe waren. Aber man hat versucht, das zu überspielen. Wir waren alle unter dreiundzwanzig, alle Facharbeiter. Ein gutes Team auf der Stube.

Um noch einmal auf meinen Arbeitsplatz zurückzukommen, eins ist sicher, so kann es nicht weitergehen. Wir machen jetzt ein Auslaufprogramm für unsere Wohnobjekte, und dann können wir nur nach Bestellung produzieren. Wenn jemand bestellt, wird geliefert. Aber ob bestellt wird, das wird durch die Qualität des Angebots bestimmt. Man muß Niveau zeigen. Wir haben seit acht Jahren dasselbe Sortiment produziert, es gab kaum Detailverbesserungen. Wenn man jetzt einem Bundesdeutschen erzählen würde, daß wir noch Aluwasserleitungen haben und den Kaltwasserstrang in Plaste, dann würde der nur mit dem Kopf wackeln. Wir sind jetzt eine Holding. Genau erklären, was das ist, kann ich nicht.

Meine Eltern sind auch bloß Arbeiter. Ja, was heißt bloß? Es gab ja Zeiten, in denen man nicht besonders angesehen war als Arbeiter. Da hat jeder versucht, was Besseres zu sein.

Alles, was aus dem Westen kam, hatte eben immer höheres Niveau. Und wenn man dann feststellen mußte, ein Gerät, das bei uns drei- bis viertausend Mark kostete, Mark der DDR, war drüben für sechshundert zu haben, bedeutete es doch, daß unser Geld nichts galt. Dadurch wurde die Arbeit, die man machte, im Prinzip abgewertet.

Abwarten und Tee trinken. Optimistisch auf jeden Fall, aber ein Stück Ungewißheit steckt natürlich drin. Spätestens wenn die Firma doch Pleite machen sollte, geht es los: Was dann? Also, ich bin mir sicher, ich würde andere Arbeit finden. Aber die Umstellung müßte man erst mal bewältigen. Ich bin bereit zu arbeiten. Ich traue mir eine Menge zu, und ich weiß, daß ich was kann. Ich weiß, meine Arbeitskraft ist was wert. Für 5,82 DM gehe ich nie wieder arbeiten.

Ein bißchen treppauf

16.11.93

Aber sicher fühle ich mich deutsch. Kein Problem damit. Und alle meine Wünsche sind in Erfüllung gegangen. Und darüber hinaus noch viel, viel mehr. Sachen, von denen ich nicht einmal zu träumen gewagt hätte.

Allein das Gefühl, frei zu sein. Toll. Reisen zu können, wohin man will. Und man kann es sich auch leisten. Es ist kein Traum mehr, keine Illusion. Man kann es einfach machen. Wenn man jetzt irgendwohin fahren will, setzt man sich ins Auto und fährt los, ohne ein halbes Jahr vorher Anträge stellen zu müssen. Bisher habe ich mehr oder weniger die Anliegerstaaten von Deutschland besucht. Außerdem wollte ich erst einmal Deutschland richtig kennenlernen. Deutschland hat viele sehr schöne Gegenden. Und warum so sehr in die Ferne schweifen. Schweiz, Österreich, Holland, Dänemark, da waren wir bis jetzt. Was mich jetzt interessieren würde, wäre eine Autotour durch Amerika.

Ich habe einfach irgendwann mal einen Pkw und einen Hänger gekauft. Und das war dann mein Wohnmobil. Ich habe mir gesagt, das ganze Jahr ist schließlich nicht Urlaub. Und der Hänger steht jetzt auf dem Grundstück. Pachtland in Richtung Rüdersdorf. Direkt in Wassernähe. An so etwas war früher gar kein Rankommen. Inzwischen steht auch ein Bungalow dort.

Die Illusion von der sozialen Marktwirtschaft hat sich ja so nach und nach verflüchtigt. Die größte Illusion war, zu glauben, daß man, in sozialer Geborgenheit, friedlich seine Arbeit verrichten könnte. Angst hat man schon ein bißchen. Und die verliert man auch nicht. Jedenfalls nicht, wenn man realistisch denkt. Die Gesundheit, der normale Menschenverstand, die Arbeitskraft, das sind die entscheidenden Dinge. Wenn man sich die bewahrt, kann man alles genießen. Man hat Angst, daß mal etwas ganz Unvorhergesehenes passieren könnte und daß man dann raus ist aus dem Rennen. Daß man durch das soziale Netz fällt. Aber das nötige Geld zum Leben bekommt man. Sicher ist es nicht genug, um seinen Lebensstandard zu halten. Aber irgendwie geht es auch dann weiter.

Ich arbeite jetzt im Großhandel. Das war eine ziemliche Umstellung. Das DDR-Baugewerbe ist kaputtgegangen. Ich mußte mir etwas Neues suchen. Was mir nicht schwerfiel. Berlin hat da doch seine Vorteile. In der neuen Arbeit habe ich voll Fuß gefaßt. Ich bin heute Lagerleiter in dieser Firma.

Am Anfang habe ich mit dem Auto Ware ausgefahren. Das war toll und immer abwechslungsreich. Jeden Tag haben wir interessante Leute kennengelernt, immer neue Gegenden gesehen und die Umgestaltung in den neuen Bundesländern direkt vor Augen gehabt. Überall, wo man vorbeigefahren ist, sah man neue Bauten. Neue Firmen wurden eröffnet. Überall Baustellen. Der Straßenbau ging zügig voran. Fehlorganisation gibt es jetzt auch. Wenn die aber heute die Straße dreimal aufreißen und wieder zumachen, sehe ich es ganz anders als früher. Heute sage ich mir, je mehr solcher Fehler gemacht werden, desto mehr Arbeit gibt es. Früher hätte ich mich darüber aufgeregt, weil da alles aus dem einen großen Topf kam. Da konnte dafür dann etwas anderes nicht gemacht werden. Heute weiß ich, da bekommt wieder eine Firma Aufträge, die Konjunktur schläft nicht ein, und das schafft Arbeitsplätze.

Früher wurde propagiert, daß der Staat und das Volk eine Einheit bilden. Und das Volk war damit identifiziert, was der Staat macht. Deshalb hat auch jeder gedacht, er müßte seinen Beitrag dazu leisten, und sich aufgeregt, wenn nichts klappte. Einerseits hat der Staat einem die Hand gereicht, andererseits hat er einem viele Freiheiten genommen. Ob das nun der Ehekredit war oder sonst etwas dergleichen, dafür hätte man vielleicht noch danken sollen, weil das zinslos war. Aber auf der anderen Seite hat man so wenig Lohn ausgezahlt bekommen, daß man sich manchmal fragen mußte, wofür man denn arbeiten ging. Heute hat man hohe Löhne. Aber es geht ja auch viel wieder weg, so daß man im Endeffekt auch nicht soviel übrig hat.

Aus Politik halte ich mich in Zukunft raus. Was die Parteien versprochen haben, war nichts als Propaganda und Meinungsmache. Wenn sie dann dran waren, haben sie nicht mal einen Bruchteil von dem erfüllt, was sie versprochen hatten. Ich wüßte nicht, wen ich da wählen sollte. In den drei Jahren, die wir in der Marktwirtschaft leben, hat man die Erfahrung gemacht, daß Politiker nie das meinen, was sie sagen. Und die nötigen Konsequenzen hat das, was sie sagen, schon gar nicht. Da gibt's schöne Sprüche, die Stimmen bringen, die aber ansonsten Schall und Rauch bleiben. Davon bin ich eigentlich grundsätzlich enttäuscht.

Wir leben zwar in einem demokratischen Staat, aber die Demokratie bleibt im Grunde genommen auch auf der Strecke. Spätestens am Arbeitsplatz. Da hat sich die Lage völlig geändert. Ich habe zwar zu meinem Chef ein loyales Verhältnis. Wenn ich mich aber heute negativ zu ihm oder zu meiner Arbeit äußern würde, dann hätte das seine Konsequenzen. Sicher, ich kann meine Meinungsfreiheit wahrnehmen, aber dann werde ich nicht mehr lange dort sein. Das ist doch ganz klar. Gerade jetzt, wo wir im Prinzip wieder eine Rezession haben, denn mit der Konjunktur läuft das längst nicht mehr so. Der Absatz geht in fast allen Branchen zurück. Da sollte man schon sehen, daß man seinen Arbeitsplatz behält. Man wird aber damit gut fertig. Im Prinzip haben wir ja immer schon selbständig gearbeitet. Wir sind ja nicht unbedingt doof oder sonst dergleichen. Im Prinzip werden wir besser damit fertig als manch ein Wessi, der sich da ganz anders verhält und sich viel mehr rausnimmt. So weit waren wir noch gar nicht.

In den neuen Bundesländern sind jede Menge neue Firmen gegründet und teilweise auch Industriestandorte gerettet worden. Wenigstens, was ich im Land Brandenburg so sehe. Da gibt es eigentlich kein Nest, in dem nicht irgendwelche Firmen ihren Sitz haben. Firmen mit Vertriebsorganisation. Man braucht nur mit offenen Augen durch die Lande fahren. Über das Wirken der Treuhand kann man schon streiten. Da gab es viele Sachen, die nicht in Ordnung waren. Da braucht man sich bloß an den Fall Narva zu erinnern. Entscheidend ist, daß längst nicht so viele Arbeitsplätze gerettet wurden, wie vorher gesagt worden war, und daß viele Menschen jetzt auf der Straße liegen.

Aber mal nur von der Wirtschaft her gesehen, denke ich eigentlich, daß es die ganze Zeit schrittweise bergauf geht. Nein, daß alle

Unternehmer rausgehen, sich vielleicht wegen billigerer Löhne weiter östlich ansiedeln, das glaube ich nicht. Schon wegen der Transportwege nicht. Die Absatzmärkte sind hier.

Das einige Europa ist nicht so mein Ding. Das kann ja durchaus mal etwas Gutes werden. Aber bisher sehe ich keine Vorteile.

Gegen die Ausländer, die schon seit Jahrzehnten hier sind, gegen die habe ich nichts. Wohl aber gegen die Einwanderungsströme, dagegen habe ich schon etwas. Es wird auf dieser Erde immer Länder und Gegenden geben, wo es den Menschen nicht so gutgeht. Wo es ihnen sogar ziemlich schlechtgeht. Dadurch wird es auch immer Flüchtlingsströme geben. Irgendwann muß man das mal unterbinden. Manches, was heute so von Verbrechen berichtet wird, ist Panikmache der Medien. Horror und Sensationen verkaufen sich einfach gut. Wenn ich nur die Titelseiten der Zeitungen sehe, wird mir schon schlecht. Aber wenn man sich davon beeindrucken läßt, ist man selber schuld. Es gab schon immer die Bösen und die Schlechten. Und wenn man die jeden Tag auf die Titelseiten bringt und daraus auf die ganze Welt schließt, dann ist da etwas nicht in Ordnung. Wenn Sie mich nach der Zukunft fragen, sage ich: Machen wir halt so weiter, und hoffen wir, daß man seine Arbeit behält, sein Geld verdient und mit diesem Geld gut leben kann.

Ich kann mir nicht vorstellen, daß ich länger als eine Woche arbeitslos wäre. Es kann etwas passieren. Die Firma kann Pleite machen. Aber dann nehme ich doch die Beine in die Hände und suche mir eine andere Arbeit. Und ich bin überzeugt, daß ich eine finde. Natürlich möchte man im Beruf weiterkommen. Außerdem möchte ich auf dem Grundstück draußen ein Haus bauen. Da gibt es jetzt ja tolle Möglichkeiten. Man möchte schon ein bißchen treppauf gehen. Und dementsprechend gibt es auch kleine Zielsetzungen.

Die Familie ist ein Kapitel für sich. Durch die viele Arbeit, die ich in den letzten Jahren hatte, ist da eine Menge kaputtgegangen. Meine Frau hat die Scheidung beantragt. Früher hat meine Frau ein zweites Kind haben wollen. Jedenfalls war damals oft die Rede davon gewesen, ich kann mich noch genau daran erinnern. In den letzten zwei Jahren nicht mehr. Voriges Jahr hat sie eine Unterbrechung gemacht. Danach war sie sehr verändert.

Die Wende hat nicht nur Deutschland verändert, sondern auch die Menschen. Das ist eigentlich schon ein Problem. Die Menschen denken jetzt fast alle anders. Vor allem die Ostdeutschen. Viel materialistischer. Das liegt einfach an der Macht des Kapitals. Weil man heute mit Geld sehr viel machen kann.

Früher war nicht das Geld das Interessante, sondern das, was man so landläufig «Beziehung» nennt. In solchen Beziehungen ist schon ein offenes Wort gesprochen worden. Man hat viele Kontakte gepflegt. Man hat sich sehr gut verstanden. Und das ist heute eigentlich nicht mehr so. Wenn man sich mal ein bißchen umsieht, muß man feststellen, daß sich viele Familien einigeln. Da dringt weniger nach außen. Das war früher nicht so.

Das mit meiner Ehe trifft mich sehr. Vor allem auch wegen meiner Tochter. Ich denke schon, daß Zeitpunkt und Anlaß für so etwas nicht berechenbar sind. Da ich aber meine Frau kenne... Also der Zeitpunkt, an dem sie mir ihre Entscheidung mitteilte, ist denkbar unglücklich gewesen.

Eigentlich hätte ich es wissen können. Wissen können, daß der Zeitpunkt kommen würde, wo sie total frei sein wollte und keinem Wort mehr zugänglich sein würde. Aber ich habe es nicht für möglich gehalten. Ich habe durch den Arbeitsstreß und durch die Pflege meines Vaters, der bettlägerig war und in dessen Pflege ich mich mit meiner Schwester geteilt habe, nicht genügend Zeit gehabt. Seitdem ist zwar mein Verhältnis zu meiner Schwester wieder besser geworden, aber meine Ehe ist kaputt. Wir wollten ihn nicht in ein Heim geben. Daß mir das mit der Scheidung am gleichen Tag mitgeteilt wurde, an dem mein Vater starb, war natürlich sehr unschön. Das hätte auch nicht sein müssen.

Na gut, das Leben wird auch so weitergehen. Die ersten Tage hatte ich regelrecht Panik. Aber nachdem ich mich mit dem Wäschewaschen, dem Bügeln und den anderen Dingen des Haushalts wieder vertraut gemacht habe, bin ich ruhiger geworden.

Ich möchte eine eigene Wohnung haben. Ich denke eigentlich nicht, daß man mit dreiunddreißig Jahren Angst haben muß, allein zu bleiben. Frauen haben da heute größere Probleme, weil sie wirtschaftlich benachteiligt sind. Auch dadurch, daß es eben nicht so einfach ist, abends allein auf der Straße zu sein. Als Frau allein zu leben, stelle ich mir schon schwieriger vor.

Die gesellschaftlichen Unterschiede spielen auf einmal eine Rolle. Ich kenne zum Beispiel bei mir auf der Arbeit einen Fall, da war er

Kraftfahrer und sie Sekretärin. Die ist heute Beamtin und verdient praktisch das Dreifache. Das spielt bei den Frauen dann doch irgendwann eine Rolle. Die ordnen sich dann doch anders ein.

Für mich war es immer wichtig, daß ich meine Arbeit ordentlich mache. Und der Feierabend gehört der Familie. Dazu gehörte aber auch mein Vater. In der letzten Zeit, als es ihm so schlechtging.

Ich bin jedenfalls, abgesehen von meiner Ehe, mit allem sehr zufrieden. Wenn ich mich nur an diese grauenhaften Kaufhallen im Osten erinnere. Das wäre ja nun das Letzte, was ich mir zurückwünschte. Und dann die stupide Arbeit, die ich früher gemacht habe. Ich erinnere mich noch mit Schaudern daran, wie man morgens auf den Bus gewartet hat, umgeben von den Abgaswölkchen der Trabis und der Wartburgs. Oder wie man nach der Arbeit erst einmal eine Viertelstunde anstehen mußte, um zu hören, was sie nicht hatten.

Davon wünsche ich mir aber auch gar nichts zurück.

Ein Völkchen für sich

20. 7. 90

Für mich ist es nicht schwer, mich zu unterhalten, und daß es für ein Buch ist, das ist eigentlich Nebensache.

Ich habe vieles vom Verhalten meiner Eltern uns Kindern gegenüber nicht verstanden. Leider kann ich mit meinem Vater nicht mehr darüber reden, weil er verstorben ist. Zu ihm war der größere Zwiespalt, sowohl bei meinem Bruder als auch bei mir. Meine Mutter ist, wie ich es in vielen Familien erlebt habe, verständnisvoller und versucht auszugleichen. Ich glaube, das liegt noch an dem alten Rollenverhalten, daß sich der Vater mit den Kindern, wenn sie klein sind, weniger befaßt, sondern mehr auf der geistigen Ebene, wenn sie dann vernünftiger sind, so daß in vielen Familien die emotionale Bindung an die Mutter größer ist.

Ich habe viele Auseinandersetzungen mit meinem Vater gehabt. Wenn man jung ist, drückt man sich noch ein bißchen drastisch aus. Vieles habe ich nicht so durchschaut, aber die Auswirkungen zu spüren bekommen. Und dagegen habe ich versucht anzugehen, rein aus der Emotion heraus.

Ich habe mich zum Beispiel sehr bei der FDJ engagiert, und ich habe mitbekommen, daß es nichts brachte, wenn ich auf irgendwelchen Delegiertenkonferenzen herumsaß oder auf diesen unsinnigen Freundschaftsratssitzungen, wo nie was rauskam, wo man FDJ-Kleidung anziehen mußte. Das hat mein Vater überhaupt nicht verstanden, weil er eben aus der völligen Anfängergeneration kam. Als Halbjude im Krieg aufgewachsen, gerade mal so mit dem Leben davongekommen, hat er nach dem Krieg die Chance gesehen und sich da mit aller Euphorie reingestürzt mit seinen achtzehn, neunzehn Jahren und hat, glaube ich, die schönsten Zeiten dieser Organisation miterlebt. Als eben nicht jeder drin war, sondern nur wenige, als die Jugendlichen sich da wirklich zusammengefunden hatten. Das ist ja verlorengegangen. Er hat nicht verstanden, daß ich damit nicht klargekommen bin, sondern daß ich auch verbittert war. Ich habe in der zehnten Klasse, nachdem ich mich drei Jahre lang aufgerieben hatte, nicht mal einen Blumenstrauß dafür bekommen.

Ich bin schon immer sehr reiselustig gewesen, und dieses Eingeengtsein hat mich am meisten bedrückt. Ich hätte es vielleicht noch eingesehen, wenn alle nicht hätten fahren können. Durch den Beruf meiner Eltern wußte ich, wie das läuft, wer weshalb wohin fahren kann, zu sogenannten Dienstreisen. Ich wußte also genau, es gibt Privilegierte. Vati hat als Journalist viel von der Welt gesehen, und Mutti ist nie ins Ausland gekommen. Die großen Reisen hat eben Vater gemacht, und die größeren beruflichen Erfolge hatte natürlich auch er. Insofern kenne ich auch die Schattenseiten dieses Berufs. Ich studiere jetzt selbst Journalistik.

Der Streit geht immer darum, ob das nun eine Wissenschaft oder ein Handwerk ist. Ich bin der Meinung, es ist ein Handwerk, das von Wissenschaften lebt. Die an der Uni haben sich künstlich etwas aufgebaut. Das sind oft Leute, die nie selbst journalistisch gearbeitet oder die in der Praxis versagt haben. Das Vorhaben mit der Ausbildung ist vielleicht ganz gut. Das Problem ist nur, es sind nicht die richtigen Leute. Da sitzen wirklich noch die ganzen Alten. Ich mache jetzt mein Vordiplom zu Ende und will dann woanders weiterstudieren.

Ich hatte mich schon auf der Oberschule geweigert, in die Partei einzutreten, weil ich mir sagte, was soll das mit achtzehn. Für das Studium war es eigentlich von Anfang an eine Verpflichtung. Aber man hatte ja noch nicht mal gearbeitet, man wußte also gar nicht, wie es so langläuft. Während des Volontariats hatte ich mit meiner Mutter große Auseinandersetzungen, weil sie überhaupt nicht verstanden hat, warum ich so viele Fragen gestellt habe. Für sie war alles eine Selbstverständlichkeit. Meine Oma war in der Partei und auch dafür begeistert. Meine Mutter und meine Tante sind mehr aus Tradition reingegangen. Ich wollte eintreten, hatte aber Angst. Ich hatte das Statut gelesen und dachte, das ist es eigentlich. Aber ich hatte im Rundfunk so schlimme Sachen erlebt in dem einen Jahr, und dieser Zwiespalt wurde immer größer. Es hing natürlich sehr von den Leuten ab. Es gab da auch welche, die zwar in der Partei waren, aber die meiner Meinung nach viel mutiger und kritischer waren als die, die sich irgendwo um die Dinge rumgedrückt haben.

Mit meiner Mutter gibt es jetzt gar keine Schwierigkeiten. Ich meine, daß wir uns nichts vorwerfen. Wenn Vater die Zeit erlebt hätte, ich glaube, das hätte zu einem Bruch geführt. Wir hätten uns abgenabelt, mein Bruder und ich. Sie haben eine Menge gewußt. Wenn sie sich mit Kollegen unterhalten haben, wurde viel kritisiert. Wenn wir dann das gleiche kritisieren wollten, durften wir es nicht. Weil mein Vater Angst hatte, wir verlieren unsere Ideale.

Die Tanzgruppe hat mich total geprägt. Meine Oma hat aus allen in der Familie Schauspieler machen wollen, und ich war ihr letzter Versuch. Sie hat mich schon mit fünf Jahren dahin geschleift. Ich war am Anfang sagenhaft schlecht. Die Tanzpädagogin hat versucht, mich rauszuekeln. Ich kann mir nicht mehr ganz erklären, warum ich trotzdem weitermachte. Irgendwann machte es klick, und ich wurde auf einmal gut. Geprägt hat es mich insofern, daß man beim Tanzen viel von sich zeigen muß, man muß seine Hemmungen überwinden. Bei uns durfte man ja nie spontan sein. So kann ich also viel Gefühl, Frust oder Freude rauslassen. Auch was das Äußere angeht. Man wurde doch sehr erzogen, auf das Äußere zu achten. Und durch das Tanzen habe ich auch Mut bekommen, dies «Man macht» oder «Man darf nicht» zu überwinden.

Ich habe im September in Leipzig angefangen zu studieren. Da mußten wir die ersten zwei Wochen aufs Feld in die Landwirtschaft, was ich übrigens ganz gut fand. Abends saßen wir vorm Fernseher. Da waren Bilder von der Nikolaikirche, wie die unauffälligen jungen Herren mit Lederjacken in die Massen reinsprangen oder Transparente runterrissen. Wir fragten: «Was ist denn da los?» Bei uns gab es ziemlich viele Leipziger. Und die sagten: «Na, wißt ihr das nicht, das ist doch schon seit Februar.» Und wir hatten wirklich keine blasse Ahnung.

Dann kamen wir nach Leipzig, fingen an einem Montag an und hatten als letztes Fach «Aktuell-politisches Argumentieren». Wir wurden belehrt, daß wir danach sofort ins Wohnheim zu fahren hätten. Die meisten ließen sich wirklich einschüchtern. Ein Paar Mädchen und ich, wir sind hingegangen. Und es war irgendwie unfaßbar. Ich hatte so etwas nie gesehen. Nur nach der Wahl an der Gethsemanekirche, aber da war alles sehr stumm gewesen. Doch so etwas wie in

Leipzig, wo die sich wirklich Punkt siebzehn Uhr trafen, und das wurde immer dichter, so etwas hatte ich nie erlebt. Und die Polizei mit den Hunden. Und dann standen die völlig eingeengt in den Straßen und sangen die Internationale. Also man dachte: Mein Gott, hier passiert ja wirklich was.

Und diese Stimmung war eigentlich im Oktober, November schon für mich vorbei. Ende September habe ich den ersten großen Marsch mitgemacht. Bis dahin standen wir ja nur an der Kirche zur Friedensandacht, wir kannten uns noch gar nicht so aus. Die Massen standen diesmal von der Oper bis zum Gewandhaus, solche Massen auf einmal bei einer nichtorganisierten Demonstration hatte ich noch nie gesehen. Und dann sind wir zum Bahnhof runtermarschiert, das war so richtig euphorisch. Da hatten alle ihre Kinder mitgebracht, als Schutzschild. Da liefen ganze Familien und alle Altersgruppen.

Das hatte sich für mich dann schon nach dem 7. Oktober erledigt. Am 9. Oktober bin ich dann wirklich nicht hingegangen. Aus Angst, sage ich ganz ehrlich. Bei einer späteren Demo, wo wir hinter der DDR-Fahne gingen, hatten wir Angst, daß die Leute auf uns losgehen würden. Ich war so wütend, daß ich mich als Bonzenkind beschimpfen lassen mußte, und als Stasikind. Ich erinnere mich an eine Frau in Pelzjacke, die wahrscheinlich vierzig Jahre lang in aller Ruhe gelebt hatte, ohne sich jemals Schwierigkeiten zu machen, von solchen mußten wir uns nun beschimpfen und angrapschen lassen. Hinter uns schrie einer: Lieber tot wie rot. Ich sagte zu ihm: Das heißt aber «als». Da wurde der wütend und schrie: Ist doch völlig egal! Ich sagte: Wenn du schon ein Deutscher sein willst, mußt du auch richtig deutsch reden. Das war natürlich sehr gewagt. Der hat sich wahrscheinlich nur noch nicht richtig vorgetraut. Das war so ein richtiges Spießrutenlaufen. Rechts und links sahst du solche riesigen Münder, die immer auf uns einbrüllten. Da haben wir uns damals gesagt, das lassen wir lieber sein, das bringt überhaupt nichts. Später, vor der Oper, so mit Licht angestrahlt und mit Fahnen, da dachte ich, das ist wie aus alten Wochenschauen. Die brüllten sich gegenseitig nieder. Also, das war gespenstisch.

Das Studium wurde erst mal ausgesetzt. Denn im ersten Studienjahr hatte man vor allem Geschichte der SED, Militärpolitik und solchen Schnulli. Und nun wußten sie nicht mehr, was sie mit uns anfangen sollten.

Meine Freundin und ich, wir sind in ein Krankenhaus arbeiten gegangen, was sehr lehrreich war. Aber das wäre ein anderes großes Thema – die Hierarchie der Ärzte und Schwestern, dieses Geplänkel untereinander. Das Abschieben von Krankheit und Tod in die Krankenhäuser. Ich glaube, das ist so eine Sache, unsere ganze Zivilisation krankt an einer unnatürlichen Angst vor dem Tod, weil man eben damit überhaupt nicht in Berührung kommt. Man sieht im Fernsehen jeden Abend Hunderte sterben. Aber in der Wirklichkeit?

Es ging im Oktober los. Leute von der Psychologie und der Philosophie hatten sich zusammengesetzt, und auf einmal hing da ein Zettel von einer Vorbereitungsgruppe vom Studentenrat. Ich fand das unheimlich aufregend, aber alle anderen – nichts dergleichen. Man sollte doch denken, Journalistikstudenten müßten interessiert sein. Aber ich war wirklich die einzige vom ersten Studienjahr. Und ich war dann auch bei der ersten Sitzung dabei, als das alles noch provisorisch gewesen ist. Ich habe die Leute erlebt, die das angeschoben haben. Es waren eine Menge Philosophie- und Psychologiestudenten dabei, alle natürlich schon viel älter. Viele Genossen. Ich muß sagen, in dieser Zeit ist soviel Neues auf mich hereingestürzt: weg von zu Hause, das Studium, dann diese Situation im Oktober in Leipzig. Ich bin zu den Sitzungen des Studentenrates anfangs regelmäßig hingegangen und habe dort zum erstenmal etwas von demokratischen Spielregeln mitbekommen. Eigentlich habe ich bloß zugehört, die hatten viel mehr Einblick, gerade die Philosophen. Da gibt es Dozenten, die im September schon auf der Abschußliste standen und die jetzt wieder draufstehen. Die sind heute genauso unbequem wie früher auch.

Auf dem Konzil am Ende des Studienjahres saßen wir sechs Stunden und wollten eigentlich nur die Kommission wählen, die das neue Universitätsgesetz ausarbeiten sollte. Aber viele Professoren wollten unbedingt noch ihre Probleme auf die Tagesordnung bringen. Wir haben uns bloß gestritten und sind nicht einmal zur Wahl gekommen. Ich habe peinliche Ausfälle der Naturwissenschaftsprofessoren, gerade Mathematik, Medizin, das waren wohl die Schlimmsten, gegenüber den Gesellschaftswissenschaftlern erlebt. Weil letztere angeblich immer in der ersten Reihe tanzten. Aber die hatten sich wirklich die ganze Zeit am meisten engagiert. Es geht schon bis runter zu den Studenten, daß man sich dafür entschuldigen muß, Philosophie,

Journalistik oder gar Marxismus-Leninismus «unter den alten Stalinisten» gemacht zu haben. Die Demagogie treibt Blüten. Wir Studenten wollen eine Kommission gründen zur Untersuchung von Amtsmißbrauch und fachlicher Inkompetenz, darauf wollen *wir* uns konzentrieren.

Mein politisches Engagement kann mir schon Schwierigkeiten machen. Aber ich glaube, daß sich die anderen auch ändern müssen. Die globalen Probleme werden eine ganz andere Einstellung zum Leben und zur Gesellschaft erfordern, sonst werden wir hier ziemlich schnell einen Abgang machen.

Die Grundidee von einem gemeinsamen Europa finde ich eigentlich sehr gut. Aber bei diesem ganzen Ding empfinde ich die größte Gefahr, daß sich Europa «friedlich vereint» und auf Kosten der übrigen Welt lebt, also Asien, Afrika und Lateinamerika dafür zahlen müssen. Ich versuche, aus diesem ganzen Deutschland- und Europatopf herauszukommen und weiterzugucken. Selbst wenn es in Europa Abstufungen gibt, wird sich das schnell verwischen. Wenn ich nur überlege, wie verbrecherisch die wirtschaftlich starken Länder mit den Entwicklungsländern umgehen, müßte ich schon bei jeder Frucht, die ich esse, ein schlechtes Gewissen haben.

Nein, einen Freund habe ich zur Zeit nicht. Aber jede Menge Probleme. Ich hatte einen Freund aus einer Medizinerfamilie, ein Medizinstudent. Das war alles so typisch intellektuell abgehoben. Ständig irgendwelche überhöhten Diskussionen. Gerade in dieser Zeit, in der man sich sowieso schon aufgerieben hat. Ich war eigentlich heilfroh, als die Sache vorbei war. Wir haben uns nicht gegenseitig geholfen, sondern eher das Gegenteil war der Fall.

Meine Probleme hängen eigentlich nicht mit der Gesellschaft zusammen. Ich möchte unbedingt Kinder haben. Mein Vater hat mich immer als Emanze beschimpft. Und ich bekenne mich dazu. Ich bin wirklich für eine Gleichberechtigung. Aber für diese Feministinnenbewegung habe ich nicht allzuviel übrig. Viele wollen eine Umkehrung, die sind wirklich militant. Das Rollenverhalten existiert ja nicht nur für uns, manche Frauen machen sich überhaupt keinen Kopf, ob nicht auch die Jungs darunter leiden. Ich habe das ganz stark durch meinen Bruder mitbekommen, der überhaupt nicht ins Schema paßt. Die Haltung meines Vaters gegenüber Frauen konnte ich gar nicht akzeptieren. So richtig bürgerlich spießig. Ein Mann muß viele

Frauen haben, sonst ist er kein richtiger Mann, und die Frau hat treu zu sein. Mein Vater hat sich nicht mal eine Stulle selber geschmiert. Das fand ich irgendwie lächerlich. Auf der anderen Seite, muß ich sagen, hat meine Mutter es ja auch nicht anders gewollt.

Ich halte nichts von diesen alleinstehenden Müttern, die dann sagen: Ich schaff das schon. Ich würde wirklich versuchen, eine Partnerschaft erst sehr lange auszuloten, ehe ich ein Kind mit reinziehe. Ich habe überhaupt nichts gegen Heiraten. Man kann sich notfalls ja wieder scheiden lassen.

Die Situation jetzt ist beschissen, es ist alles zu spät gekommen. Einfach schon dadurch, daß wir nur ein zweiter Teil Deutschlands sind und nicht ein eigenständiges Land bleiben, wie die Tschechoslowakei zum Beispiel. Wir waren am 30. Juni zu einer Fete im «Babylon», Abschied von der DDR-Mark. Da war so das typisch linke Szenepublikum. Bei den Extremen kann man schon gar nicht mehr zwischen rechts und links unterscheiden. Ich mag das Wort «links» eigentlich nicht besonders, ich würde mich eher «kritisch» nennen. Vor allem verstehe ich mich als Verteidiger von DDR-Eigenheiten. Das betrifft für mich vor allem die Beziehungen zwischen den Leuten. Die waren teilweise schlimm und krank, aber teilweise, vor allem unter den Leuten, die sich getraut haben, etwas zu sagen und intelligent ranzugehen, sehr gut. Was jetzt mit unserer Kultur und den Medien passiert, finde ich einfach furchtbar. Ich bin Ostberlinerin, und ich werde es auch bleiben, das wird sich so schnell nicht verwischen. Irgendwann sicher, aber nicht dadurch, daß man die U-Bahnhöfe aufmacht.

Und ich werde immer ein Mensch bleiben, der in der DDR aufgewachsen ist. Ich verstehe gar nicht, warum ich mich deshalb schämen sollte. Gerade junge Menschen versuchen, was sie in der DDR an Gutem erlebt haben, zu verteidigen. Aus der Elterngeneration machen jetzt viele, bloß um ihre Existenz zu retten, eine Wende um hundertachtzig Grad und lassen uns völlig allein. Sie haben uns damals allein gelassen mit unseren Fragen und mit unseren Problemen. «Ihr dürft nicht immer alles in Frage stellen!» – «Ihr müßt eigene Antworten finden!» Natürlich die richtigen! Sie lassen uns jetzt wieder allein. Sie plappern uns die Sprüche vor, die sie von irgendwelchen Wessis gehört haben. Sie geben uns überhaupt keine Rückendeckung.

Als die Studenten für die Erhöhung ihres Grundstipendiums vor der Volkskammer demonstrierten, haben wir Journalistikstudenten uns mit unseren Ausweisen reingemogelt und Abgeordnete befragt, was sie so mit 200 Mark machen würden. Eine CDU-Abgeordnete sagte, sie hätte vier Jahre lang studiert mit 200 Mark monatlich. Ohne dazuzusagen, daß das ganz andere Zeiten waren, wo das Brötchen fünf Pfennige kostete. Wir wurden beschimpft als Dreck von der Straße. Wir hätten die Bannmeile einzuhalten. Da dachte ich, mein Gott, unter denen sind sicher viele, die vierzig Jahre lang stillgehalten haben und die bestimmt viele Jugendliche fertiggemacht haben. Und jetzt stehen sie da und machen uns wieder fertig. Einer hatte den typischen Yuppieton. Jung und dynamisch! Der sagte: Ihr müßt euch endlich eine andere Gangart angewöhnen, weg von den Sozialhilfeempfängern. Es war eigentlich auch lächerlich. Und dann habe ich mir vorgestellt, daß dies nun unsere Volkskammerabgeordneten sind.

Innerhalb der Studentenschaft gibt es natürlich viele Diskussionen. Und die Studenten sind auch noch mal so ein Völkchen für sich. Da muß man aufpassen, daß man den Draht zu den anderen Leuten nicht verliert.

Sicherer auf der Erde

16.12.94

Seit unserem Gespräch, 1990, hat sich bei mir einiges verändert.

Für mich persönlich war die Zeit um die Wende ziemlich hart, weil jedes Jahr jemand gestorben ist, der mir nahestand. Das hatte ja schon 1988 mit dem Tod meines Vaters angefangen. 1990 hat sich meine Tante das Leben genommen, weil sie mit der Zeit und ihren persönlichen Dingen nicht mehr klarkam. 1992 der Vater meines Freundes, weil sein Versuch, einen Start in die neue Zeit zu machen, gescheitert war. Ein Mädchen aus meinem Freundeskreis ist umgebracht worden. Ich war dauernd mit dem Tod konfrontiert.

Ich würde jetzt von mir sagen, daß ich glücklich bin. Ich habe die Universität und das Studienfach gewechselt. Ich studiere an der Humboldt-Universität in Berlin Kulturwissenschaften und wohne mit meinem Freund im Prenzlauer Berg. Es ist eine schöne Wohnung. Wir haben die meisten handwerklichen Dinge selbst gemacht. Mein Freund ist ziemlich geschickt. Ich bin im Neubau groß geworden. Ich möchte nicht mehr dahin zurück. Das Lebensgefühl ist jetzt ein ganz anderes. Wir haben eine geräumige Wohnküche, so, wie das früher war. Da steht ein großer runder Tisch drin. Der ist ein Anlaufpunkt für unsere Freunde.

Im Prenzlauer Berg wohnen ja fast nur noch junge Leute und Rentner. Ein paar Asoziale und wenig Familien. In den siebziger, achtziger Jahren, als das Wohnungsbauprogramm anlief und Marzahn hochgezogen wurde, sind die jungen Leute, wenn sie Kinder hatten, dorthin gezogen, und ihre Kinder sind Ende der achtziger Jahre zurückgezogen, in die Altbauwohnungen mit ihrem geringen Komfort, und die haben sie sich, so gut es ging, ausgebaut. Die Alten sind einfach in ihren ziemlich kaputten Wohnungen geblieben. Daraus hat sich für die Bewohner diese typische Prenzlauer-Berg-Struktur ergeben.

Die meisten Studenten wohnen in Prenzlauer Berg oder in Friedrichshain. Alle, die nach Berlin kommen, auch die Westdeutschen, möchten dahin. Die Westdeutschen bekommen sogar ziemlich bevorzugt Wohnungen, was ich, ehrlich gesagt, nicht ganz in Ordnung finde, aber bei denen stehen oft zahlungskräftige Eltern im Hintergrund, die schnell mal zehntausend in eine Wohnung investieren. Da haben die Leute aus dem Osten einfach weniger Möglichkeiten.

Es greift natürlich auch dort die Angst vor den privaten Hausbesitzern um sich. Wir müssen die Miete jetzt auch auf ein privates Konto einzahlen. Das nagt natürlich schon in einem. Aber da wir uns in dem Haus gut kennen und auch geschlossen auftreten würden, haben wir vielleicht ein paar Chancen, wenn da ein «Miethai», ein «Entmietkommando» oder etwas Ähnliches auftauchen sollte.

Wir besitzen kein Telefon. Unsere ganze Ecke nicht. Die vertrösten uns bereits seit drei Jahren. Das glaubt einem schon niemand mehr. Von den zehn Zellen funktionieren höchstens drei. Und da stehen dann dreißig Leute an. Für einen Job ist das tödlich. Sogar bei meiner Bewerbung um einen Platz für das Praktikum hat es mir Schwierigkeiten gemacht. Es hat aber auch den Vorteil, daß die Leute zu uns kommen müssen, wenn sie etwas wollen. Das Problem mit dem Telefon ist eben, daß es mißbraucht wird. Statt sich zu besuchen, telefonieren die Leute miteinander. Bei uns hängen überall Zettelrollen und Stifte an den Wohnungstüren. Jemand, der uns nicht antrifft, kann darauf eine Nachricht hinterlassen. Das ist unser «Anrufbeantworter».

Mein Freund studiert auch. Der will Sportlehrer für behinderte Kinder werden. Seine Zukunftsperspektiven sind eigentlich klarer als bei mir.

In diesen vier Jahren sind wir das einzige Paar in unserem Kreis, das zusammengeblieben ist. Und das nicht nur aus Gewohnheit oder aus Angst vor dem Alleinsein. Wir haben natürlich auch mal Spannungen. Aber es renkt sich immer wieder ein.

Ich bezweifle die Statistiken, die besagen, daß die Paare jetzt eher zusammenbleiben. In unserer Umgebung gilt das jedenfalls nicht. Jetzt bekommen die Frauen um mich herum Kinder. Diese Kinder haben zwar irgendwann mal einen Vater, aber selten den eigenen.

Von den Westfrauen wird uns mangelndes Selbstbewußtsein vorgeworfen, weil wir nicht so auf die Sprache achten und immer das «Innen» vergessen. Was aber das praktische Leben angeht, da sind meiner Meinung nach die Ostfrauen viel realitätsbezogener. Wir stehen sicherer auf der Erde. Wir trauen uns was zu. Uns ist klar, daß wir arbeiten gehen wollen, und wir wissen einfach, wir werden das schaffen. Auch wenn es eine Belastung ist. Ich glaube auch, daß die Ostmänner in meinem Alter diesen Dingen viel aufgeschlossener und konstruktiver gegenüberstehen. Sie wissen, daß man einiges zurückstecken muß, wenn man Kinder hat. Was Gleichberechtigung angeht, bringen wir wirklich etwas ein.

Ich bekomme Halbwaisenrente, meine Mutter gibt mir was dazu, und ich gehe arbeiten. Zur Zeit arbeite ich als Kellnerin. Und im Urlaub arbeiten wir in Ferienlagern. Das macht gleichzeitig auch noch Spaß. Wir haben gelernt, mit relativ wenig Geld ein Leben zu führen, das uns gefällt. Das ist auch für später gut, wenn ich mal einen Job habe. Dann brauche ich nicht so viele Kompromisse zu machen. Ich denke eben, es ist für heutige Zeiten wichtig, daß man nicht so materiell orientiert ist. Ich denke, daß die vom Osten sich schon genau überlegen, in welchem Rahmen sie leben können. Sie sind großzügiger, freigebiger, was Gastfreundschaft angeht. Bloß scheut man sich davor, Kredite aufzunehmen, vielleicht gar nur zum Zwecke der eigenen Inszenierung. Das wird uns oft als Mangel angerechnet. Ich finde es aber viel besser. Mir ist es zum Beispiel völlig egal, was für ein Auto jemand fährt. Ich kenne nicht einmal die Automarken. Die Wohnung ist mir schon wichtig. Ich würde nicht gern in einem alternativen Loch hausen. Es muß gemütlich sein. Aber nicht protzig.

Genaue Vorstellungen über die Zukunft habe ich nicht. Früher war mir klar, ich wollte zum Rundfunk. Möglichst zu einem Jugendsender. Jetzt steht das alles in den Sternen. Und es ist vielleicht auch ganz gut, wenn man sich nicht so festklammert, sondern offen bleibt.

Ich bin ein politischer Mensch. Ich denke, «unpolitisch», das gibt es überhaupt nicht. Ich würde es jederzeit für mich annehmen, wenn mich jemand «rote Socke» nennt. Das würde ich nicht als Beleidigung auffassen. Ich habe ein kritisches Verhältnis zur PDS und zu den anderen etablierten Linken. Aber ich würde mich ihnen viel leichter anschließen als irgendwelchen anderen Richtungen. Ich glaube aber, daß ich ungeeignet bin, selbst in die Politik zu gehen. Dafür bin ich zu ehrlich. Es stimmt schon, ich war früher aktiver. Ich bin bequemer geworden. Mein Freund ist ein eher pragmatischer Typ. Er muß nicht aus jeder Mücke ein Riesenpalaver machen wie ich.

Wir haben einen Bekannten, der kommt aus München. Er ist aber überhaupt kein typischer Bayer. Mit dem kann ich über vieles besser diskutieren als mit denen vom Osten. Die sind oft jünger und haben die Wende gar nicht so bewußt miterlebt, oder sie wollen davon nichts mehr wissen. Vieles wird verdrängt.

Mir wird angst und bange, wenn ich mir vorstelle, ich hätte die vier Jahre in Leipzig durchstehen sollen. Ich schätze mich schon so ein, daß ich Schwierigkeiten bekommen hätte. Es gibt jetzt natürlich auch Grenzen. Aber der Freiraum ist doch größer.

Heute faßt man sich bei bestimmten Erinnerungen an den Kopf. Man muß sich erst mal bewußt in die Zeit zurückversetzen, um zu kapieren, warum zum Beispiel dieser oder jener Film verboten wurde. Das war alles so klein und dumm. Man hat sich wegen Nichtigkeiten aufgerieben.

Auf uns Kinder wurde ja im Elternhaus sehr viel Druck ausgeübt, und wir haben das manchmal nicht gut gefunden. Aber ich würde heute gerne noch mal mit meinem Vater über alles reden. Meine Mutter hat noch einmal ihre berufliche Chance wahrgenommen.

Mir ist klar, daß dieses System genausowenig überlebensfähig ist wie unser hausgemachter Sozialismus und daß wir uns täglich das Wasser abgraben. Ich versuche, nicht darüber nachzudenken. Doch das ist schwierig. In Wirklichkeit denkt man die ganze Zeit daran. Vor allem, wenn man Kinder haben will.

Die Löcher im Schweizer Käse

14.10.93

*I*ch bin siebenunddreißig geboren. Komme aus Süddeutschland. Habe keine Verwandtschaft in der DDR gehabt. Auch keine näheren Bekannten. Seit fünf Vierteljahren bin ich hier beschäftigt. Auf Zeit. Und ich finde es sehr interessant.

Von Hause aus bin ich Industriekaufmann. Ich habe in einer Firma mit ungefähr fünfzehnhundert Beschäftigten gelernt, die ich später leitete. Die letzten fünf Jahre war ich Direktor in einer Niederlassung einer sehr großen lichttechnischen Firma. Ich habe diese Firma Mitte letzten Jahres infolge von Unstimmigkeiten bezüglich der Firmenphilosophie verlassen und wurde dann von einem der Investoren hier, der vorher mal im Vorstand von mir war, angesprochen, nach Berlin zu kommen.

Ich will nicht auf Dauer bleiben. Einfach aus familiären Gründen. Ich habe auch mein Haus in der Gegend von Stuttgart nicht aufgegeben und fahre am Wochenende nach Hause. Ich habe mir das hier angesehn und gesagt, ich kann dieses kaufmännische Büro in einem halben Jahr in die Reihe bringen. Und dann will ich wieder nach Hause. Nun habe ich es fast geschafft. Inzwischen haben die Investoren diesen Betrieb gekauft und mich gebeten, ihn zu führen, bis wir einen Geschäftsführer haben. Den haben wir jetzt. Im Dezember gehe ich zurück.

Ich habe zwei Töchter, die sind jetzt einunddreißig. Vor vier Jahren haben sie einen ganzen Samstagmorgen auf mich eingeredet und behauptet, die Maueröffnung sei ein Jahrhundertereignis. Ich habe das nicht so gesehen. Das gebe ich zu. Meine Frau auch nicht. Aber meine Töchter haben keine Ruhe gelassen. Sie haben behauptet, wir müßten nach Berlin. Bis es uns zu dumm wurde und wir einen Flug buchten. Wir sind an dem Sonntag nach Berlin geflogen, an dem in der Leipziger Straße die Mauer aufging. Ab da war es für mich auch ein Jahrhundertereignis. Die Unsicherheiten kamen erst viel später.

Es macht enorm viel Spaß, hier zu arbeiten. Ich komme mit den Leuten aus und die mit mir. Trotzdem gehe ich an manchen Abenden raus und bin völlig frustriert, weil ich feststelle, siebzig Prozent der Probleme sind hausgemacht, weil die Leute nicht miteinander reden.

Als ich das erste Mal hier war, kam ich in ein Büro rein, da stand – für meine Begriffe – ein Wohnzimmerschrank drin, mit Sammeltassen und Gläsern. An der Seite ein kleiner Tisch mit einer Karodecke. Ich habe gefragt, ob ich im Wohnzimmer gelandet bin. Da war die Sekretärin beleidigt. Ich hatte ein solches Büro vorher nicht gesehen.

Im Westen sind es die Frauen, die miteinander streiten. Hier habe ich mit den Frauen kaum Sorgen. Vielleicht vertragen sich die Frauen hier noch besser als im Westen, weil das Thema «Kleider und Kosmetika» noch nicht so hochgespielt ist. Auch das Thema: «Mein Mann ist mehr als dein Mann» spielt noch keine große Rolle. Da kommen sicher demnächst noch ein paar Problemchen.

Bis jetzt sind es hier die Männer. Wenn die wenigstens streiten würden. Aber das geschieht alles unterschwellig. Ja, es liegt sicher auch daran, daß sie Angst haben. Es wurden sehr viele entlassen. Keiner muckt auf. Die Leute haben in den letzten drei Jahren in puncto Angst wahrscheinlich mehr gelitten als in den letzten vierzig Jahren zusammen.

Mich stört, wie sie miteinander umgehen und daß es eigentlich eher schlechter wird. Ich würde – nicht nur weil ich es für fair halte, sondern weil ich es so empfinde – die Schuld fünfzig zu fünfzig verteilen. Die Westdeutschen sind überheblich und arrogant. Reden über Dinge, die sie nicht verstehen, die sie auch nicht verstehen können, aus einer unterschiedlichen Erziehung und Ausgangslage heraus. Sie sollten etwas akzeptieren, ohne es ausdiskutieren zu wollen, weil man vieles nicht ausdiskutieren kann.

Was mich aber an Ihren – im Grunde sind's unsere, aber jetzt rede ich mal von Ihren – Landsleuten so stört, ist, daß keine Konfliktfreudigkeit besteht. Es wird überhaupt nicht diskutiert. Alles wird einfach entgegengenommen. Man reagiert verschnupft und beleidigt, anstatt zu sagen: «Es ist nicht so.» Oder: «Wir können hier keinen Konsens finden.» Das vergiftet die Atmosphäre. Aber so unterschwellig, daß es kein Miteinander gibt. Auch nicht unter den Ostdeutschen selbst. Die lassen die Probleme einfach im Raum stehen und gehen aneinander vorbei. Sie reden nicht miteinander.

Es gibt ganz enge Gruppen. In die kommt ein weiterer Kreis nicht mehr rein. Ich kenne jetzt die Bevölkerungsschichten von den Pförtnern bis zu den leitenden Angestellten. Und stelle fest, daß auch durch riesige Bezahlungsunterschiede die Kluft immer größer wird. Wir haben im Westen gelernt, uns auf eine andere Art mit gewissen Dingen abzufinden und damit zu leben. Ohne daß man sie in jedem Fall akzeptiert.

Ich sage, die Demokratie ist das Beste, was es gibt. Je länger ich hier bin, um so mehr werde ich ein überzeugter Demokrat. Trotz aller Schwächen, die eine Demokratie hat. Aber saldiert gesehen ist sie das Beste. Ich erkenne zwar auch ihre Schwächen immer mehr, aber ich sage mir, ich kann eben keinen Schweizer Käse ohne Löcher haben.

Ich habe guten Kontakt zu den Menschen hier. Doch die Mißverständnisse werden größer. Ich habe Angst, daß – insbesondere in wirtschaftlich schwierigen Zeiten, in denen es den einen besser und den anderen schlechter geht – die Kluft immer größer wird.

Zum Beispiel kommen hin und wieder Leute auf dem Weg zum Urlaub oder auf dem Rückweg in der Nähe von Stuttgart vorbei. Ich bin zur Zeit beim Überlegen, ob ich noch zu jemandem sage, er soll mich zu Hause besuchen. Wir wohnen etwas anders. Es ist sicher anders als in Marzahn und Hellersdorf. Ich stelle danach fest, daß man mit solchen Einladungen eine Kluft schafft, obwohl sie eigentlich gut gemeint sind und es wirklich nicht in erster Linie darum geht, zu demonstrieren, was man hat, sondern man will damit das Verhältnis verbessern. Es ist doch etwas anderes, ob ich jemanden nach Hause einlade oder in ein Restaurant. Ich werde dann anschließend hier nicht eingeladen. Das stört mich vom Proporz, aber ich kann verstehen, daß mich niemand in den sechsten Stock nach Marzahn einlädt.

Sozialneid gibt es natürlich im Westen auch. Aber ich rege mich doch nicht auf, wenn Boris Becker fünf Millionen D-Mark verdient. Soll ein anderer erst mal so gut Tennis spielen. Ich kann in Saint Tropez am Strand oder auf der Uferpromenade entlanglaufen und mich an den großen Yachten und an den parkenden Rolls-Royce erfreuen, ohne daß ich deswegen heimkomme und sage, ich muß jetzt entweder einbrechen, oder ich muß noch mehr arbeiten, damit ich zu diesem Boot oder zu diesem Auto komme. Aber hier kann man im Moment nicht damit leben, daß es anderen bessergeht, weil es früher eine sehr stark ausgerichtete Gleichheit gab. Es ging nur darum, ob der Trabi grün oder gelb war. Aber es war der Trabi oder der Wartburg.

Die Leute reden sich eine Minderwertigkeit ein, über die wir noch nicht mal nachdenken. Jeder glaubt, wir würden sagen: Sie haben sich nicht gewehrt. Das denken wir gar nicht. Wir haben unsere Aufgabe. Wir sind mit unserem Geschäft verwachsen. Und da brauchen wir welche, die mitmachen. Was die abends tun oder was die früher gemacht haben, das ist mir eigentlich so egal, daß ich daran gar keinen Gedanken verschwende. Es wäre mir sicher nicht egal, wenn mir jemand gegenübersäße, der in Zittau oder Bautzen Gefängnisdirektor war. Aber ob nun jemand ein bißchen dabei war oder gar nicht, das interessiert mich überhaupt nicht. Doch alle unterstellen uns, wir würden sie verachten, weil sie es in dem Regime ausgehalten haben.

Es stört mich, wenn ich heute zu jemandem in einer Abteilung der Firma komme, und der sagt mir nach dem dritten Satz, er habe nichts mit der SED zu tun gehabt. Ich habe es ja gar nicht wissen wollen. Aber ab dem Moment überlege ich mir, ob die Aussage nicht falsch ist. Dann ist mir einer lieber, der sagt: «Ich wollte Direktor werden und war deswegen in der Partei.» Das akzeptiere ich.

Ich möchte mit niemandem zu tun haben, der da direkt mitgemacht hat. Aber wenn der andere sagt: «Ich wollte weiterkommen, und das war die einzige Möglichkeit», kann ich damit leben. Es geht ja in Westdeutschland in einem von der CDU regierten Bundesland ein Beamter auch zur CDU, damit er weiterkommt. Und in Nordrhein-Westfalen geht er eben zur SPD. Wer meinte, er mußte die Partei benutzen, ohne etwas dagegen zu tun – bitte. Dieser schändliche Apparat hätte auch funktioniert, wenn da zehntausend Mitglieder mehr oder weniger gewesen wären.

Ich denke, weil das System so war, hat es eigentlich nur die Wiedervereinigung geben können. Das hat ja sicher an einem seidenen Faden gehangen. Ich bin politisch gar nicht so stark engagiert. Ich habe eine Meinung. Eine gewisse Tendenz. Das gehört nun einmal dazu. Aber seit ich weiß, was man mit einer Diktatur alles machen kann, im negativen Sinne, fasziniert mich die Demokratie noch viel mehr. Man kann einfach nicht erwarten, daß der Demokrat sich so verhält wie jemand aus der Diktatur. Ich habe zwar ein Ziel, aber ich muß akzeptieren, daß ich gewisse Dinge nicht von einem Tag zum anderen verändern kann. Da muß ich schon ein paar Schlangenlinien gehn.

Ein Teil der Eltern hier hat den Kindern jahrelang erzählt, daß die SED das einzige Wahre ist. Nach der Wende haben sie ganz schnell einen Satz gemacht und gesagt: «CDU ist das Größte.» Nach einem Jahr haben sie festgestellt, das hat auch Schwächen. Da verlangen sie nun von ihren Kindern: «Sag nicht, daß ich mal rot war. Sag aber auch nicht, daß ich mal schwarz war.» Da kommt nun ein Dritter, der sagt: «Einzig und allein, weil du Deutscher bist, bist du schon was Besseres.» Was glauben Sie, wie der Jugendliche da aufspringt. Erst recht, wenn er keine Arbeit hat und jeden Hoffnungsschimmer braucht. Das ist eigentlich normal. Das müßten sich die Politiker schon mal zu Herzen nehmen.

Die Ausbildung, insbesondere die der Frauen, ist in den neuen Bundesländern um ein Vielfaches besser als in den alten. Die mit einem technischen Beruf haben fast alle eine Lehre abgeschlossen, haben ein Studium, manchmal sogar zwei. Die Männer sind theoretisch hervorragend ausgebildet. Es gab praktische Probleme. Zum Beispiel wegen Materialien, die nicht da waren. Aber wenn Sie es von der Technik aus anschauen, dann behaupte ich, daß die DDR der Bundesrepublik kaum nachstand. Außer bei bestimmten Dingen, die exportorientiert waren. Aber die Elektrotechnik – davon verstehe ich etwas –, die war so gut wie in den alten Ländern.

Es waren viele Plätze doppelt oder dreifach besetzt. Aber das Zumachen hat einen anderen Grund. Als man die Betriebe hier kaufte, hat man – mal abgesehen von Geschäftemachern – geglaubt, man kauft auch einen Markt mit. Wir haben von dem Markt nichts verstanden. Und im Moment ist der eben nicht mehr da. Ich wehre mich ein bißchen dagegen, wenn man sagt, eine Schweizer Kugellagerfabrik kauft hier eine Kugellagerfabrik, um ein billiges Grundstück zu bekommen. Die wollten tatsächlich von hier aus Kugellager in den osteuropäischen Raum verkaufen. Aber dort kaufen sie nichts mehr.

Es dauert sehr lange, bis die Leute hier Vertrauen haben. Ich gebe zu, die Leute aus dem Kapitalismus sind unehrlicher als die aus dem Kommunismus. Man muß mit einer gewissen geschäftlichen Unehrlichkeit leben. Insofern taktieren wir viel mehr. Sind weniger aufrichtig. Und das verstehen die Leute hier nicht. Das Taktieren und eine Art, sich darzustellen, gehört zum Geschäft. Hier schimpft jeder über eine verlogene Werbung. Ich würde doch an keine Werbung glauben.

Die Leute interpretieren in uns Wessis etwas hinein, was wir gar nicht sind. Sie sagen: Wir konnten uns früher mit dem Regime nicht identifizieren. Mit dem jetzt aber auch nicht. Ich käme überhaupt nicht auf die Idee, mich mit dem Staat, mit der CDU oder mit der SPD zu identifizieren.

Hier hält man keinen Kompromiß aus. Ein Kompromiß ist immer eine Härte nach beiden Seiten. Also ich bringe das nicht auf den Punkt: Vierzig Jahre konnte man mit Dingen leben, von denen man wußte, daß sie nur bedingt richtig waren. Und jetzt gibt es Dinge, von denen erkennt man auch, daß sie in ihrer Gesamtheit nicht stimmen. Aber sie stimmen doch zu einem viel höheren Prozentsatz. Und das erträgt man nicht. Man macht alles nach Vorschrift. Als ob jeder hofft, wenn ich mich nicht rühre, gerate ich in nichts hinein. Jeder verkriecht sich in eine Ecke und läßt die Dinge an sich vorbeilaufen.

Was könnte man denn tun? So etwas kann man doch nicht nur aussitzen und hoffen, daß sich die Differenzen in fünf oder zehn Jahren egalisieren.

Was Sie da von Bedeutungsverlust sagen, das ist hausgemachter Pessimismus. Wir – jetzt sage ich einfach mal «wir» –, wir kommen auf diese Bedeutungslosigkeit erst, wenn der andere so reagiert. Wir haben das nicht als Grundtendenz gehabt. Ich rede denen hier allen zu, steht doch mehr, zeigt doch, was ihr habt, sagt doch, was ihr könnt. Ich kann an den Zuständen des Kapitalismus nichts verändern. Der ist da. Also gibt es zwei Möglichkeiten: Ich setze mich in die Ecke und schmolle, oder ich mache das Beste draus. Ich kann nicht schöne Kleider, teures Auto, schicke Wohnung wollen und in meinem Innersten ein Kommunist sein. Entweder verzichte ich auf allen Pomp und Luxus, dann paßt es ja auch mit dem Kommunismus. Ich würde den Kommunismus sowieso für idealer halten als den Kapitalismus, wenn es keine Menschen gäbe. Aber die Menschen versauen die Idee.

Noch mal zu dem fehlenden Selbstwertgefühl. Hier können Sie vielleicht zum Überwinden beitragen. Wahrscheinlich müssen Sie das sogar. Denn das ist das Grundübel. Wenn heute jemand aus irgendwelchen Gründen arbeitslos wird, dann ist das extrem bedauerlich. Die Wirtschaft geht nun mal schlecht. Aber das ist doch in den meisten Fällen kein persönlicher Mangel. Jemand, der durch irgendwelche Rationalisierungen seinen Arbeitsplatz unverschuldet verliert, ist doch deshalb kein schlechterer Mensch. Mich stören diejenigen, die freiwillig in die Ecke gehen und dort in ihrem Schmerz verharren und mit der Welt hadern. Dann sind tausend andere schuld. Aber das kann es doch wohl nicht sein. Dadurch verändert sich nichts.

Es ist aber schon so, wie Sie sagen: Man hat den Leuten eine gewisse Wichtigkeit, eine Bedeutung genommen. Aber man kann sie mir nur nehmen, wenn ich sie mir nehmen lasse. Da imponieren mir die Azubis. Die stehen mit zwanzig Jahren auf sichereren Beinen als die Älteren. Die sind couragiert. Aber wir können schließlich nicht so lange warten, bis alle heute Vierzigjährigen gestorben und alle Zwanzigjährigen vierzig sind.

Den Druck, von dem Sie sprachen, den mußte man bei uns vom ersten Arbeitstag an aushalten. Wenn man vorwärtskommen wollte, hat man immer Druck gehabt. Aber man hat auch immer Druck gemacht. Das Leben ist eben hart. Und zwar nicht nur das Geschäftsleben. Früher wurden den Leuten hier sehr viele Dinge abgenommen, und jetzt ist niemand mehr da, der das macht.

In vielen Dingen haben wir eine andere Philosophie. Zum Beispiel kam ich Ostern neunzig kurz vor Neubrandenburg in eine Geschwindigkeitskontrolle. Ich habe nicht gewußt, wie schnell man fahren darf, das gebe ich zu. Unterwegs haben uns die Leute immer zugewunken. So. Und so. Ich dachte, was sind das hier für freundliche Menschen. Und irgendwann hat uns dann die Polizei herausgewunken. Das war fast ein Schlüsselerlebnis.

Die drei Polizisten waren so etwas von unsicher an diesem Ostersamstag neunzehnhundertneunzig. Reagieren mußten sie, weil ich zu schnell gefahren war. Sie haben mir das erklärt, aber ich hatte den Eindruck, denen war es viel ärger zumute als mir. Die haben drei Papiere gehabt, mit Blaupapier dazwischen. Zu diesem Zeitpunkt war Blaupapier bei uns auch schon ein Fremdwort. Blaupapier einlegen, das habe ich als Lehrling zum letztenmal gemacht. Zwanzig, nein dreißig Jahre früher. Es war extrem komisch. Sie haben überhaupt nicht gewußt, wie sie sich verhalten sollten.

Wir haben ein anderes Verhältnis zur Polizei. Hier haben viele Leute schon ein schlechtes Gewissen, wenn nur ein Polizist auftaucht. Wenn ich ein Strafmandat bekomme, nehme ich alle Mittel in Anspruch, die ich im Rechtsstaat habe, um freizukommen, weil es zu der Denkweise gehört, daß ich so lange unschuldig bin, bis man mir etwas anderes beweisen kann. Wenn die Polizei blitzt und das Foto ist nicht scharf, sage ich: «Geschenkt.» Dann sind die hier erstaunt und sagen: «Es kann doch für Sie kein Problem sein, die siebzig Mark zu zahlen.» Das ist kein Problem. Aber ich will sehen, ob ich nicht besser sein kann als die. Das ist so eine Art Sport. Ich sage: «Wenn Sie so schlecht fotografieren, daß man mich nicht erkennt, dann ist das Ihr Problem und nicht meins.» Aber wenn ich erkennbar bin, wenn also nichts mehr geht, akzeptiere ich es bedingungslos, weil ich ja weiß, ich habe etwas gemacht, was nicht korrekt ist.

Was Sie von dem Machen und dem Anpassen als Veranlagung gesagt haben, das stimmt. Man ist entweder Amboß oder Hammer. Es tut beiden gleich weh, wenn es knallt. Nur der eine kann es beeinflussen, ob es knallt, und der andere nicht.

Um die Zukunft habe ich keine so große Angst. Meine Kinder sehen die Welt schon anders als ihr Vater, ich darf keinen Kaugummi zum Autofenster rauswerfen. Und die Flaschen tragen sie auch weg. Alle überzogenen Dinge regulieren sich im Leben. Manchmal vielleicht ein bißchen langsam. Aber sie regulieren sich.

Ich weiß nicht, ob Sie sich von unserer Wirtschaft nicht falsche Vorstellungen machen. So frei, wie Sie es sich denken, bin ich hier als Geschäftsführer bei meinen Entscheidungen auch nicht. Man unterschätzt die Sachzwänge. Selbst ein Herr Reuter von Daimler hat natürlich Sachzwänge. Daimler gehört ihm ja nicht. Er hat einen Aufsichtsrat, der hört auf die Deutsche Bank. Die Deutsche Bank hat wieder Aktionäre. Ich bin überzeugt, der notwendige Prozeß findet statt. Aber nicht so schnell. Das bringt eben die Demokratie mit sich. Insofern wäre eine Diktatur viel besser. Wäre es besser, wir hätten nicht alle vier Jahre eine Wahl, weil man dann unpopuläre Dinge gar nicht richtig machen kann.

Es hat keinen Sinn, in irgendein afrikanisches Land Geld zu geben, ohne Gewißheit, daß die soweit sind, aus dem Geld etwas zu machen. So hart es ist. Nach den bestehenden Mechanismen wird dort im Anfang Kommunismus sein, um überhaupt erst einmal einen gewissen Standard und gleichmäßig verteilte Ausbildungschancen zu bekommen. Um zu erreichen, daß wenigstens alle zu essen und zu trinken haben.

Insofern hat der Kommunismus eine Daseinsberechtigung. China und Rußland wären nie so weit gekommen, wenn sie keinen Kommunismus gehabt hätten. Kuba hat unter Castro das Beste gehabt, vergleicht man es mit den anderen Diktaturen vorher. Jetzt, da die Leute alle Essen und Trinken und eine Ausbildung haben, jetzt sägen sie ihn ab. Der Kapitalismus und die Kirche unterdrücken viel mehr. Was haben die Spanier und die Kirche nicht alles in Lateinamerika gemacht! Insofern gleicht sich alles wieder aus. Inzwischen fließt nur sehr viel Blut.

Wenn ich Ihnen etwas gebe, dann erwarte ich auch etwas von Ihnen, das muß nicht immer Geld sein. Wenn wir beide kein ordentliches Gespräch miteinander geführt hätten, dann hätte ich es nach einer Viertelstunde abgebrochen. Und Sie wahrscheinlich auch.

Ein ganz normaler Junge

11. 7. 90

Seit Sie vor der Jugendweihe bei uns waren, hat sich in unserer Klasse viel verändert. Es ist jetzt ziemlich schwierig. Unsere Klasse hat eine Disco veranstaltet. Da kamen welche aus der anderen Schule, die älter waren und mit denen man schon schlechte Erfahrung hatte. Aus Angst haben wir die DDR-Fahne abgemacht. Und von da an ging es abwärts. Dem größten Teil der Schüler ist alles egal. Zwei oder drei Leute, die wissen nicht genau, wo sie hingehören, ob nach rechts oder ganz links. Die probieren nun erst mal alles aus.

Mich ärgert am meisten, daß die Leute so schnell ihre Meinung ändern. Mein Vater zum Beispiel. Erst war er in der SED. Dann ist er ausgetreten. Dann war er noch für die PDS, ist aber nicht wieder eingetreten. Und nach der Wahl ging's auch mit ihm abwärts. Manchmal hat er sich schon wie ein Großkapitalist benommen. Hat angefangen, die «Süddeutsche Zeitung» zu lesen. Und wollte sich auf einmal auf schön trimmen, wollte sich wegmachen lassen, was er so im Gesicht hatte. Wollte sich einen schwarzen Anzug kaufen. Im Innersten ist er schon noch links, aber er hat sich eben angepaßt. Ich fühle mich im Stich gelassen. Andererseits verstehe ich es auch. Er hat Angst um seinen Arbeitsplatz. Schließlich muß er uns ernähren, wenn Mutti jetzt arbeitslos wird.

Ich würde gern Koch oder Regisseur. Als Regisseur würde ich sozialkritische Filme machen. Aber Koch wäre auch ganz gut. Ich kann die Sauce hollandaise schon besser als mein Bruder. Da gehört kein Mehl rein.

Die Leute, die damals die Revolution gemacht haben, die Bürgerbewegungen wie Bündnis 90, Demokratischer Aufbruch, die wollten sicher das Richtige. In Leipzig, da haben sie noch gerufen «Wir sind das Volk». Und der Rainer Eppelmann hat auf dem Alexanderplatz noch vom demokratischen Sozialismus geredet. Jetzt ist er in die CDU übergegangen. Das ärgert mich. Auch wie sich die Leute in Leipzig geändert haben. Im Herbst hat es mir jedenfalls alles gut gefallen.

Während der Fußballweltmeisterschaft habe ich mit der ganzen Familie dafür gebrüllt, daß Deutschland nicht Weltmeister wird. Ich finde, durch den Weltmeisterschaftsgewinn ist das alles noch viel stärker geworden. Ich habe Angst. Angst, daß es wieder so passieren könnte wie neunzehnhundertdreiunddreißig. Es fängt ja genauso an.

Ich würde jetzt, wenn ich schon älter wäre, in eine Partei eintreten, die mehr links ist, in die PDS oder so, und mich da engagieren. In diesem Kapitalismus wird es einigen Leuten bessergehen, den meisten schlechter. Und für die, denen es schlechtergeht, würde ich gerne eintreten. Ich hätte mehr Angst vor einem neutralen Deutschland als vor einem Deutschland in der Nato, weil es da wenigstens noch innerhalb eines Militärbündnisses ist und Verpflichtungen hat, zum Beispiel gegenüber Frankreich, USA usw. Und ich hoffe, die verhindern, daß Deutschland wieder so stark werden könnte und einen Krieg anfängt.

Das Verhalten der Leute macht mir angst. Zum Beispiel ihr Verhalten gegenüber Ausländern. Eigentlich können sie das gar nicht begründen. Die haben nur was gegen die, weil es Ausländer sind. So nach dem Motto, was nehmen die sich heraus, Ausländer zu sein. Vielleicht fühlen sie sich jetzt auf einmal stärker.

Zum Beispiel der eine in meiner Klasse, der macht das vielleicht einfach so als Gegenstück zu seinen Eltern. Sein Vater war bei der Stasi, seine Mutter ist immer noch in der PDS, und er will vielleicht seinen Eltern jetzt Kontra bieten und einfach gegen alles sein. Obwohl ihn die Leute, für die er eigentlich ist, gar nicht akzeptieren. Vor der Wende war der nämlich auch ganz anders.

Unsere Direktorin ist in Rente gegangen. Die Lehrer sind eigentlich normal geblieben. Ich habe keine Vier. Am Anfang dieses Schuljahres hatte ich Tiefstand. Dann habe ich mich nur mal paar Wochen hingesetzt und mich immer auf die nächsten Stunden vorbereitet. Und da bin ich auf einmal bis in den Himmel geschossen. Wenn ich lernen würde, wäre ich auch einer der Besten.

Mein Bruder ist fünf Jahre älter. Seit er selbst Geld verdient, bekomme ich im Monat von ihm zehn Mark Taschengeld. Das finde ich gut von ihm. Seit er ausgezogen ist, verstehe ich mich mit meinem Bruder viel besser. Als seine Freundin kam, fühlte ich mich ein bißchen vernachlässigt.

Eigentlich kann ich andere ganz gut überzeugen. Aber bei uns in der Klasse gibt es zum Beispiel ein Mädchen, mit dem ich mich überhaupt nicht verstehe. Die sitzt hinter mir und fängt immer an, auf mir rumzuhacken. So etwas kann ich nicht leiden. Da raste ich aus und gehe auf die los.

Ich habe noch keine Freundin. Klar hätte ich gern eine. Früher war ich öfter verliebt. Unsere Mädchen haben sich jetzt solche Heftchen angeschafft, da muß jeder reinschreiben, was er so am liebsten tut und wie er sich sein Traummädchen vorstellt. Da habe ich einfach hingeschrieben: normal. Für mich kommt es auf jeden Fall auf den Charakter an. Das Aussehen, na ja. So eine Superschöne ist vielleicht zu eingebildet. Aber dunkle Haare und blaue Augen wären ganz schön.

Die «Junge Welt» ist jetzt ganz gut. Die «taz» gefällt mir. Das «Neue Deutschland» ist mir zu groß, da komme ich nicht zurecht. Wenn ich die Zeitung aufschlage, kann ich mich damit zudecken, aber nicht lesen. Genauso wie bei der «Süddeutschen», da ist vielleicht eine Seite informativ, die anderen sind Klatsch, fünf Seiten sind Sport und der Rest ist Werbung. Und dann wiegt die Zeitung ein Kilo.

Wären die Autonomen gewaltlos, würde ich bei denen mitmachen. Aber Gewalt gefällt mir prinzipiell nicht. Mit den Leuten könnte ich mich solidarisieren. Ich war heute in der Samariterstraße, wo die besetzten Häuser sind. Das sieht sehr schön bunt aus.

Politisch verstehe ich mich eigentlich mit mir selbst am besten.

In der Schule gibt es keine Pioniere, keine FDJ mehr. Die meisten sind jetzt organisationslos. Ein paar rennen mit Cliquen durch die Gegend. Unsere Pionierleiterin macht nichts mehr. Ich würde gern in Antifa oder so eintreten. Aber ich habe Angst. Angst, allein dahin zu gehen, wo ich niemanden kenne.

Was vorher war, dazu kann ich nichts sagen. Das kann ich nicht beurteilen, ich war noch zu klein. So richtig wohl gefühlt habe ich mich unter der Regierung Modrow. Da hat man sich auch sicher gefühlt. Wenn ich dann rübergefahren bin, als man konnte, was ich ja nicht schlecht finde, habe ich mich nicht sicher gefühlt. Nicht wegen der Sachen, die man so gehört hatte, und auch nicht, weil ich gedacht hätte, das wären vielleicht alles böse Menschen. Wir waren in der Warschauer Straße, da ist doch gleich dahinter Kreuzberg. Da standen so ein paar Türken, und der eine, der hatte ein Schnappmesser. Und ich gehe gerade an ihm vorbei, läßt der es schnappen und sagt, die ganzen Ostler, wenn die erst ihr Begrüßungsgeld haben, denen nehmen wir es ab.

Ich fahre gern nach drüben ins Kino oder um mir etwas anzusehen. Ich würde auch gern mal in andere Städte fahren. Mal nach Schweden oder Italien.

Eigentlich freue ich mich darüber, daß meine Mutti arbeitslos geworden ist, weil sie krank ist. Wenn sie dann noch arbeiten geht, ist sie abends immer total geschafft. Meine Mutti tut mir schon leid. Aber es ist eben auch schön, wenn man sie so zu Hause weiß. Meine Frau soll später nicht zu Hause bleiben. Ein bißchen emanzipiert müßte sie schon sein, aber nicht so sehr. Unsere Mädchen sind total lahm. Die lesen jetzt immer solche komischen Liebesromane. Schwachsinn.

Schlecht finde ich, wenn man – ich bin ja immerhin schon fünfzehn Jahre – noch behandelt wird wie ein kleines Kind. Daß man nicht wegfahren darf, immer beaufsichtigt wird. Zum Beispiel beim Baden kommt immer einer rein und stört. Na eben das ist schlimm. Ich würde mich wohler fühlen, wenn ich nur Bescheid sagen müßte, aber nicht fragen. Meistens frage ich gar nicht mehr, weil ich die Antwort kenne. Da fahre ich einfach.

Als meine Mutti wegen ihrer Krankheit berentet war, hat mein Vater verboten, daß sie in den Westen fuhr. Er hatte Angst um seinen Arbeitsplatz. Er sollte ja auch bei der Stasi mitmachen. Die kamen zu uns und haben gefragt, und wir haben immer nein gesagt. Deshalb wurde er auch nicht befördert, sondern einer, der keine Ahnung hatte, wurde hochgeschoben. Ich hätte es nicht gut gefunden, wenn er bei der Stasi mitgemacht hätte. Wenn man am Biertisch sitzt, und da läßt einer seinen Frust ab, und man muß das melden, schmiert vielleicht den eigenen Freund an, das fände ich überhaupt nicht gut. Wenn so einer kam, wurde ich in mein Zimmer geschickt. Die kamen ja nicht oft. Aber einmal hatte ich gerade etwas angestellt in der

Schule, ich hatte unter der Treppe gekokelt. Und da kam der und hat seine Marke gezeigt, und ich dachte, der kommt wegen mir. Einmal kam einer, der hat uns über den Nachbarssohn ausgefragt. Was ist denn das für einer? Und da haben meine Eltern gesagt: Das ist ein ganz normaler Junge.

Eher ein bißchen zu peacy

13.9.94

*E*igentlich geht es mir sehr gut.

Ich habe nach der neunten Klasse die Schule gewechselt und gehe jetzt in eine mit gymnasialer Oberstufe. Dort konnte sich erst einmal jeder bewerben. Es tat mir ein bißchen leid um die Lehrer an der alten Schule und um ein paar Schüler. Aber man lebt sich schnell auseinander. Diejenigen, mit denen ich mich anfangs noch getroffen habe, die haben mit ihren Klassen etwas unternommen und ich mit den Schülern meiner neuen Schule. Nach ein oder zwei Jahren hat man sich nicht mehr angerufen. Jetzt habe ich eigentlich gar keinen Kontakt mehr dahin. Wenn man sich mal zufällig begegnet, sagt man: «Hallo!»

Also wenn Sie so fragen – das habe ich in letzter Zeit sehr oft zu hören bekommen, daß ich arrogant bin. Allerdings nicht von meinen ehemaligen Freunden oder Kumpels. Mein Vater sagt zum Beispiel, würde er mich nicht kennen, fände er mich arrogant. Mir selbst fällt das gar nicht auf.

Ich bin in diese neue Schule gegangen, um das Abitur zu machen. Das werde ich wohl auch schaffen. Jedenfalls sieht es zur Zeit nicht so schlecht aus. Die Leute in der neuen Schule sind alle ein bißchen toleranter als in der alten Schule. Da wird man akzeptiert. Das ist schöner. Auch die Lehrer sind sehr nett. Über die Schule kann ich nur Gutes sagen. Nein, Westlehrer hatten wir nur einen, und der mußte wieder gehen, weil er mit der Planung nicht klarkam.

Das hat sich alles so ergeben, daß man von dem Umbau eigentlich gar nicht viel gemerkt hat. Auf einmal waren die Kurse da. Wie drüben, wahrscheinlich. Als Leistungskurs habe ich Geographie und Naturwissenschaften gewählt und als weitere Prüfungsfächer Deutsch und Sport. Früher war ich total unsportlich. Das hat sich geändert. Ja, ich bin gewachsen, ich habe einen Schuß gemacht. Als wir das letzte Mal miteinander sprachen, war ich noch klein und pummlig.

Durch den Sportlehrer an meiner neuen Schule bin ich auch zu meinem Sportverein gekommen. Borussia Friedrichsfelde. Dort spiele ich Handball, das macht mir sehr viel Spaß.

Mit der Schule kann ich wirklich zufrieden sein. Eigentlich ist da jeder mit jedem Freund. Da gibt es keine Feindschaften untereinander. In meiner Altersstufe gibt es eigentlich gar kein richtiges Rechts oder Links mehr. Ich meine so als Front. Die einen sind mehr rechts gerichtet, die anderen mehr links. Aber alle tolerieren einander. Jedenfalls ist es nicht so schlimm wie in meiner alten Schule. Vielleicht liegt das daran, daß die in der neuen intelligenter sind. Ich finde es toll, wenn andere Meinungen toleriert werden. Allerdings ist es in den unteren Klassen, so neunte oder zehnte, auch an unserer Schule schon wieder ganz anders. Da sind die meisten rechtsradikal, und wenn dann einer links ist in so einer Klasse, da gibt es schon mal Zoff.

In dem Umfeld, das ich so übersehe, von Leuten zwischen sechzehn und zwanzig, sind, nach meiner Einschätzung, sechzig bis siebzig Prozent rechts. Ich weiß nicht, ob das eine Modeerscheinung ist. Aber dafür dauert es eigentlich schon zu lange. Es ist irgendwie attraktiver. Bei den Linken gibt es die verschiedensten Gruppierungen. Bei den Rechten nur eine. Es wäre ja nichts dagegen einzuwenden, wenn die Gewaltschwelle nicht so weit runtergegangen wäre. Da kann man sich manchmal nur an den Kopf fassen. Früher gab es auch Schlägereien. Aber da war Schluß, wenn einer am Boden lag, geblutet hat oder gesagt hat: «Okay, du hast gewonnen.» Heute geht das einfach weiter. Da kann einer bewußtlos sein, und die treten trotzdem weiter nach ihm. Auch nach seinem Kopf. Dafür habe ich keine Erklärung. Vielleicht bringt denen das Ansehen ein. Aber so etwas könnte ich nicht.

Ich hätte mir vorstellen können, daß die DDR geblieben wäre. Ich hätte es auch besser gefunden, wenn es zwei unabhängige Staaten geworden wären. Ich fühle mich nicht als Bundesrepublikaner. Ich akzeptiere es und komme damit auch klar, obwohl es manchmal auch noch fremd ist.

Zur Armee gehe ich nicht. Total nicht. Auch nicht Zivildienst. Ich weiß nicht, ob das geht, aber ich will dem Staat in keiner Form dienen.

Bei der Bundeswehr lernt man das Töten, meiner Meinung nach. Das möchte ich nicht. Außerdem habe ich es meiner Mutter versprochen, bevor sie gestorben ist.

Ich möchte mich überhaupt nicht von irgend jemandem rumkommandieren lassen. Nicht mal als Sani. Ich bin kein Mensch für so etwas. Das geht einfach nicht. Ich finde Militär völlig überflüssig. Ich habe mal einen Truppenbesuch mitgemacht, bei der Luftwaffe. Das war nicht meine Welt. Zur DDR-Zeit wäre ich wahrscheinlich gegangen. Das waren damals ganz andere Verhältnisse.

In letzter Zeit komme ich eigentlich gar nicht mehr dazu, mich mit der Welt zu beschäftigen. Schule, Sport, Freundin, Hund, das nimmt mich alles sehr in Anspruch. Besonders gut finde ich aber nicht, was da passiert. Überall schlagen sie sich die Köpfe ein. Die Amerikaner greifen ein, wo es sich anbietet. In Panama, in Haiti. Das ist mir alles ein bißchen unheimlich.

Ich habe jetzt einen Hund. Der ist sechs Monate alt. Ein Boxer-Schäferhund-Mischling. Riesengroß. Und sehr lieb. Meine Freundin hat auch einen Hund. Ich mag Tiere. Deshalb möchte ich Tiermedizin studieren. Da mein Leistungsdurchschnitt nicht gerade gut und Tiermedizin ein Numerus-clausus-Fach ist, muß ich wahrscheinlich fünf Jahre auf einen Studienplatz warten. Irgendwann bekommt man einen. In der Zwischenzeit will ich eine Ausbildung als Krankenpfleger machen, also in die Fußstapfen meiner Mutter treten. Vor allem weil ich anderen Menschen helfen möchte.

Ich bin jetzt neunzehn. Meine Freundin ist ein Jahr jünger. Sie arbeitet schon. Als Restaurantfachfrau. Da macht sie jetzt eine Lehre.

Ich finde es sehr schön mit meiner Freundin. Sie meint zwar, ich binde mich zu stark an sie. Sie sagt sogar, daß ich mich an sie klammere, sie zu sehr liebe, so daß ich es sehr schwer verkraften würde, wenn es mal auseinanderginge. Aber ich bin einfach sehr glücklich, und ich hoffe, daß es auch so bleibt. Eigentlich bin ich mir da ziemlich sicher. Wir haben ähnliche Interessen. Wir verstehen uns. Ich habe lange gesucht. Bei unserem letzten Gespräch hatte ich Angst, daß ich nie eine Freundin bekomme. Das hat mir ziemliche Sorgen gemacht.

Im Urlaub hat mir eine Wahrsagerin gesagt, daß alle meine beruflichen Träume und Ziele in Erfüllung gehen. Wenn es dabei bliebe, wäre es wirklich sehr gut. Ich stelle mir vor, daß ich das Abitur mache und danach als Krankenpfleger arbeite. Daß ich in der Zeit meine eigene Wohnung bekomme und auch meinen Führerschein mache. Da sitze ich schon ein Jahr dran. Anschließend würde ich gern studieren und nach dem Studium meine Praxis haben. Nein, Haus muß nicht sein. Vielleicht später, wenn die Kinder unterwegs sind. Kinder möchte ich immer noch haben. Einen Jungen und ein Mädchen. Meine Freundin will das erste Kind nicht vor achtundzwanzig haben. Vorher nicht. Vorher wäre es zu belastend.

Im Unterricht haben wir auch einiges über die Umweltzerstörung erfahren. Da haben wir gehört, wie die Ozonschicht durch den Treibhauseffekt zerstört wird, daß der Regenwald abgeholzt wird und welche Konsequenzen das hat. Die Klimaveränderung. Das Schmelzen der Polkappen. Der steigende Wasserstand. Das alles in einer Zeit, die so nahe ist, daß ich es voraussichtlich noch miterlebe – da habe ich schon ein bißchen Angst. Was sage ich, davor habe ich sogar sehr viel Angst. Man überlegt schon manchmal, ob man Kinder in die Welt setzen sollte. Wenn man noch miterleben muß, wie die dann die Auswirkungen von unserem Leben zu spüren bekommen.

Aber zur Zeit kann ich mir das einfach nicht so vorstellen, daß die Welt irgendwann nicht mehr belebbar ist. Nur mit Schutzanzügen und unter irgendwelchen Glaskuppeln.

Mein Hund heißt Snoop. Das ist ein Name von einem Hip-Hop-Sänger. Die Musik hat mir sehr gut gefallen. Deshalb, und auch weil ich den Namen lustig fand, habe ich meinen Hund so genannt. Ich habe mit dieser Musik schon 1990 oder 1991 angefangen. An der alten Schule war ich damit Außenseiter. In der neuen Schule waren dann viele, die diese Musik gern hörten. Ich gehe mit den Leuten zu Konzerten, oder wir treffen uns bei irgend jemandem zu Hause und hören diese Musik. Sie sehen ja, ich habe auch ein entsprechendes T-Shirt an und die Jacke. Wenn ich die Sachen anziehe, fühle ich mich ein bißchen zugehörig. Nein, das ist nicht aggressiv. Eher ein bißchen zu peacy. Es gibt auch andere Gruppen. Zum Beispiel Heavy metal oder Punkmusik. Oder die mit der Rockmusik. Das sind die Leute mit dieser Tolle.

Mit meinem Vater komme ich jetzt eigentlich sehr gut aus. Höchstens daß er sich beschwert, weil ich so selten zu Hause bin. Er war arbeitslos, hat jetzt aber wieder eine Arbeit, die ihm Spaß macht. Als Drogenberater und Suchtpsychologe. Er hat noch eine Ausbildung gemacht. Unser Verhältnis ist wirklich sehr gut. Nur daß ich immer Geld verlange, ist vielleicht nicht so gut von mir. Das ist der einzige Streitpunkt zwischen uns. Ich kann mit Geld nicht umgehen. Ich sehe das selbst. Das ist mein Problem. Eigentlich bekomme ich ausreichend.

Deswegen bin ich auch in den Ferien arbeiten gegangen. Ich bin von einer Zeitarbeitsvermittlung zu einer Möbeltransportfirma vermittelt worden. Diejenigen, die direkt zur Firma gegangen sind, haben vierhundertzwanzig Mark pro Woche bekommen. Und ich von meiner Zeitarbeitsvermittlung bloß einhundertfünfundsiebzig. Die haben sich ungefähr die Hälfte davon in die eigene Tasche gesteckt. Das empfand ich als Sauerei. Hätte ich direkt gearbeitet, wären es für die drei Wochen über tausend Mark gewesen. Da habe ich zum erstenmal gespürt, was Ausbeutung ist.

Trotzdem hat es auch Spaß gemacht. Ich habe eine Menge Leute kennengelernt. Einige waren zwar nicht mein Fall. Die hatten im Knast gesessen und waren ziemlich ruppig. Aber da war ein Schwarzer, und da ich sowieso mit Schwarzen Kontakt haben wollte, weil ich ihre Musik höre, habe ich mich meistens mit dem unterhalten. In den Pausen haben wir Basketball gespielt. Das war schön. Der hat mir auch vom Leben in den USA erzählt und von schwarzen Frauen. Und ich habe ihm gesagt, daß ich gerne mal in die Bronx fahren würde. Er hat mir aber abgeraten. Den würde ich gerne wiedersehen.

Nach dem Tod meiner Mutter, im Januar, habe ich auch Erfahrung mit Rauschgift gemacht. Damals hatte ich meine Freundin noch nicht. Und ich war ziemlich fertig. Ich konnte nicht weinen, weil sie mir immer gesagt hat, ich soll dann nicht weinen. Aber in der ersten Zeit habe ich nur Mist gemacht.

Damals habe ich auch Haschisch und Marihuana geraucht. Es verstärkt das jeweilige Gefühl, aber sonst habe ich eigentlich keine Nachwirkungen bei mir gespürt. Auch keine Abhängigkeit. Jede Droge ist natürlich Mist. Trotzdem würde ich es legalisieren. Alkohol zerstört die Menschen viel schlimmer.

Meine Freundin hat mir dann auf die Finger gehauen.

Also ohne meine Freundin könnte ich mir mein Leben gar nicht mehr vorstellen. Ich muß jemanden haben, um den ich mich kümmern kann. Ich habe sie auf einer Party kennengelernt. Ich habe sie von einem Jungen weggeholt, der in dieser Umgebung der größte Frauenheld ist. Der auch sehr gut aussieht. Ich habe sie einfach zu mir geholt, und wir hatten gleich jede Menge Gesprächsthemen. Und am nächsten Morgen wußte ich, daß ich unheimlich verliebt war.

Gereist bin ich seit unserem letzten Gespräch sehr viel. Vor allem von der Schule aus. Wir waren in Paris. Das ist die schönste Stadt, die ich bisher gesehen habe. Aber leider war ich da ohne Freundin, weil ich noch nicht mit ihr zusammen war. Das war echt schlimm. So eine romantische Stadt mit den Parks und den schönen Plätzen. Es war Sommer, und man konnte sich abends noch auf die Wiesen legen. Und dann allein!

In London hat es mir auch sehr gefallen. Die komischen Taxis und die Busse. Das Riesenkaufhaus Harrods bei Nacht.

Vor kurzem waren wir in Irland. Die Landschaft war sehr schön. Aber wir haben in Dublin gewohnt, und ein paar Tage vorher war da am Bahnhof eine Bombe hochgegangen. Auf unser Hotel hatte es auch schon mal einen Anschlag gegeben. Da waren unten die Fenster vergittert. Eine Mauer mit Stacheldraht und Videokamera um das Ganze. Auch in den Straßen war es abenteuerlich. Wir hatten alle ein bißchen Angst. Meine Freundin auch. Ich mußte dauernd anrufen. Kurz bevor wir abgefahren sind, haben sie uns dann gesagt, daß unsere Jugendherberge in dem gefährlichsten Teil Dublins lag.

Für meine Zukunft habe ich noch einen Wunsch: mit meinem Sport, also mit dem Handball, mal Geld zu verdienen. Wahrscheinlich bin ich ja schon zu alt dafür. Aber es ist mein Traum.

Wenn ich mir vorstelle, daß viele Zuschauer zum Spiel kommen, und ich stehe dann im Tor, wehre einen Bombenschuß ab – und der Beifall brandet auf...

Am Anfang war Erziehung

23. 5. 90

*I*ch bin ziemlich einfach strukturiert. Das Angebot habe ich angenommen, weil ich Sie kenne und Vertrauen zu Ihnen habe. Wenn ich danebenhaue, dann bleibt es unter uns, da habe ich keine Befürchtungen. Und es hat natürlich ganz egoistische Gründe. Ich glaube, daß ich Sie auch ein bißchen benutzen kann für die eigene Therapie.

Ich bin dabei, mich zu suchen und zu finden, stöbere in meiner Vergangenheit. Natürlich bin ich mit meinen neununddreißig Jahren typische Wege gelaufen, die viele hier in diesem Land gegangen sind. Man muß jetzt in der Lage sein, sich selbst Schmerzen zuzufügen. Und ich habe eigentlich die stille Hoffnung, wenn ich nachts wach werde und mich quäle, was schon seit Monaten geht, daß ich durch diese Auseinandersetzung lerne. Ich sage mir dann: Dir wächst Menschlichkeit zu. Ich kann jetzt anderen Menschen viel länger in die Augen schauen, viel besser zuhören. Und ich spüre, wie sich auch andere Menschen nach Güte sehnen. Ich hoffe, toleranter und zugleich kritischer zu werden. Kurz also: nachträglich stärker zu sein.

Ich war zum Schluß Abteilungsleiter im Staatsapparat. Eine ziemlich wichtige Funktion. Die bin ich von heute auf morgen losgeworden, und eigentlich bin ich froh darüber. Ich bilde mir ein, ich war ein guter Leiter. Meine Kollegen bestätigen mir das auch. Das konnte ich aber nur sein, weil ich alles in mich hineingefressen habe. Zwischen meinem Leiter, den Institutionen, bei denen ich immer zu fragen hatte, und mir gab es zu vielen Punkten sehr unterschiedliche Auffassungen, aber auch zu den jüngeren Kolleginnen, die in mein Kollektiv kamen und die knallhart in Kadergesprächen sagten, sie möchten verkürzt arbeiten. Das hat mir natürlich gar nicht gefallen, weil ich genau wußte, was die jungen Frauen nicht wegschaffen, das habe ich dann zu machen. Sie haben mir aber klipp und klar gesagt, ich bin alt, altmodisch, sie brauchen die Zeit für ihr Kind oder ihre Kinder. Da habe ich gemerkt, daß es doch ganz unterschiedliche Herangehensweisen gab.

Übrigens auch in der Familie. Meine Geschwister, die hatten beide viel früher ein Auto und Datschen, eine völlig andere Lebensweise. Ich bin immer davon ausgegangen, ich habe meine Arbeitskraft der Gesellschaft zur Verfügung zu stellen. Ich vereinfache das jetzt. Aber ich brauchte kein Segelboot, ich wollte nicht segeln. Ich wollte zur Verfügung stehen.

Das Verhältnis zu meinem Vater ist ganz, ganz kompliziert, und damit werde ich niemals fertig werden. Niemals. Ich komme aus einer adligen Familie. Mein Vater war faschistischer Offizier. Er war Flieger, das waren besonders schnittige Menschen. So einer war mein Vater auch. Er kam dann fünf Jahre in sowjetische Kriegsgefangenschaft, hat die Häuser um Moskau mit aufgebaut und kehrte neunzehnhundertneunundvierzig in die Bundesrepublik zurück. Er hat Kontakt aufgenommen zu Kommunisten. Das hat ihn alles sehr überzeugt. Er bekam das «Kommunistische Manifest» in die Hand. Offensichtlich hat auch die Gefangenschaft bei ihm bewirkt, daß er sich nach einer gesellschaftlichen Alternative umgesehen hat. <u>In seinem Dorf war der alte Bürgermeister der neue Bürgermeister.</u>

Mein Vater hat Kontakt aufgenommen in die DDR. Er wollte als Arbeiter in die Wismut gehen, weil er wußte, daß dort gut verdient wird. Dann sind aber andere Leute auf ihn aufmerksam geworden. Er hat ein Jahr illegal hier gelebt und eine Parteischule der NDPD in Buckow absolviert. Die NDPD war damals ein Sammelbecken für ehemalige Offiziere. Da gab es eine Arbeitsgemeinschaft, der mein Vater angehört hat. Später sind meine Eltern in die DDR übergesiedelt.

In meiner Verwandtschaft sind alle adlig, die haben das natürlich nicht akzeptiert. Und so bin ich groß geworden. Ich kenne keine Tante, keine Oma. Das habe ich alles nicht kennengelernt. Ich fange jetzt erst an, darunter zu leiden, weil ich zum zweitenmal erleben muß, daß meine Familie zerstört wird. Mein Bruder ist im Oktober mit Familie abgehauen, und ich kann es einfach nicht verwinden. Das ist jetzt Monate her, und ich muß immer darüber nachdenken. Sogar darüber, ob ich nicht nur neidisch bin. Der hat hier in der DDR alles gehabt. Er hat nur fürs Geld gelebt, und wir haben uns auch nie so besonders gut verstanden. Er hatte eine gute Arbeit, eine Frau, die zu ihm paßte, seine Kinder waren in der Schule sehr gut. Eine Datsche, zwei Autos. Also, er hatte hier alles.

Nur einmal ein ganz kleiner Satz, der letzte überhaupt zu mir: Ich möchte auch mal nach Schweden.

Damals habe ich zu ihm gesagt: Noch Geduld, das kommt alles. Diese Geduld hat er nicht gehabt, hat alles stehen- und liegenlassen und ist weg. Zu einem Verwandten, von dem es heißt, daß der noch seine Naziuniform im Schrank hat. Für ihn sind das wohl nicht mal Kompromisse. Ich bin überzeugt, daß er potentieller CDU-Wähler ist. Der Anfang muß sehr schwierig gewesen sein, aber inzwischen hat er in München eine Wohnung und Arbeit. Ihm wird es gutgehen, in kürzester Zeit sogar wesentlich besser als mir. Und das meine ich eben, mit dem Neidischsein: Ich weiß nicht, ob ich ihm das vielleicht nur nicht gönne und deshalb so böse bin. Er macht auf jeden Fall den größeren Schnitt, aber ich glaube nicht, daß er glücklicher wird.

Mein Vater fing damals an, beim Parteivorstand zu arbeiten. Was er da im einzelnen gemacht hat, weiß ich nicht, darüber wurde zu Hause geschwiegen. Wenn wir zu Hause Besuch hatten, durfte ich allenfalls die Gäste bewirten, aber an den Gesprächen nie teilnehmen. Später, als er schon Rentner war, kamen zu den Geburtstagen immer noch Leute von der Stasi, die ihn betreut haben.

Mein Vater war sehr streng, streng bis brutal. Ich wurde geschlagen. Meine Geschwister noch mehr. Als ich zum Beispiel achtzehn Jahre wurde, an dem Geburtstag bin ich eine Viertelstunde zu spät nach Hause gekommen, da hat er zu mir gesagt, geh ins Schlafzimmer, an den Kleiderschrank, hol den Lederriemen, dann hat er die Beine gespreizt und meinen Kopf dazwischengeklemmt und mich mit dem Lederriemen, den ich selbst holen mußte, geschlagen. Als ich zum Studium nach Leipzig gegangen bin, ist er durch die halbe Stadt gelaufen, treppauf, treppab, und hat mir ein Zimmer organisiert. Das hat er eben auch gemacht.

Wenn ich wütend werde, sagt mein Mann immer, du bist wie dein Vater. Ich hasse meinen Vater so sehr, daß ich mir schon manchmal seinen Tod gewünscht habe. Vor allem, wie er jetzt mit allem schnell fertig wird, das kann ich nicht ertragen. Meine Mutter ist wiederum das völlige Gegenteil von meinem Vater. Sie ist eine ganz, ganz zärtliche, liebe Frau. Im Krieg war sie im Lazarett Krankenschwester. Und diese Haltung, anderen zu dienen, ist auch geblieben. Wenn ich liebe, bin ich wie meine Mutter.

Was die Sicherheitsfragen in meiner Arbeit betrifft, da wird mehr vermutet, als es war. Als ich Leiter dieser Abteilung wurde, hat man mir jemanden von der Sicherheit ganz offiziell vorgestellt. Ich hatte also keine konspirativen Begegnungen. Dieser Kollege kam vor internationalen Kongressen zu mir und hat gefragt, wer teilnimmt, um die Übersicht zu haben.

In die Partei bin ich früh eingetreten, schon als Oberschülerin. Das geschah nicht in erster Linie unter dem Einfluß meines Elternhauses. Ich bin nach der zweiten Klasse in eine R-Schule, also in eine Schule mit verstärktem Russischunterricht, in Berlin-Pankow gekommen. Es stellte sich dann heraus, daß ich dort das einzige Nichtgenossenkind war. Meine Eltern waren inzwischen beide Mitglieder der NDPD. Das war eine schöne Zeit. Dann gab es noch einmal eine Auswahl. Ich kam in eine Russischschule, die zusätzlich verstärkten Unterricht in naturwissenschaftlichen Fächern hatte. Mein Vater ist, auch wenn er später der SED beitrat, nie Kommunist geworden. Mein Vater hat sich sehr oft geirrt, aber das hat er nie zugegeben.

Mein Vater hatte relativ zeitig erkannt, daß der Krieg verlorenging. Das hat er meiner Mutter während des Krieges mitgeteilt. Er wurde dann in Rumänien stationiert und sollte von dort aus gegen die Sowjetunion fliegen, also bombardieren. Und mein Vater hat mir erzählt, daß er sich nach fünf Flügen durch einen Trick von der Front zurückgezogen hat. Und zwar gab es damals einen Befehl von Hitler, danach mußte jeder, der die Ruhr hatte, sofort von der Front isoliert werden. Da hat er sich splitternackt auf den Fußboden einer Baracke gelegt. Die Nächte waren kalt, so daß er danach natürlich krank war und sofort von der Front weggebracht wurde. Natürlich wußte er vor jedem Start, daß er eventuell nicht zurückkehrt. Es sind ja auch viele Freunde von ihm gestorben. Ich kann mir eigentlich nicht vorstellen, daß er Angst hatte. Er war so ein leidenschaftlicher Flieger, jedes Sonntagsgespräch in meiner Kindheit, am Mittagstisch, drehte sich darum, wie er London bombardiert und wie die englische Abwehr zurückgeschossen hat. Er beschrieb das wie Sport. Überhaupt den ganzen Krieg. Wenn ich mich dagegen zur Wehr setzte, hat er mir den Vorwurf gemacht, ich sei ein Provinzler, vor allem weil ich Europa nicht kenne. Er ist in Frankreich einmarschiert, ist in Italien einmarschiert, in Jugoslawien. Ist also überall als Aggressor erschienen. Das hat er dabei ganz vergessen.

Mein Vater hat sich immer vorgestellt, daß ich mal einen Botschafter heirate, also jemanden, der im Außenministerium angestellt ist und ins Ausland geschickt wird. Ich habe dann meinen Mann geheiratet, der nach der Promotion nicht in die Wissenschaft ging, sondern im Zentralrat der FDJ arbeitete. Das hat Vater überhaupt nicht gefallen, das war ihm viel zu minderwertig.

Wenn ich beispielsweise eine Drei in Mathematik nach Hause brachte, hat er mich geschlagen, einmal so, daß ich von seinem Ehering eine ganz dicke Lippe hatte. Ich habe oft gezittert. Mit einer schlechten Zensur bin ich unter richtigen Qualen nach Hause gegangen. Das Kommen meines Vaters kündigte sich immer durch ein typisches Husten an. Dann sagte meine Mutter: Vater kommt. Ja, die hat er auch geschlagen. Wegen Banalitäten. Ich habe ihm jetzt schon mehrmals gesagt, daß ich den Kontakt zu ihm nicht mehr wünsche. Aber er macht immer wieder den Trick und schickt meine Mutter.

Also ich muß sagen, daß ich in vieler Hinsicht mit unserem Gespräch sehr unzufrieden bin. Ich ärgere mich bei vielen Fragen von Ihnen, daß ich mir die nicht selbst gestellt habe und deshalb jetzt so unsicher bin. Andererseits, das muß ich einfach sagen – ich fühl mich völlig ausgeleert, ausgekratzt. Studium, Kinder und die Arbeit, überall Multifunktionär. Ich bin richtig hohl dadurch geworden. Ich war mindestens zwanzig Jahre nicht im Pergamonmuseum, ich bin dumm geworden. Frauen und Berufstätigkeit. Emanzipation – wie wir das selbst erlebt haben, das hat uns zum Teil auch richtig verdummt. Ich muß sagen, daß ich mich für vieles schäme. Ich war wie eine Waschmaschine: Ich habe nur die Programme abgearbeitet. Und nun fühle ich mich durch das Gespräch auch ein bißchen überfordert. In den ganzen Jahren habe ich kaum Freundschaften gepflegt. Es war mir eine Last, wenn Anrufe kamen. Wir haben einen viel höheren Preis gezahlt, als wir uns eingestehen. Ich glaube auch, daß wir Frauen gesundheitlich in einem viel schlechteren Zustand sind. Daß der weibliche Körper darauf reagiert. Wir haben das alles nicht registriert.

Ich habe immer in einem vorneurotischen Zustand gelebt. Ich

mußte ständig was abbrechen. Brigadefeiern habe ich nicht mitgemacht oder habe mich vorzeitig verabschiedet, weil ich nach Hause mußte, wegen der Kinder. Meine erste Auszeichnung als Aktivist konnte ich deshalb auch nicht selbst entgegennehmen. Ich hatte ständig ein schlechtes Gewissen – gegenüber meinen Kindern, gegenüber meinem Mann, gegenüber der Arbeit. Ich habe nur mit schlechtem Gewissen gelebt. Wenn ich im ZK zu Sitzungen war, fing ich an, darüber nachzudenken, was die Kinder machen und ob die wohl auch zu Bett gehen.

Es passiert schon mal, daß ich meinen Kindern eine Backpfeife gebe. Mein Sohn kann sich schwer konzentrieren. Eine Lehrerin hat am Anfang solchen Druck auf mich ausgeübt, daß ich dachte, mein Sohn sei nicht normal, und daß ich mit ihm zu den Psychiatern nach Herzberge gefahren bin. Die haben mir zu meinem Kind gratuliert.

Mein Junge hat in dieser Schule nicht viel gelernt. Er hatte keinen einzigen Lehrer, von dem ich sagen würde, jawohl, das ist eine Autorität. Mein Sohn hat mehrmals Selbstmord angekündigt, wollte aus unserer Wohnung im zwanzigsten Stock springen. Ein Freund sagte zu mir: Du hast dein Kind auf dem Altar deines Ehrgeizes geopfert. Ich habe schreckliche Schuldgefühle. Ich mußte lernen, mich zu meinem Kind zu bekennen, von der Lehrerin weg. Ich hatte eine komplizierte Entbindung und habe oft überlegt, ob es auch dadurch gekommen sein kann. Jetzt möchte ich nur, daß er wieder Freude am Leben hat. Er hat jetzt unheimliches Fernweh, und ich werde ihm keine Steine in den Weg legen. Schön wäre es nur, wenn er erst einen Beruf hätte.

Mein anderer Sohn will unbedingt Kammerjäger werden. Er sagt, das hat Zukunft, sie werden ihn alle rufen. Ich wollte das erst nicht glauben, aber er meint das wirklich ernst.

Ich habe mich in keiner Weise zur Partei im Widerspruch befunden. Ich wollte dazugehören, ich wollte mit verändern. Es waren keine Karrieregründe, und es hat niemand auf mich Druck ausgeübt. Im Moment bin ich nicht drinnen und nicht draußen. Ich habe mich einfach nicht umgemeldet. Ich möchte nicht mehr mißbrauchbar sein. Ich will nur noch Dinge machen, die ich durchschaue, wo ich ganz dabeibin. Ich möchte unabhängig sein. Ich bin auch nicht mit allen Dingen einverstanden, die die PDS jetzt macht. Zum Beispiel die Eigentumsfragen hätten viel früher geklärt werden müssen. Ich finde auch nicht gut, daß das Präsidium zugleich die Volkskammerfraktion stellt, sich also wieder alles auf wenige konzentriert.

Ein negatives Grunderlebnis hatte ich durch meine Parteisekretärin, die sehr dumm und ungebildet, aber machtgierig war. Wenn man sie kritisierte, bekam sie einen Schreikrampf. Waren Rechenschaftsberichte fällig, wurde sie grundsätzlich krank. Und wenn sie es wirklich machte, war es verheerend. Sie hat sich bei der Kreisleitung und beim ZK über mich beschwert. Das kippte aber ganz schnell. Sie wurde überführt, daß sie gelogen hatte. Das war für mich die Erfahrung Stalinismus. Damals habe ich gemerkt, daß in der Partei etwas nicht stimmt, wenn solche Leute das Sagen haben. Da kamen viele Dinge dazu. Wenn man sich die letzten Plenen der Partei angesehen hat, das war so verlogen, man konnte es gar nicht mehr lesen. Die Parteiarbeit wurde für mich allmählich sinnlos. Wenn ich kritische Dinge gesagt habe, hatte ich hinterher immer das Gefühl, es kann sein, daß du morgen entlassen wirst. Kritik bewegte nichts.

Mein Mann war Funktionär im Zentralrat der FDJ. Über die Alten haben wir uns oft unterhalten. Aber mehr bedrückte mich die nachfolgende Riege – Leute, die offenkundig intellektuell den Aufgaben nicht gewachsen sein würden. Auch ihre moralische Integrität war recht anfechtbar. Ich habe mich in diesem Kreis sehr einsam gefühlt. Sie hatten kein Verhältnis zu Büchern, zur Natur, hatten unerzogene Kinder und dumme Frauen. Mein Mann war völlig ungeeignet für diesen Apparat. Ich habe ihn unterstützt. Damit er schlafen konnte, bin ich mit den Kindern frühmorgens spazierengegangen. Ich verstehe bloß nicht, warum er nie dankbar dafür war. Wenn mich Männer interessiert haben, nur starke. Ein Schwächling, also einer, der Schwächen hat, hätte mich nicht interessiert.

In der Wohngebietsparteiorganisation gibt es so viele alte Leute, die überhaupt nichts begriffen haben. Die anderen sind fast alle ausgetreten. Es ist so eine Notgemeinschaft, die sich im Keller trifft. Das ist ganz schlimm. Die nehmen auch das neue Statut gar nicht zur Kenntnis, für die ist es noch immer die alte SED. Sie werden politisch überhaupt nicht aktiv. Und es herrscht ein rüder Ton. Das ist für mich keine Heimat. Da auszutreten wäre überhaupt kein Verlust. Im Gegenteil.

Ich suche jetzt andere Möglichkeiten, mich basisdemokratisch zu organisieren. Ich will zum Beispiel zum Gründungskongreß der Arbeitsgemeinschaft für Frauen gehen. Ich weiß noch nicht, als was ich dahin gehe, als PDS-Mitglied oder als Nicht-PDS-Mitglied.

Schuldgefühle? Na ja, weil ich damit groß geworden bin, daß man in der Partei der Sache die Treue hält. Und ich frage mich immer, inwieweit ich, wenn ich austrete, der Sache abschwöre. Ich habe Verrätergefühle. Und ich habe auch Probleme mit der Verwandtschaft von der Seite meines Mannes. Die sind noch alle in der PDS.

Es gab bei meiner Arbeit zunehmend Dinge, mit denen ich nicht einverstanden war. Aber ich habe nicht begriffen, welche Ausmaße das hatte. Über diesen Mechanismus denke ich nach. Was hat man alles verdrängt, wo hätte man sich bemühen müssen, Wissen zu vertiefen und dann auch mit Konsequenz vorzugehen. Das hat man nicht gemacht. Wir dachten immer, daß es sich um Einzelerscheinungen handelt.

Perestroika habe ich zunächst, was die ökonomische Seite anbelangt, nicht ernst genommen. Ich dachte, unsere Wirtschaft ist auf jeden Fall besser. Man hat ja die Schwierigkeiten täglich im Alltag bemerkt, aber ich dachte, das sind irgendwelche Verteilungsprobleme. Ich hatte die Hoffnung, daß an die Schaltstellen des Außenhandels jüngere, wirklich knallharte Leute kommen, die das dann in den Griff kriegen.

Meine Erfahrungen bei der Arbeit wurden immer verheerender. Mein Leiter war nicht einmal autoritär, er hat entweder durchgestellt oder alles im Sande verlaufen lassen. Außerdem war er korrupt. Für den war halb fünf jeden Tag Feierabend, da spielte sich nichts mehr ab. Aber die Reisen hat er sich unter den Nagel gerissen, auch wenn er gar nicht dafür geeignet war. Er hatte im ZK seine Lobby. Und da hat ja jeder Funktionär abgesahnt, wo er konnte. Im ZK *mußten* sie sogar um siebzehn Uhr das Haus verlassen. Da wurde nicht länger gearbeitet. Das ist ein wirklich reaktionärer Apparat gewesen.

Mit diesem Apparat möchte ich nichts mehr zu tun haben. Das hat sich zum großen Teil überhaupt nicht geändert. Zum Beispiel in der Abteilung Kultur sind alles die alten Leute. Ich vermute, daß Gysi Berater hat, die nicht gut sind. Ich weiß das nicht genau, ich vermute das nur.

Daß ich alles in Zweifel gestellt habe, kam bei mir ganz spät. Ich dachte, das sind alles Entwicklungsprobleme. Ich dachte, man braucht nur ein bißchen Zeit und Geduld, und dann kommt alles.

Ich wünschte mir jetzt eine Kur, damit ich Zeit habe, über mich nachzudenken. Die Waschmaschinentrommel dreht sich noch in mir. Ich kann nicht ohne Plan leben, ich komme einfach nicht aus diesem Trott. Ich habe noch nicht einmal die Fähigkeit, mich auf einen Stuhl zu setzen und nachzudenken. Und dadurch, daß ich jetzt verpflichtet bin, mir Arbeit zu suchen, erst recht nicht. Ich habe immer die Fehler bei mir gesucht, nie daran gedacht, daß vielleicht mit dem System etwas nicht in Ordnung ist. Andererseits, wenn ich fühlte, ich konnte was und ich wurde anerkannt, hatte ich auch Spaß an der Arbeit.

Ich habe mich total als DDR-Bürger gefühlt, und es fällt mir sehr schwer, Abschied zu nehmen. Ich habe jetzt in jeder Hinsicht Orientierungsschwierigkeiten. Ich habe eine Bekannte, eine grüne Christin, die sagt, sie faßt sich jeden Morgen mit ihrem Mann an und fragt: Bist du es noch? Wer bin ich? Dieses Gefühl von Unwirklichkeit, das habe ich ganz stark.

Sie haben mir viel aufmerksamer zugehört als ich Ihnen. Und nun merke ich, daß wir jetzt an einen Punkt gekommen sind, wo eigentlich Sie Probleme haben. Ich nehme mir jetzt vor, anderen zuzuhören. Ich reagiere zu spontan, urteile zu absolut. Ich kann aber auch ungeheuer verrückt sein. Aber immer nur kurze Zeit. Dann falle ich wieder in mich zusammen und habe Angst, zu laut gelacht zu haben. Das meine ich mit «kaputt sein».

Ich bin nicht so ein intellektueller Typ wie Sie. Was hat eigentlich den Ausschlag gegeben, daß Sie gerade mich fragten, ob ich mich so einem Gespräch stellen würde?

Lachen, das aus dem Körper kommt

19.8.94

Ich habe «Adieu DDR» wieder gelesen, und in mir ist der Wunsch entstanden, mit den Beteiligten in einer Runde zusammenzukommen und mit ihnen zu sprechen. Es ist wirklich eine ganz starke Bitte an Sie, daß Sie das organisieren. Mich haben die Lebensgeschichten dieser Leute neugierig gemacht, und es würde mich schon interessieren, wie sich ihre Sicht vier Jahre nach der Wende entwickelt hat.

Mir hat das Buch geholfen, mit der DDR ins reine zu kommen. Die vier Jahre waren Jahre eines schmerzhaften Abschieds. Ganz fertig wird man damit vielleicht nie. Ich habe jetzt das Gefühl, diese gesellschaftliche Niederlage, die ja auch zu meiner persönlichen wurde, zu begreifen. Die Schlaflosigkeit ist nicht mehr so schlimm. Ich habe viele tragische Lebensgeschichten zur Kenntnis nehmen müssen. Das hatte ich nie genügend wahrgenommen. Ich habe mich oft opportun verhalten. Das soll mir nicht noch einmal passieren. Ich verdränge nichts mehr. Meine Sinne sind geschärft. Was jetzt an Zerstörung bei Mensch und Natur vor sich geht, damit verglichen, war die DDR nur eine Vorgeschichte. Das geschieht jetzt perfekter und breiter.

Ich bin durch alle Tiefen, die einem hier geboten werden, gegangen. Ich war mehrfach arbeitslos. Ich war auch mit meinem Mann gemeinsam arbeitslos. Ich habe schlimme Denunziation erfahren. Ich habe vieles hinter mir, was auch anderen Ostdeutschen passiert ist. Doch lasse ich mich nicht zerstören. Ich analysiere ständig. Aber ich entwickle auch Kontrollmechanismen, daß dies nicht zur Manie wird. Ich habe zur Zeit Arbeit: Arbeitsbeschaffungsmaßnahme. Das endet im Oktober. Dann verlasse ich Berlin. Ohne meinen Mann. Ich gehe an ein kleines Theater und will da etwas aufbauen. Es soll ein Kinder- und Jugendtheater werden. Das traue ich mir zu. Ich habe dazu in den letzten Jahren die notwendigen Erfahrungen gesammelt.

Ich habe Vorstellungen, was ich da machen möchte, natürlich unter Beachtung der Bedingungen, die man da vorfindet. Es kann nicht das gleiche sein, was man zum Beispiel in Hamburg macht. Ich komme in eine arme Gegend, und die Armut wird in den nächsten Jahren noch zunehmen, weil immer noch Arbeitsplätze abgebaut werden. Das größte Problem bei den Jugendlichen ist der Alkoholismus ihrer Eltern. Das ist das Problem Nummer eins. Ich weiß das von Lehrerinnen, die ich dort kenne. In diesem Spannungsfeld habe ich mich natürlich zu bewegen.

Das ist schon komisch, aus Berlin zu kommen und in solch eine kleine Stadt zu gehen. Die Schrittlänge wird eine kleinere sein. Das Theater befindet sich eine Minute vom Bahnhof. Meine Wohnung befindet sich eine Minute vom Bahnhof. Ich finde dort ganz andere Dimensionen vor. Dreißigtausend Einwohner. Sehe ich hinten aus dem Fenster: Idylle mit Geranien, deutsche Kleinstadt. Schaue ich vorn raus: Schick von vorgestern und Glatzen. Auch deutsche Kleinstadt.

Auf dem Weg zu Ihnen bin ich durch die Laubenkolonie gegangen. Da waren hübsche kleine Häuschen und dann im Hintergrund die Riesenschlote von Rummelsburg. Solche Spannungsfelder sind ja immer da. Und Theater muß da rein. Dort wo ich hingehe, gibt es wunderschöne Natur und gleich daneben Zerstörung und Verwüstung durch den Braunkohlenabbau. Wenn ich das Gefühl beschreiben müßte, mit dem ich dahin gehe, würde ich es Liebe nennen. Das sagt nun nicht, daß ich den Spießer dort so wunderbar finde. Aber doch, daß ich die Leute so annehmen will, wie sie sind. Ich könnte mir vorstellen, daß dies auch Ihr Herangehen bei den Interviews ist. Sie haben ja sicher auch Lieben und Vorlieben. Ich meine, daß man prinzipiell erst einmal mit einem achtungsvollen Verhältnis auf jeden zugehen muß.

Wenn ich die DDR heute beurteilen sollte, müßte ich sie an ihrem eigenen Anspruch, eine humanistische Alternative zu sein, messen. Und da sieht die Bilanz nicht gut aus. Ich verstehe aber heute, vier Jahre nach der Wende, warum dieser Versuch gescheitert ist. Die politische und moralische Inkompetenz der Führung hat ganz wesentlich dazu beigetragen. Der starke Einfluß der Sowjetunion war leider nicht zum Guten. Und natürlich gab es auf westlicher Seite überhaupt kein Interesse, daß eine erfolgreiche humanistische Alternative existiert. Man hat gegen die DDR gearbeitet. Man brauchte nur die Medien anzustellen, da wurde das sonnenklar.

Heute ist bei mir Existenzangst das bestimmende Gefühl. Das geht bis hin zu Todesangst. Es ist immer vorhanden und ändert sich höchstens in seiner Intensität. Die hängt davon ab, mit welchen Signalen man gerade umgehen muß. Welche Gespräche, welche Informationen man gerade bekommen hat. Manchmal beherrscht man die Angst, manchmal wird man von ihr beherrscht.

Zu DDR-Zeiten habe ich viel mehr nach außen gelebt. Ich selber war mir gar nicht so wichtig. Heute nehme ich mich ernst. Ich höre mehr auf mich. Ich achte mehr auf mich. Selbst wenn ich die Fenster putze, achte ich darauf, daß der Hocker fest steht, weil ich weiß, welches Kapital meine Knochen sind. Ich vertraue heute meinem Gefühl. So verbraucht, wie ich am Ende der DDR-Zeit war, bin ich nicht mehr. Was mir den leichten Gang erschwert, ist eben diese tiefe Existenzangst.

Ich habe es mir zum Prinzip gemacht, daß ich offen bleibe. Auch wenn ich Enttäuschungen wegstecken muß. Die guten Erfahrungen überwiegen. Sehr oft öffnen sich dann die anderen auch.

Ost-West ist für mich kein Problem. Ich weiß natürlich, daß die vom Westen aus einer ganz anderen gesellschaftlichen Atmosphäre kommen, daß sie eine andere Alltagskultur haben. Ich weiß von den Schweinereien der Treuhand. Aber wenn ich es mir richtig überlege, so habe ich bisher nicht einen total widerlichen Wessi getroffen. Im Gegenteil, ich habe eigentlich mehr Wärme und Solidarität von Leuten aus dem Westen erfahren. Es gab welche, die mir ihre Gesellschaft erklärt haben und wie man damit umgeht. Und diese Erfahrung lasse ich mir auch nicht ausreden, weil ich mich für alle Menschen offen halten will. Und es gibt schließlich auch viele Westdeutsche, die Probleme haben.

Meine Probleme liegen Ost-Ost. Ich stelle eine ganz tiefe Kluft fest zwischen Menschen, die Arbeit haben, und solchen, die keine haben. Auch im Verhalten anderen gegenüber. Neulich habe ich mit einer Frau gesprochen, die konnte nicht verstehen, daß ich ohne meinen

Mann die Stadt verlasse. Ich sagte ihr, daß Existenzangst wie Todesangst sein kann. Und daß ich daraus zugleich die Kraft schöpfe, so etwas zu tun. Sie verstand mich überhaupt nicht.

Wenn ich mit Westdeutschen zusammenbin, erzähle ich häufig Geschichten. Man kann ja Tag und Nacht Geschichten erzählen. Der Reichtum in der DDR, das waren vielleicht die Geschichten, die wir erlebt haben, die vom Wunderlichen bis zum Tragischen reichen. Diese Gesellschaft war ja so voller Spannungen, daß wir viel mehr erlebt haben als die vom Westen.

Und ich kann heute über das alles lachen, denn irgendwie war es auch sehr komisch. Und wir selbst waren komisch. Ich kann über mich lachen. Aber das verstehen die Westdeutschen überhaupt nicht. Wie man sich über sich selbst lustig machen kann. Da stehe ich mit meinem Humor völlig allein da.

Ich denke jetzt viel über Humor nach. Ich lache auch gern mal über Gags. Aber das meine ich jetzt nicht, sondern ich meine das Lachen, das aus dem Körper kommt. Das immer auch ein bißchen mit Tragischem zusammenhängt. Mit Befreiung von Tragischem, indem man trotzdem lacht. So lachen zu können erfordert vorher eine Arbeit.

Ich habe den Eindruck, die Westdeutschen können unser Leben gar nicht verstehen. Man kann ihnen erzählen, soviel man will, am Ende stellen sie wieder die gleichen Fragen, die zeigen, daß sie eigentlich nichts begriffen haben, obwohl sie guten Willens waren und die ganze Zeit zugehört haben.

Ja, da gebe ich Ihnen recht. Vielleicht konnten wir in der DDR lachen, weil wir viel stärker den Eindruck von Gemeinschaftserlebnis hatten. Meine Arbeitslosigkeit nach der Wende habe ich immer als mein ganz persönliches Problem erlebt.

Ich war zweimal arbeitslos. Das erste Mal, als meine Dienststelle abgewickelt wurde. Wir sind in Etappen und in kleinen Gruppen entlassen worden. Es gab keinen Sozialplan. Das war schon eine Vereinzelung. Das ging so sehr ans Selbstwertgefühl, daß man sich nur noch verkriechen wollte. Das zweite Mal hatte ich einen Vertrag für ein halbes Jahr. Da bedurfte es gar keiner Kündigung.

Ich habe es wie eine Krankheit empfunden. Wie Krebs. Eine Krankheit ist ja auch etwas Individuelles. Das Problem der Arbeitslosigkeit ist nicht, daß man sich mal einschränken muß, sondern daß man überhaupt nicht weiß, wie es weitergeht. Selbstmordgedanken sind eigentlich immer in mir. Manchmal empfinde ich es regelrecht als Trost, daß mir diese Möglichkeit bleibt. Daß ich notfalls sagen kann, jetzt ist Schluß. Was mich jetzt davon abhält, ist das Verantwortungsgefühl für die Menschen, die ich liebe. Für meinen Mann, für meine Kinder.

Mein Vater lebt noch. Mit dem Kapitel werde ich auch nie fertig.

Ich erzählte Ihnen ja, daß er erst überzeugter Offizier der faschistischen Wehrmacht gewesen ist, dann in der NDPD und später in der SED war. Er ist natürlich sofort ausgetreten, ist heute CDU-Wähler und geht sonntags regelmäßig in die Kirche. Und er versucht, mich zu missionieren, und bedauert, daß er mich nicht zum Christentum erzogen hat. Ich habe immer noch Haßgefühle. Und jeder Kontakt mit ihm belastet mich vorher und hinterher über Stunden. Ich weiß, daß ihn der Kontakt zu uns Kindern ungeheuer aufregt. Er hat überhaupt keine Gewissensbisse. Er ist ein Lebenskünstler im Verdrängen. Er lebt jeden Tag neu, so als hätte es das Davor nicht gegeben. Er liebt niemanden und wird von niemandem geliebt.

Mein Bruder, zu dem ich wieder ein gutes Verhältnis habe, erzählte mir, daß er von Verwandten erfahren hat, daß mein Vater Obersturmbannführer der SS war. Und es kommen immer neue Sachen hinzu. Neulich erfuhr ich, daß er in Frankreich für die Bordelle der deutschen Offiziere zuständig war. Und daß er dort ein Verhältnis zu einer Französin hatte, die ihm später noch Liebesbriefe geschrieben hat.

Manchmal habe ich ein schlechtes Gewissen und rufe bei ihm an. Wenn er dann den Hörer abhebt und «Hallo!» sagt, dann weiß ich, daß er lebt, und damit lasse ich es bewenden.

Man stellt sich einen alten Mann, dem die Frau gestorben ist, immer hilflos vor. Das ist der überhaupt nicht. Der lebt nach strengen Regeln. Als der Umtausch war, stand er schon um fünf Uhr morgens vor der Bank. Solche Dinge bekommen für ihn eine Riesenwichtigkeit. Das Ordnungsprinzip ist bei ihm das A und O.

Ich habe jetzt das Gefühl, daß ich allmählich in diesem Land ankomme, in dem Sinne, daß ich die Spielregeln verstehe. Aber nicht im Sinne einer Identifikation, sondern mit einem Gefühl von Distanz, das mir auch ein Gefühl von Freiheit gibt. Ich sehne mich nach bescheidenen Verhältnissen. Ich brauche diese übervollen Regale nicht. Dieser ganze Konsumterror, das hat überhaupt nichts mit mir zu tun.

Das Gefühl von Liebesentzug, das Gefühl, ungerecht behandelt zu werden, hatte ich nach der Wende ganz stark. Jetzt spielt das keine große Rolle mehr. Ich nehme einfach zur Kenntnis, daß ich aus meiner Bahn gerissen wurde. Dadurch, daß das Verhältnis zu meinem Mann funktioniert – nach der Wende hat man ja alles, aber auch wirklich alles auf den Prüfstand gesetzt –, dadurch, daß ich mir nun ganz sicher bin, daß es der Mann ist, mit dem ich gemeinsam alt werden will, dadurch, daß ich also einen wirklichen Liebesentzug nicht erlebt habe, kann ich den Liebesentzug durch die Gesellschaft ertragen.

Nach der Wende gab es Fragen von meinem großen Sohn. Zum Beispiel: «Warum habt ihr uns über Honecker nicht alles gesagt?» Aber das konnte zwischen uns geklärt werden. Er ist jetzt im dritten Lehrjahr Maurer. Er steht früh um halb fünf auf und kommt abends mit wunden Fingern nach Hause. Er hat noch nicht einen Tag gefehlt. Und das gefällt mir. Er war nie stromlinienförmig. Die Lehrer konnten damit nicht umgehen. Sie hatten nur Angst, es könnte ein Fall entstehen. Er hatte oft Selbstmordgedanken. Das hat sich gleich nach der Wende gebessert. Mein jüngerer Sohn wollte früher Kammerjäger werden, jetzt will er zur Berufsfeuerwehr.

Ich empfinde mich als Deutsche. Jedoch nicht im Sinne eines sich überhebenden Stolzes. Ich könnte mir auch vorstellen, Polin oder Russin zu sein. Aber ich habe hier meine Wurzeln und mein Umfeld. Ich liebe die herbe Landschaft um Berlin sehr. Der Protestantismus hat mich geprägt. Selbst das Preußische. Zum Beispiel Disziplin und Treue, ich weiß, daß dies sehr mißbrauchte Begriffe sind, aber richtig verstanden, erleichtern sie einem das Leben.

Ja, ich bin auch sentimental. Wenn ich auf den Friedhof an das Grab meiner Mutter gehe, dann erlaube ich mir zu heulen. Da sieht mich keiner. Ich weine auch im Kino. Ich bin sogar schon einmal aus einem Theater verwiesen worden, weil ich zu laut geheult habe. Ich habe Ihnen ein Lied mitgebracht, das hat den Titel: «Ich möchte eine kleine Wirtschaft führen». Das Lied hat meine Gefühle so auf den Punkt gebracht, daß ich geheult habe wie ein Schloßhund, als ich es zum erstenmal gehört habe.

Ich fühle mich als Deutsche, habe aber überhaupt nichts gegen Ausländer. Doch denke ich, daß sie, die ja meistens aus sehr armen Gegenden der Welt stammen, zu einem ungünstigen Zeitpunkt kommen. In einer Situation, in der die Ostdeutschen alle verunsichert herumlaufen. In dieser Situation suchen die Ärmsten der Welt hier nach Eßbarem und nach Sicherheit und werden natürlich als Konkurrenten empfunden. Da entstehen zwangsläufig Gefühle der Bedrohung. Das kann man nicht einfach mit irgendwelchen ideologischen Schlagwörtern abtun. Und es sehen ja auch wirklich nicht alle vertrauenerweckend aus.

Aber ich fühle mich von ihnen weniger bedroht als von den Rechtsradikalen. Die haben neulich meinen Sohn zusammengeschlagen, nachdem er seinen Freund zur Straßenbahn gebracht hatte. Als er zurückging, kamen ihm ungefähr fünfzehn entgegen. Die haben gefragt: «Bist du ein Hooligan oder ein linkes Schwein?» Das war rein rhetorisch. Sie haben auf ihn eingeschlagen, ohne eine Antwort abzuwarten. Einen Tag später kam ich an der Straßenbahnhaltestelle an. Da hörte ich die Truppe schon von weitem mit ihrem «Sieg Heil!» Da bin ich zum erstenmal richtig geflohen.

Ich weiß selbst nicht, warum wir nichts dagegen unternommen haben, nicht zur Polizei gegangen sind. Kann schon sein, daß wir Angst hatten. Aber ich habe darüber nicht nachgedacht. Man steckt es schon als Normalität weg.

Das tägliche Poker

19. 7. 90

*I*ch bin hergekommen, weil es dich interessiert, nicht weil ich mich produzieren will.

Ich sehe die Zeit sehr gemischt. Aber mein erster Eindruck ist, es ist wahnsinnig aufregend. Alles geht sehr durcheinander. Man erlebt seit einem halben Jahr mehr als vorher in zwanzig, dreißig Jahren. Da ich ein Mensch bin, der die Aktion liebt, ist das alles unheimlich spannend. Insgesamt ist es auf jeden Fall besser als diese Friedhofsruhe, die vorher herrschte. Absolut. Da sind zwar viele Leute, die nicht zurechtkommen, aber ich finde, da muß man durch. Ich habe auch Probleme, aber ich weiß, wenn man sich da durchbeißt, dann ist es besser. Mit dem Identitätsgefühl ist es sicherlich sehr unterschiedlich. Zum Beispiel bei Leuten, die sich sehr engagiert haben, die sehr weit vorn mitgespielt haben, wird es wohl schlimmer sein.

Das Komische ist, wenn mich früher einer gefragt hat, warum ich nicht abhauen möchte, habe ich gesagt: «Ich bin so ein gutmütiger Mensch, ich würde dort überhaupt nicht zurechtkommen.» Ich war fest davon überzeugt, daß ich untergehe in der Ellenbogengesellschaft, in der Wolfsgesellschaft. Als es dann ersichtlich war, daß hier alles so schnell dahin geht, habe ich auch Angst gehabt. Aber je mehr man reinsehen konnte, da merkte man, die können auch alle nur lesen und schreiben. Ich habe mich bei einer Westfirma beworben, noch über den Betrieb. Ganz ordentlich, weil das ein Gemeinschaftsunternehmen ist. Ich wurde zu einem Aufnahmegespräch eingeladen. Nachdem wir eine Stunde lang geredet hatten – es waren ganz tolle Leute, und es ging ganz locker zu –, holten die gleich den Vertrag aus der Tasche. Ich hatte gar nicht damit gerechnet, daß es klappt. Hinterher hatte ich ein Gefühl, als hätte ich etwas Ungeheures vollbracht, daß ich dort saß, nicht weil irgend jemand fand, ich sei dafür würdig, und nicht weil ich angesprochen worden war, weil jemand zu mir gekommen war, der sagte, wir haben dich vorgesehen, sondern daß alles auf meinen eigenen Entschluß hin geschehen war. Das war ein Gefühl! Ich saß wirklich da, weil ich das wollte. Und daß es so auf Anhieb klappte, wo ich doch immer dachte, ich komme überhaupt nicht zurecht.

Es ist nicht so, daß man da im Regen steht. Daß die sagen, nun mach mal, und man muß sehen, wo man bleibt. Man kriegt alle Informationen, die man braucht, und alle möglichen Hilfen und Unterstützungen. Ich war bei einem Intensivlehrgang. Die Firmen investieren viel in ihre Leute. Der Kurs ging über acht Wochen und kostete 25 000 DM pro Teilnehmer. Ich habe mich früher immer gewundert, wenn man mit Ausländern oder Westdeutschen zu tun hatte, mit irgendwelchen Chefs, die zu Verhandlungen kamen, und die haben ihre Karten rübergereicht, daß da nirgends Titel draufstanden. Also kein Diplom-Dings. Jedenfalls selten. Bei den Machern, den Managern, stand nur der Name. Und ich habe immer gedacht, bei uns muß man, um nur Abteilungsleiter zu sein, wenigstens Hochschulabschluß besitzen, und dort ist das offensichtlich nicht so wichtig. Wer da Chef werden will, der macht acht Wochen oder ein Vierteljahr so einen Lehrgang. Und da bekommt er genau das vermittelt, was er für seinen Job braucht, speziell auf das Fachgebiet bezogen. Nicht ein Wort zuviel, aber auch nicht eines zuwenig. Die Teilnehmer waren alles junge, aber gestandene Leute, und die haben gleich Fragen aus ihrer Praxis gestellt. Und die Vortragenden waren überhaupt nicht verwirrt, sondern haben sofort geantwortet.

Ich habe ein Ökonomiestudium gemacht, und ich muß sagen, aus heutiger Sicht waren siebzig bis achtzig Prozent überflüssiges Zeug. Eine Betriebswirtschaftsklausur mußte eben mit dem Satz anfangen, daß es echte Betriebswirtschaft nur im Sozialismus geben kann. Und in einer anderen Abteilung vielleicht, daß es echte Materialwirtschaft nur im Sozialismus geben kann.

Dieser Professor von dem Kurs macht nebenbei Unternehmensberatung, steht also voll in der Praxis. Macht Effektivitätsberechnungen. Weiß, wer gerade Pleite gegangen ist und wer gerade eine gute Konjunktur hat. Und das flicht er ein. Unglaublich. Die DDR-Bürger waren total uneffektiv. Wenn wir schon sagen, wir sind um etwas betrogen worden, viele sagen es ja heute, dann vielleicht darum, was man alles hätte lernen können. Man gab sich ja Mühe, war fleißig. Und dann sieht man eben jetzt, daß da doch große Unterschiede sind.

Die Strukturen haben Mittelmaß produziert und alles andere verhindert. In meiner neuen Firma hat jeder Sachbearbeiter seinen Spielraum. Er kann selbst entscheiden. Bis er einen Fehler macht. Was dort eine Sekretärin ist – das sind Welten. Es ist ja nicht so, daß die Menschen bei uns nicht arbeiten wollen. Aber sie sind nicht effektiv. Man muß umdenken. Nicht warten, bis man alles gesagt bekommt.

Also, wenn du von jungen Leuten sprichst – ich bin zweiundvierzig, und ich finde nicht, daß mir das schon zusteht, mich als alte Schachtel aufzuspielen. Ich habe wirklich gelesen, daß die jungen Leute alle so ratlos und frustriert sind, sich schlecht behandelt fühlen und so gar keine Zukunft für sich sehen. Ich kann das gar nicht verstehen. Ich habe mich mit dem Sohn meiner Freundin unterhalten, der hat jetzt sein Abitur gemacht, mit Auszeichnung. Der geht für ein Jahr nach Paris, und danach in die USA, um zu studieren. Der findet das wunderbar. Sagt aber, es ist auch in seiner Klasse verbreitet zu klagen: Es hat mit dem Studienplatz nicht geklappt, was soll ich denn nun machen. Haben ein Abitur in der Tasche, was überall anerkannt wird, außer im Freistaat Bayern. Und da klagen sie, daß es an der Hochschule hier oder da nicht geklappt hat. Da ist eben Umdenken nötig. Na, da geht man eben mal ein Jahr arbeiten. Man muß den Leuten auch sagen, daß es unheimlich schön ist. Alle Grenzen sind offen. Wir haben immer davon geträumt. Haben uns immer diszipliniert.

Ich kann es nicht verstehen. Ich verstehe es bei Leuten in unserem Alter, die nicht so wach und kritisch waren. Aber bei den Achtzehnjährigen... Was wollen die denn eigentlich? Doch auf jeden Fall nicht, daß die früheren Verhältnisse wiederhergestellt werden, wo alles so schön ordentlich war und sich alles unter der Oberfläche abspielte.

Vielleicht sind Leute aus bestimmten Familien immer sicher gewesen, sicher gewesen, daß sie die Macht sind. Das ist, glaube ich, auch ein schlimmes Gefühl, wenn das dann weg ist.

Ich habe ja jetzt meine ersten Kontakte mit den neuen Mächten, mit Leuten von Banken vor allem, und die sind ja nun überhaupt nicht besser als die alten. Die Geldmacht ist wirklich nur anders. Das ist schon ulkig. Die Leute wissen sehr, daß sie die Macht haben. Wobei mir wiederum daran gefällt, daß alles offen abläuft, so offen, daß ich mich gar nicht richtig gruseln kann. Das ist schon wieder komisch, wie die sich aufführen. Aber irgendwie ist es natürlich gruslig. Da spricht wirklich die Macht. Alle, die da so ein bißchen oben schwimmen und was zu sagen haben. Andererseits war es ja bei uns gerade das Schlimme, daß Leute, die die Macht hatten, immer so getan haben, als ob sie überhaupt nicht..., sondern das Volk, und der Mensch steht im Mittelpunkt. Und die geben es nun also offen zu, daß sie selber im Mittelpunkt stehen.

Früher hatte der Verkäufer in der Mangelwirtschaft etwas zu bieten, und da mußten die Kunden unheimlich kratzen, wenn sie was haben wollten. Möglichst mußten sie Beziehungen haben. Jetzt fangen die Kunden an zu begreifen, daß sie die Macht sind. Das sind jetzt erst die Anfänge. Vielleicht wollen manche das jetzt auch einfach einmal ausprobieren. Aber Fakt ist, daß nur für den Kunden produziert wird, daß ein erbitterter Kampf unter und über der Gürtellinie um den Kunden stattfindet.

Du hast es ja auch geschrieben, daß eben alles sehr rationell und sachlich zugeht, und nach diesem Schwulst früher ist das gar nicht verkehrt. Natürlich wäre es mir lieber, wenn unsere Gesellschaft so wäre, daß man sich dafür aufreiben könnte. Es hat eben auch Seiten... Aber jetzt sagen schon einige, was nützt mir Paris. Also das nützt mir sehr wohl.

Wenn du in einem Unternehmen fest angestellt bist, dann geht es da sehr sozial zu. So sozial wie manchmal hier nicht.

Ich bin ein dickes rotes «A» gewesen. Arbeiterkind also. Vater Bauarbeiter, Mutter Hausfrau und nach der Scheidung Reinmachefrau. Wir waren fast immer Sozialfall, mit allen staatlichen Unterstützungen und Hilfen. Ich war ein eifriger Pionier und FDJler, habe immer das Positive mitgenommen, war immer loyal. Daß ich nie in der Partei war, hatte Disziplingründe. Diese Disziplin hätte ich nicht durchgestanden. Die Theorie fand ich sehr in Ordnung, die Praxis immer weniger.

Die Ehe meiner Eltern, das war keine richtige Ehe. Wir, meine Schwestern und ich, haben meiner Mutter zur Scheidung geraten. Unser Vater hat getrunken und wüste Drohungen ausgestoßen. Oder er hat Versprechungen gemacht, die er nie eingehalten hat. Ich erinnere mich nicht mehr genau. Nur, meine Mutter hat eben Magenkrebs gehabt und nur noch achtzig Pfund gewogen. Meine Mutter war ein absoluter Kämpfer, hat alles allein gemanagt, mit allen Möglichkeiten, die es damals gab, legal und nicht legal, um uns durchzubringen. Mutter hat uns Achtung abgerungen, durch die praktischen Sachen, die sie gemacht hat. Sie hat nie an uns rumerzogen, wir haben in dem Sinne keine Erziehung gehabt. Mir ist ganz wenig verboten worden. Ich war dadurch immer sehr selbständig.

Meine Mutter hat mir auch bei den Kindern und im Haushalt geholfen, sonst hätte ich es gar nicht geschafft. Ich schaffe das auch jetzt nicht. Unser Haushalt funktioniert so, daß immer der was macht, der die schlechteren Nerven hat, also ein ewiger Poker. Ich fühle mich also nicht wesentlich mehr verpflichtet als mein Mann. Er fühlt sich vielleicht sogar mehr verpflichtet, aber die Vernunft sagt ihm, daß dies gefährlich ist. Im Anfang war er nicht sehr erfreut, aber inzwischen können wir damit umgehen. Nur, daß es etwa einmal im Jahr zur Krise kommt. Er ist sehr verschlossen. Man muß ihn eben zwingen, mit allen erlaubten und unerlaubten Mitteln, sonst geht es wirklich nicht. Man wird mißtrauisch und fühlt sich abgeschoben. Aber eine Beziehung ist ja nicht einfach so da, sondern man muß auch daran arbeiten, und da ist es meistens so, daß einer eben mehr daran arbeitet als der andere. Ich habe nur noch nicht rausbekommen, ob der, der mehr tut, auch das größere Interesse daran hat. Wenn das nun offensichtlich ist, daß man nicht zufrieden sein kann, und einer sagt, er ist zufrieden?

Warum er noch in der Partei ist, ich weiß es wirklich nicht. Das ist wie mit unserer ehemaligen Führung. Früher hat man immer gesagt, die Genossen werden sich schon etwas dabei gedacht haben. Und dann stellte sich nach vierzig Jahren heraus, die haben sich überhaupt nichts dabei gedacht. Das könnte ich mir bei meinem Gatten auch vorstellen.

Wenn ich eines Tages mal rauskriege, was ihm wichtig ist, dann rufe ich dich an. Ich versuche immer rauszukriegen, wo ich da bin, bei der Wichtigkeit...

Als du uns voriges Jahr auf dem Balkon deine Liebesgedichte vorgelesen hast, da habe ich dich ganz wahnsinnig beneidet.

Wo man denken läßt

25. 7. 94

Sicher habe ich manchmal Angst. Aber Angst ist nicht mein Grundlebensgefühl. Ich glaube auch nicht, daß die Leute jetzt mehr Angst haben. Früher wußten sie es nur nicht, weil sie nicht über sich nachgedacht haben. Ob einer Angst hat oder nicht, ist mehr eine Frage des Charakters als eine Frage der Bedingungen.

Ich habe jetzt das Gefühl, daß ich angekommen bin. Für meine Begriffe hat das bei mir zu lange gedauert. Ich habe Freunde, bei denen es viel schneller gegangen ist. Es war bei mir auch keine weiche Landung. Es hat alles doch nicht diese Größe, die ich am Anfang hineininterpretiert habe. Vieles ist genauso kleinkariert wie früher. Jetzt gibt es die geographischen Grenzen nicht mehr. Dafür sind neue entstanden. Und die Selbstzensur, die Schere im Kopf, das alles arbeitet wieder. Man überlegt sich die Formulierungen, man überlegt sich dies und das. Aber damit haben wir ja früher auch auskommen müssen.

Das alte einvernehmende Wir hat jetzt neue Varianten. Wenigstens im Kleinen. So in der Art: «Kleinjapan sein!» Oder: «Wir ziehen doch alle an einem Strang.» Oder: «Wir müssen das Geschäft machen.» Im Großen traut sich das zur Zeit noch keiner. Das macht sich nicht gut mit Deutschland, wo sie nun auch noch im Fußball verloren haben.

Die Ostler sind in unserer Firma recht gut angesehen. Die Chefs können alle rechnen, und das Preis-Leistungs-Verhältnis ist eben im Osten günstig. Sie haben mit wenig Investitionen einen guten Effekt, weil die Lohnkosten so niedrig sind. Das ist für die Firma schön. Und es ist alles Rechtens.

Aber wenn nun auch das Neue überhaupt nicht ideal ist, weine ich dem Sozialismus dennoch keine Träne nach. Es ist natürlich ein wahnsinniger Druck. Und viele Leute fallen durch das Sieb. Aber ich kenne keine Alternative.

Die Reisen, die wir im Angebot haben, gehen oft in arme Länder. Den Leuten geht es ohne den Tourismus furchtbar und mit dem Tourismus auch. Es bleibt wenig im Land. Aber trotzdem sind doch erst einmal ein paar Arbeitsplätze da. Es bewegt sich wenigstens etwas. Durch Boykott und nicht mehr hinreisen wäre nichts gewonnen.

In Moskau war es mit meinen Bekannten sehr schwierig. Du mußt dir vorstellen, da kommt einer, mit dem saß man früher im gleichen Boot. Und über Nacht hat der, ohne eigenes Verdienst, viel mehr Geld und viel mehr Möglichkeiten. Das war wie früher, wenn die Westdeutschen zu uns kamen.

Es gibt Leute, vor allem Rentner, die leben wirklich am Existenzminimum. Die stolzen Veteranen des Großen Vaterländischen Krieges stehen jetzt an den U-Bahnhöfen und betteln.

Wer nicht in der Mafia ist oder abends auf den Strich geht, der geht wirklich noch jeden Morgen zur Arbeit, arbeitet jeden Tag neun Stunden für nichts. Für das Gehalt kann man Brot und Kartoffeln kaufen. Mehr nicht.

Die Märkte sind voll. Vor den Geschäften stehen Männer, die bieten zum Beispiel Fleisch oder geklaute Konserven feil. Vor ihnen liegt auf einer Plastefolie ein ausgeschlachtetes Schwein. In den Zeitungen warnen sie vor den schlechten hygienischen Bedingungen. Es gibt eine neue Oberschicht, die sehr oft die alte ist. Man macht «business». Ehemalige Insider vermarkten ihre Kontakte und ihre Kenntnisse. Oder sie trennen gewinnträchtige Teile der alten Unternehmen für sich ab. Es gibt eine Menge Leute mit großen Autos. Es wächst eine Yuppiegeneration heran, die man nicht unbedingt mit Mafia gleichsetzen muß.

Mafia, das ist wirklich übel. Es gibt Gewalttaten, die knallen Leute ab. Es gibt nationale Varianten. Die Russenmafia, die georgische, die tschetschenische, und was es da noch alles gibt. Und jede kontrolliert etwas anderes. Die einen haben vielleicht den Autohandel, die anderen den Gemüsemarkt und wieder andere die Glücksspiele unter Kontrolle.

Das halbe Jahr dort war sehr interessant. Aber ich war doch froh, als es zu Ende ging. Wenn du siehst, wie es denen geht, und du selbst bist raus aus der Misere, dann entsteht so ein komisches Gefühl im Bauch. Denn da muß sich doch jeder auch nur ein bißchen denkende Mensch sagen, so etwas kann auf die Dauer nicht gutgehen. Ich habe nicht die geringste Anfeindung erlebt. Aber daß ich das hier betone, allein das beweist, daß ich eigentlich darauf gewartet habe. Weil man sich nicht vorstellen kann, daß ein Volk mit solchen sozialen Problemen auf die Dauer ohne Feindbild auskommt.

Die Leute haben mich mit großen Augen angesehen und gefragt: «Stimmt es, daß man bei euch 650 DM Arbeitslosengeld bekommt.» Und dann habe ich gesagt: «Ja, aber das ist eben alles sehr relativ. Wenn die Miete schon dreihundert kostet, dann bleibt eben nicht viel.» Also genau die blöden Sprüche, die wir früher den Westdeutschen nicht abgenommen haben. Es war ziemlich zweischneidig.

Neun Stunden arbeiten. Und du kannst nichts sparen. Nichts. Allen, die bei uns heute jammern, denen wünsche ich mal vier Wochen Moskau. Und zwar nicht auf einer Touristikreise und nicht im Hotel. Sondern richtig normales Leben vor Ort. Auch Funktionären von früher. Denen wünsche ich die vier Wochen Moskau auch, damit sie sehen, welcher Misere wir entgangen sind. Denn so wäre es uns auch gegangen. Wir waren ja auf dem besten Wege. Wir haben seit Jahren weit über unsere Verhältnisse gelebt. Hochverschuldet mit bankrotter Wirtschaft.

Natürlich habe ich manchmal auch Angst. Meine Undiszipliniertheit kann mir mal zum Verhängnis werden. Dann werde ich wohl in Unehren rausgeschmissen werden. Manchmal denke ich darüber nach und werde kurzzeitig ein besserer Mensch.

Unser Sohn hat sein mündliches Abitur total verhauen, weil er der Meinung war, für die Fächer, in denen er drankam, brauchte man nicht zu lernen. Nun weiß er nicht, ob er einen Studienplatz bekommt. Er will Jura studieren, und das ist ein Numerus-clausus-Fach. Er mußte sich arbeitslos melden. Das hängt damit zusammen, das wir wieder Kindergeld bekommen, wenn er einen Studienplatz hat. Genau weiß ich das auch nicht. Wenn er keinen Platz bekommt, geht er erst mal arbeiten und versucht es im nächsten Semester.

Unsere Tochter hat noch ein Jahr Schule. Ich fürchte, sie will irgend etwas so Wunderbares wie Germanistik oder Anglistik studieren. Ich habe nicht das Herz, ihr das auszureden, weil das auch mein Traum gewesen wäre. Ich denke, wenn ich mal arbeitslos werde, dann studiere ich vielleicht auch noch mal.

Meine Kinder haben ein kritisches Verhältnis zur Vergangenheit, aber auch zu dem, was jetzt passiert. Zur Armee möchte unser Sohn nicht. Und er glaubt fest daran, daß er damit durchkommt.

Die Wessis haben auch ihre Nostalgie. Die schwärmen andauernd vom Wirtschaftswunder und von der Luftbrücke. Die Älteren jedenfalls. Glücklich werden die mit uns allerdings nicht. Da wären sie auch schön dumm, wenn sie es wären.

Sie kriegen jetzt ein bißchen Angst, weil sie merken, sie können uns nicht ganz so einfach mit Floskeln, wie «Die können nicht arbeiten», oder: «Die sind ja alle blöd», aushebeln. Das hat sich in den vier Jahren herausgestellt: So einfach ist es nicht. Jetzt haben vielleicht die ersten schon ihre Arbeitsplätze verloren, weil die vom Osten billiger und besser waren.

Wenn im Westen eine große Firma aufgekauft wird, dann schwappen irgendwo oben ein paar Wogen. Dann kommt ein neuer Vorstand. Und die Masse der Angestellten merkt nichts. So haben die sich das mit der Einverleibung des Ostens auch gedacht. Sie haben gedacht, sie bekommen die Vorteile. Die Westberliner können sich frei bewegen, und ein paar Leute bekommen ihre Häuser wieder, und ansonsten wechselt der Vorstand, und sie merken nichts. Das haben sie einfach unterschätzt. Ich unterstelle das mal so. Reden kann man mit ihnen über so etwas nicht. Ich glaube, darüber verbieten sie sich sogar das Denken. Man läßt denken.

Neulich haben die Büroleiter der Firma in Berlin getagt. Und abends waren wir im Kabarett «Distel». Das Programm hieß: «Reichtum verpflichtet». Der Ausgang war immer: Erst muß eine Bank gegründet werden, dann können wir sie überfallen. Da kamen immer Spitzen gegen die Ossis. Vor mir saß die Geschäftsleitung. Ich konnte die Herren gut beobachten. Sie wußten vor Verlegenheit nicht, wohin sie blicken sollten, weil sie dachten, wir würden uns schrecklich auf den Schlips getreten fühlen. Nur wir Ossis haben laut und herzlich gelacht.

Wenn nun aber jemand so etwas zum Grund nimmt, um in Nostalgie zu versinken, dann fallen mir sofort fünf Sachen ein, die ich richtig blöd fand: daß man nicht reisen konnte. Die Zensur. Daß dieser Staat sich bis in die Privatsphäre eingemischt hat. Daß oft die Fähigeren in die Ecke gestellt wurden, überhaupt die mangelhafte Anerkennung und Stimulierung der Leistung. Das vergißt man nur alles sehr schnell. Und diejenigen, die jetzt meckern, würden sich wundern, wenn es einen Knall gäbe, und das wäre plötzlich alles wieder da.

Es gibt natürlich schlimme Fälle. Leute über fünfzig, die die Kurve nicht mehr kriegen.

Die Macht ist nicht mehr so homogen. Du kannst eigentlich gar nicht mehr von einer Macht sprechen. Die Obrigkeit hat viele Gesichter. Die Macht schaukelt sich aus unterschiedlichen Interessen zusammen. Oder hast du vor irgendeiner Macht Respekt?

Wenn du jetzt die Welt unverzüglich retten willst, also ein Konzept dafür hast, mußt du dir zuerst Gedanken über die Zielgruppe machen. Und dann brauchst du einen Sponsor. Und das müssen alles Leute sein, die unverzüglich mit dir die Welt retten wollen. Na, die finde erst mal.

Nicht einmal die etablierten Weltretter werden sich über den Zuwachs freuen. Der Markt für Weltretter ist längst aufgeteilt, und da verteidigt jeder seine Pfründe.

An wem die Schuld hängt

3.11.94

*I*ch wundere mich nur, daß du mich gleich erkannt hast. Habe ich mich nicht verändert? Ich finde, ich habe mich verändert. Jünger geworden, sagst du! Das meinte ich nicht. Modebewußter, auf jeden Fall. Schon was Bart und Haarschnitt angeht. Jetzt habe ich Zeit dafür. Aber warum nicht auch jünger. Schließlich lebe ich im Zustand einer Dauerkur.

Das heißt, eigentlich habe ich ständig zu tun. Ich habe die Arbeit einer Hausfrau früher unterschätzt. Das Belastende ist, man kann sich abarbeiten, wie man will, niemand respektiert es. Alles wird mit der größten Selbstverständlichkeit sofort wieder zunichte gemacht.

Wenn meine Frau früh zur Arbeit gegangen ist, dann räume ich die Wohnung auf, sauge die Teppiche, wasche ab und gehe einkaufen. Ich stehe mit den Frauen auf der Treppe und tratsche. Ich weiß, was los ist. In der Wohnung über uns hat ein bekannter Sänger eine Dame laufen. Das würdest du bei diesem Namen nie vermuten. Aber nur nobelste Kundschaft, die ihre dicken Wagen diskret ein Haus weiter abstellt.

In die Eckwohnung dort drüben ziehen sie immer verheiratet ein und verschwinden eines Tages wieder. Geschieden. Das muß an der Wohnung liegen.

Parterre links, der Alte, der den Kopf durch die Tür gesteckt hat, als du kamst – wenn nicht, dann muß er krank sein –, dieser Alte, der normalerweise den Kopf raussteckt, der denunziert munter weiter, als hätte es nie eine Wende gegeben. Jetzt mit größerem Effekt. Als wir die Mansarde von Leuten, die weggezogen sind, für unseren Sohn übernehmen wollten, hat der uns verpfiffen.

Nein, ich arbeite nicht. Ich kann nicht. Ich bin zu verbittert. Schon der Gedanke, ich sollte in die Bibliothek gehen und würde dort vielleicht diesen oder jenen treffen, macht mich ganz krank. Nach Möglichkeit meide ich die Hochschule. Wenn ich nur daran denke, steigt in mir die kalte Wut hoch. Als ich Unterlagen für das Arbeitsamt brauchte, traf ich einen im Fahrstuhl, der sich bei meinem Verfahren als besonderer Scharfmacher hervorgetan hatte. Ich habe dem nie etwas getan. Im Fahrstuhl stellte er sich so, als wäre nichts gewesen, und fragte scheinheilig: «Wie geht's?» Ins Gesicht hätte ich dem schlagen können.

Wenn es hier so weit kommt wie in Mecklenburg, daß man darum bitten muß, seinen Titel weiterführen zu dürfen, dann ist bei mir Schluß. Irgendwo muß eine Grenze sein.

Ich habe gleich bei der Wende, als das verlogene Moralgerede begann, gedacht: «Aber nicht mit mir. Diesmal nicht!»

Immer habe ich mich schuldig gefühlt. Erst für meinen Vater. Später an der Versorgungslage. Am ND. An der Dummheit des Genossen XY. An der Republikflucht der Kollegin N. Es gab überhaupt nichts, woran ich mich nicht schuldig gefühlt hätte.

Mein Vater ist ein Nazi gewesen. Ein kleiner Mitläufer. Ich habe ihn deswegen gehaßt. Als die Russen in unser Dorf kamen, mußten sich alles Männer auf dem Dorfplatz versammeln, und dann hieß es: «Nazis vortreten.» Da ist mein Vater vorgetreten. Er kam in ein Lager, wo er nach einem halben Jahr gestorben ist. Ich war damals noch ein Junge. Ich habe kein Mitleid mit ihm gehabt. Auch später nicht. Die Berichte von dem, was passiert war, machten mir sehr zu schaffen. Ich schämte mich für ihn. Ich wollte wiedergutmachen in der «neuen Zeit». Ich war begeistert. Erinnerst du dich noch an die FDJ-Lieder. Eigentlich waren es doch schöne Lieder. Ich dachte, daß ich sie schon ganz vergessen hätte. Wenn ich aber jetzt manchmal allein im Auto sitze und sicher bin, daß mich keiner hört, singe ich sie, und beim Singen fallen mir auch die Texte wieder ein. «Komme mit. Kamerad! Halte Schritt. Kamerad! Auch auf dich kommt es an, auf uns alle. Mit uns zieht die neue Zeit.»

Ja, sie sind demagogisch, und die Lieder der Nazis klangen ähnlich. Aber es ist doch ein gutes Ziel gewesen. Gerechtigkeit und Chancengleichheit. Soll keiner sagen, wir wären diesem Ziel nicht ein Stück näher gekommen. Jedenfalls näher, als wir es jetzt sind.

Ich staune überhaupt über mich. Sogar Kirchenlieder aus der Kindheit sind noch abrufbar. «Geh aus mein Herz und suche Freud» oder «So nimm denn meine Hände». Den Texten merkst du natürlich an, daß die Kirche ein paar Jahrhunderte mehr Zeit hatte. Manchmal denke ich, ich habe nach der Konfirmation einfach die Religion gewechselt.

Die vom Westen verstehen uns sowieso nicht. Die sehen uns viel zu primitiv. Sie glauben, wir hätten die Phrasen alle ernst genommen. Das waren doch häufig nur Rituale. Für die meisten Begriffe hat man im Kopf Übersetzungen gehabt. Und es gab wohl niemanden, der mit allem einverstanden gewesen wäre. Am Ende konnte es sogar passieren, daß Parteilose einen bedauerten, weil man für den ganzen Quatsch geradestehen mußte. Und die meisten Witze sind im Apparat entstanden. Das war Galgenhumor. Aber immerhin, wir konnten über uns selbst lachen.

Das kannst du von den Heutigen nicht behaupten. Schon früher nicht. Wenn ich in jungen Jahren den haßerfüllten Klang ihrer Stimmen hörte, mit dem sie im Radio über uns sprachen, dann habe ich eben geglaubt, daß zwischen denen und mir der «Hauptwiderspruch der Epoche» liegt. Da habe ich dann keine Übersetzung gebraucht. Da war mir erklärlich, warum unser Sozialismus «bonapartistische» Züge annahm. Marx ist schlau gewesen. Er hat sich zu diesem Fall nicht geäußert, sondern ist davon ausgegangen, daß der Sozialismus in der ganzen Welt auf einmal aufgebaut würde.

Wir wollten eine «neue Zeit» schaffen, die sich von der Vergangenheit total unterscheiden sollte. Und nun setzen sie uns mit dieser Vergangenheit gleich. Nein, nicht einmal gleich, man behandelt uns schlimmer. Den Nazis haben sie die Pensionen bezahlt. Heute denke ich anders über meinen Vater. Er ist mir mit einemmal näher.

Aber im Prinzip ist das für mich abgeschlossenes Leben. Über den Text meiner Kündigung kann ich nur lachen. Aber da kommt man aus dem Lachen gar nicht wieder raus. Das bleibt einem im Halse stecken. Ich habe den Text wieder und wieder gelesen, ohne ihn zu verstehen. Dafür kann ich ihn jetzt auswendig. «Ihr Arbeitsverhältnis ist wegen mangelnder persönlicher Eignung mit Ablauf des heutigen Tages gekündigt. Die Personalkommission der Hochschule kam im Rahmen des Überprüfungsverfahrens zu dem Ergebnis, daß Sie ungeeignet sind, im Sinne der angestrebten Hochschulerneuerung als Hochschullehrer tätig zu werden. Ihre besondere Identifikation mit dem SED-Regime beeinflußte ihre Lehrtätigkeit an der Hochschule. Sie orientierten sich bewußt an wissenschaftsfremden Zielen und trugen damit zur Beeinträchtigung der Freiheit der Wissenschaft bei. Sie waren Mitglied der Kampfgruppe und förderten so die Militarisierung der Hochschule.»

Ich war immer ein dummes Schaf. Ich konnte nie nein sagen. Gab es eine Funktion zu besetzen, um die sich alle drückten, wer war im Gespräch – ich. Und während ich noch staunte, wie clever sich andere aus der Affäre zogen, hatten sie mich schon im Kasten.

Einmal hatte jemand von den Historikern ein Seminar gemacht und ohne Genehmigung zwei Westler dazu eingeladen. Da das ziemlich bekannte Leute waren, hat man den Skandal unterdrückt. Aber die Bezirksleitung bekam einen Rüffel von ganz oben. Den gaben sie an die Hochschule weiter und verlangten als Wiedergutmachung einen promovierten Gesellschaftswissenschaftler, der als Mitarbeiter dem Ersten die Reden formulieren sollte. Wer mußte in die Taiga! Ich. Obwohl ich mit der Sache nicht das geringste zu tun gehabt hatte. Ich war damals zwei Jahre in der Bezirksleitung als Mitarbeiter. Freude hatten die aber an mir nicht. Ich war ihnen zu «kreativ».

Es stimmt auch nicht, daß ich dadurch Karriere gemacht hätte. Im Gegenteil. Es haben mir zwei Jahre wissenschaftlicher Arbeit gefehlt. Ich saß gerade an meiner Habilarbeit. Aber wen interessiert das noch. Heute ist das sowieso alles Makulatur.

Manchmal frage ich mich, woher nehmen die den Mut, so mit uns abzurechnen. Einige, bei denen sage ich: okay! Die waren wirklich benachteiligt. Fachlich gute Leute, die nie etwas geworden sind. Das sind aber gar nicht die Schlimmen. Schlimm sind solche, die unter normalen Bedingungen nie etwas geworden wären. In keinem System. Aber ich will eigentlich nicht mehr darüber reden. Man regt sich nur jedes Mal auf, ohne daß es einen Sinn hätte. Bleibt nur zu hoffen, das meine Frau ihre Arbeit behält.

Sie hat den Absprung geschafft und arbeitet jetzt in der hiesigen Niederlassung eines französischen Unternehmens. Jetzt schlagen ihre Fremdsprachenkenntnisse zu Buche. Chefsekretärin in einem großen Betrieb, das ist schon etwas. Anders als früher, wo es in den Vorzimmern von mäßigen Tipsen nur so wimmelte. Auch die Bezahlung ist etwas anders. Sie muß allerdings voll da sein. Abends ist sie so fertig, daß sie gar keinen Haushalt mehr versorgen könnte. Mit dem Geld, das sie verdient, kommen wir gut aus. Eigentlich können wir uns jetzt sogar mehr leisten als früher. Hauptsache, sie hält durch.

Na ja, du hast schon recht. Ganz befriedigend ist das vielleicht auf die Dauer nicht. Doch, ehrlich gesagt, ich wäre schon froh, wenn es so liefe. Aber ein Unglück zieht das andere nach. Da kannst du fast damit rechnen. Ich rede sonst nicht darüber, aber wenn ich gesagt habe, ich würde keine Schuld mehr auf mich nehmen, so stimmt das nicht ganz. Ich fühle mich sogar schrecklich schuldig.

Ich sitze da, grübele und grübele und frage mich: Was hast du falsch gemacht? Aus der Verantwortung komme ich nicht heraus. Ich war in den letzten Jahren sehr mit mir selbst beschäftigt und habe nicht bedacht, wie meine Stimmung auf einen jungen ungefestigten Menschen wirken mußte.

Mein Sohn besuchte das Gymnasium. Oberflächlich gesehen lief alles gut. Aber da fuhren plötzlich Mitschüler mit großen Autos vor. Und andere hatten nichts. Zu denen gehörte mein Sohn. Und damit ist er nicht klargekommen.

Er gab die Schule auf und hat nach einer Lehrstelle gesucht. Optik, das war sein Traum. Er hat sogar nach vielen vergeblichen Bewerbungen Glück gehabt und war auch ein paar Wochen mit Feuereifer dabei. Sogar das Abitur hat er nachgeholt. Da änderte sich plötzlich seine Stimmung. Er hatte rausgefunden, daß er keine Chance hatte, sich irgendwann als Meister selbständig zu machen, weil die Welt längst aufgeteilt war. Und da verlor er die Lust.

Er hat zwar die Lehre nicht aufgegeben. Aber er suchte Anschluß an eine Truppe junger Leute, die sich in Kneipen oder in Diskos trafen und die vom schnellen Geld träumten. Ich kannte keinen von ihnen. Aber was unser Sohn davon, sicher selektiv, erzählte, klang gar nicht so schlecht. Daß junge Leute unzufrieden sind und Wünsche haben, das halte ich für normal. Es leuchtete mir auch ein, daß sie in den Kaufhäusern nachts Leute brauchten, die Ware abluden. Aber es war eine Unruhe in mir. Und eines Tages bin ich in sein Zimmer gegangen und habe seinen Schrank kontrolliert. Was ich da gefunden habe, hat mir die Luft abgeschnürt.

Ich habe es ihm auf den Kopf zugesagt, und er stand vor mir und war ein einziges Bündel von Ängsten. Angefangen hatten sie mit einer Art Robin-Hood-Romantik. Die Reichen strafen. Aber da war schon Schluß mit dem Edelsein. Nicht die Armen bekamen die Beute, abgezockt haben ganz andere. Leute, die wohlorganisiert und kreuzgefährlich sind. Ich will dich jetzt nicht mit Einzelheiten belasten, wie wir unseren Sohn davon losbekommen haben. Ich kann dir nur sagen, daß wir monatelang große Angst ausgestanden haben.

Aber raus ist er aus der Sache keineswegs. Irgendwann fliegt so etwas auf. Und dann ist er wieder mit drin. Er hat sich fest vorgenommen zu schweigen. Schon aus Angst vor diesen Leuten. Aber irgend jemand singt doch, und er muß dann den Schaden mittragen. Dann ist er vorbestraft, hoffnungslos verschuldet und für den Rest seines Lebens im Aus.

Ich kann nichts anderes tun, als zu ihm zu halten. Und das werde ich auf jeden Fall. Dazu bin ich fest entschlossen. Aber zur gleichen Zeit fühle ich mich entsetzlich hilflos, weil ich genau weiß, ich kann ihm gar nicht echt helfen. Ich stehe selbst vor der Tür.

Die Entscheidung

15. 2. 95

Meine Entwicklung wurde durch viele Zufälle bestimmt. Sie kennen sicher Schulpforta, die Heimoberschule zwischen Naumburg und Bad Kösen. Im vorigen Jahr ist sie vierhundertfünfzig Jahre alt geworden. Es war immer eine Schule der Oberschicht. Einige ihrer Schüler sind sehr berühmt geworden, beispielsweise Fichte und Klopstock. Während des Faschismus war sie Napola, Nationalpolitische Erziehungsanstalt, eine Eliteschule für Jungs. Nach dem Krieg haben sie aus den Universitäten alte Lehrer zusammengezogen. Es wurde eine Internatsoberschule mit humanistisch-protestantischem Geist. Die soziale Struktur war den Genossen Mitte der fünfziger Jahre ein Dorn im Auge. Sie sagten, unsere Arbeiterkinder müssen dahin. Auf diese Weise bin ich hingekommen.

Ich stamme aus Bitterfeld. Meine Eltern arbeiteten beide in der Filmfabrik. Sie waren Chemiefacharbeiter. Meine Mutter hat bis zur Rente im Dreischichtsystem gearbeitet. Sechsundfünfzig habe ich Bitterfeld verlassen und bin nie wieder dahin zurückgekehrt.

Ich war damals vierzehn Jahre alt. Die Schule und das Internat hatten Ähnlichkeit mit einer Kadettenanstalt. Es gab ganz strenge Regeln. Der Tag war in Minuten eingeteilt. Wir mußten abends um neun ins Bett. Ich kam in eine sehr kleine Klasse altsprachlichen Zweigs. Unsere Hauptfächer waren Latein und Griechisch. Das alles bedeutete eine große Umstellung für mich. Es dauerte ungefähr ein Jahr, bis ich mich eingewöhnt hatte. Dann hat es mir gut gefallen, und ich habe viel gelernt. Der Einfluß der Lehrer war unter den Bedingungen dort natürlich groß, und für mich war das ein Gewinn.

Machte man an dieser Schule ein gutes Abitur, konnte man studieren, was man wollte und wo man wollte. Da kam der zweite Zufall. Zur damaligen Zeit suchten sie Auslandsstudenten. Der Hintergrund war, daß die medizinischen Akademien in Dresden, Erfurt und Magdeburg gegründet wurden, und da hatten sie nicht genügend einheimische Kapazität für die Vorkliniker.

Sie haben mich mitten im schriftlichen Abitur, zwischen Mathe- und Russischarbeit, nach Berlin bestellt. Ich mußte einen Elternteil mitbringen. Ich bin mit meinem Vater hingefahren. Innerhalb von zwanzig Minuten war alles entschieden. Ich wollte ursprünglich gar nicht Medizin studieren, sondern Jura. Aber dieser Mann, der da mit mir sprach, sagte: «Unser Staat braucht keine Juristen, sondern Mediziner.» Eigentlich sollte ich für sechs Jahre nach Leningrad und Kinderärztin werden. Das wollte ich nicht. Und da blieb ein Teilstudium. In geographischer Unkenntnis wählte ich Sofia, ich dachte, dort wäre es warm, und es gäbe viel Obst. Aber Sofia hat Kontinentalklima. Ich mußte mich in zwanzig Minuten entscheiden. Mein Vater saß völlig fassungslos da.

Ich war insgesamt drei Jahre in Bulgarien. Ich habe Bulgarien sehr genossen. Auf einmal war ich frei von dem strengen Reglement der Schule. Damals war Bulgarien noch nicht so vom Tourismus beeinflußt. Es waren freundliche, gastliche Leute. Ich würde es jedem jungen Menschen empfehlen, wenigstens für ein Jahr ins Ausland zu gehen.

Nach dem Physikum habe ich in Berlin weiterstudiert und auch meine Facharztausbildung als Radiologin an der Charité gemacht. Röntgendiagnostik und Strahlentherapie. Die Charité war damals, Mitte der sechziger bis Anfang der siebziger Jahre, gut ausgestattet.

Die DDR hat viele Mediziner durch ihre dummen Kampagnen verloren. Mal durften die Kinder nicht studieren. Mal gab es die paramilitärische Ausbildung. Dazu die Gängelei und die politische Berieselung, der alle ausgesetzt waren. Neunzehnhunderteinundsechzig war dann erst mal Schluß.

In den sechziger Jahren, als die Jugend, nicht ganz freiwillig, dablieb, war das Arbeiten angenehmer. Man bekam Stellen und Mittel. Man konnte etwas mitgestalten. Ich habe im Prenzlauer Berg eine große Poliklinik aufgebaut und geleitet. Damals war noch nicht diese Depression. Das war bis Mitte der siebziger Jahre. Dann breitete sich langsam immer mehr Gleichgültigkeit aus.

Ich habe später mit meinem Ostwissen eine Westkarriere gemacht. Mein theoretisches Wissen war sogar besser als das meiner Kollegen aus dem Westen. Jetzt gibt es einen deutlichen Unterschied zwischen Ost und West. Ich erinnere mich, wie ich einmal mit einem Kollegen an einem Kongreß in Gera teilnahm. Da hielt ein Physiker einen Vortrag über die Computertomographie. Ich sagte zu meinem Kollegen: «Kommen Sie, gehen wir Kaffee trinken. Diese physikalischen Erläuterungen verstehen wir ja doch nicht. Und so ein Gerät bekommen wir zu unseren Lebzeiten sowieso nicht mehr.» Drei Jahre später habe ich an der Westberliner Universitätsklinik die computertomographische Abteilung geleitet.

Erst nachdem ich «abgehauen» war, wurde mir so richtig klar, was uns passiert ist. Die DDR hat uns provinziell gemacht. Es war eine abgeschlossene kleine Welt. Man kannte sich. Im Fachgebiet zum Beispiel. Nicht immer persönlich. Aber man wußte voneinander. Man sah sich im Theater oder auf Tagungen. Auf die Dauer mußte solche Enge zu einer Einschränkung der Urteilsfähigkeit führen.

Die Ostler sind ehrlicher als die Westler. Der klassische Westdeutsche in der Leistungsgesellschaft stellt sich dar. Er ist jung, schön, kann alles, bei ihm läuft alles. Er hat keine Probleme. In der DDR sagte man schon einmal: «Das weiß ich nicht.» Ein klassischer Wessi weiß alles. Deshalb sind die Beziehungen auch nicht von dieser Herzlichkeit.

In der DDR hatte ich Kontakte zur etablierten Kulturszene. Dabei hatte ich immer den Eindruck, daß eine Diskrepanz zwischen den Vorstellungen dieser Leute und dem, was wirklich geschah, bestand.

Ich fand die DDR, als System, verlogen. Hatte man nur ein kleines Pöstchen, durfte man keinen Kontakt zu Westverwandten haben. Ein Staat, der nach zwei Weltkriegen, in denen die Familien alle durcheinandergewirbelt worden waren, so etwas von seinen Bürgern verlangte, der war irgendwie verkommen. Eine Ideologie oder ein System, in dem man Mutter oder Tochter verleugnen soll, kann ich nicht normal finden. Ich hatte immer den Eindruck, daß die Genossen, insbesondere die Parteifunktionäre, Angst vermitteln wollten. Die Angst vor dem Machtverlust. Man muß sich fragen, was denn eigentlich passieren sollte, bei geschlossenen Grenzen und unter dem Schutz der Russen. Sie sind letzten Endes auch nicht von den Massen hinweggefegt worden, sondern sie sind selber eingebrochen.

Ist Ihnen das nie aufgefallen, daß die Funktionsträger immer vor dem Machtverlust Angst hatten? Die Stasihysterie! Die Vorstellung, daß man alles kontrollieren könne. Es ist lachhaft. Die Angst vor einer anderen Meinung! Sie verstanden gar nicht, daß Gegensätze da sein mußten. Dabei hatten sie es selbst bis zum Gehtnichtmehr gepredigt. Sie hatten Angst, obwohl die Leute immer brav ihre Winkelelemente schwenkten. Obwohl sie ihre Kinder hochhoben und ihnen Erich Honecker zeigten. Sie kennen doch die Bilder von den Ersten-Mai-Feiern. Obwohl eine Demokratie ganz viele Mängel hat, ist es doch angenehmer, dort zu leben. Wenn man Elementarrechte beschneidet, wird es immer fragwürdig.

Ich denke, daß die schnelle Vereinigung ein Fehler war. Es fehlte eine Vision. Es fehlte ein ökonomisches Konzept. Man kann es aber nicht alles den Wessis in die Schuhe schieben. Denen ist nichts anderes eingefallen, und da haben sie mit der Zeit so eine Art Biedermannmäntelchen entwickelt. Nicht aus Bösartigkeit. Das Problem ist doch, daß man dank der wirtschaftlichen Potenz erst einmal ziemlich viel abfangen kann. Aber ein sinnvolles Konzept, wie Arbeitsplätze für alle zu sichern sind, auf den Tisch zu legen und dann noch durchzusetzen, das ist unvergleichlich schwieriger. Da war auch die Erwartungshaltung der Ostler zu groß. Ich glaube, daß sie zufrieden sein können, wie es für sie bisher gelaufen ist. Auch wenn viele Wünsche offenbleiben. Selbst wenn es eine neue Armut gibt, so ist doch das soziale Netz immer noch ganz schön dicht.

Zum Beispiel bin ich überzeugt, daß die Menschen aus der ehemaligen DDR unter dem Strich von dem westlichen Gesundheitssystem profitieren. Zwei Dinge sind dafür wesentlich. Es stehen jetzt alle modernen Dinge zur Verfügung, in der Diagnostik wie auch in der Therapie. Besonders in den operativen Fächern, zum Beispiel bei Augen oder bei Transplantationen. Und sie sind jetzt mündige Patienten. Durch dieses Angebot an Ärzten ist der Arzt jetzt daran interessiert, daß Patienten zu ihm kommen. Das war früher anders. In den übervollen Polikliniken war man froh, wenn der Patient nicht kam. Der Patient hat einen völlig anderen Stellenwert.

Durch die Einsparungen auf dem Gebiet von Lehre und Forschung herrscht große Konkurrenz. Die politisch vorgegebenen Bedingungen sind eben auch wieder mit der heißen Nadel gestrickt. Und angebliche oder wirkliche ökonomische Zwänge, sind sicherlich auch da. Es ist zu befürchten, daß durch das Konkurrenzdenken, durch die Beschneidung der einzelnen Etats, sehr viel Zeit und Kraft draufgehen, die in der Forschung und für innovative Vorgänge dringend gebraucht würden. Die Ostinstitutionen sind besonders im Nachteil. Speziell die Charité, weil die Gelder für das Bauliche und für die Ausrüstung mit modernen Geräten nicht vorhanden sind. Jedenfalls nicht in dem Zeitraum, in dem es nötig wäre. Die Professoren sind neu berufen worden, und sie haben überwiegend Westdeutsche genommen.

Die alten Ordinarien an der Charité waren sehr mit dem System verbunden. Sie haben es, aus welchen Gründen immer, politisch vertreten. Ich glaube nicht, daß sie in der Lage wären, diese schwierige Situation zu meistern. Nicht aus fachlichen Gründen. Ich habe lange nachgedacht. Ich halte die Vorbildfunktion des Hochschullehrers für ganz wichtig. Wenn man Studenten und jungen Assistenten beibringt, daß Opportunismus immer aufgeht, dann muß das Konsequenzen haben. Es geht nicht um Arbeitslosigkeit. Fristlos gekündigt wurde nur den Stasileuten. Aber sie müssen doch nicht Hochschullehrer sein. Als Hochschullehrer haben sie eine Lehrerfunktion. Sowohl in der Zeit des Faschismus wie auch später in der DDR wurde gleichrangig neben der fachlichen Qualifikation die politische Ergebenheit verlangt. Ein Hochschullehrer hat der Gesellschaft gegenüber eine größere Verantwortung als ein Klempner. Von diesen Leuten kann ich nicht akzeptieren, daß sie nichts wußten. Ich glaube nicht, daß sie zu einer Erneuerung fähig sind. Hochschullehrer haben ja nicht nur auf die Patienten, sondern auch auf die Mitarbeiter und auf die Studenten Einfluß.

Es ist etwas anderes, ob jemand schreibt oder ob jemand Einfluß auf beruflich Abhängige nimmt. Wenn Sie schreiben, kann ich das lesen oder nicht und habe als mündiger Bürger die Möglichkeit, mir meine Meinung dazu zu bilden. Stellen Sie sich vor, Sie wären Hochschullehrer und ich wäre Studentin oder Assistentin bei Ihnen, da befände ich mich in anderer Abhängigkeit. Deshalb muß ein Hochschullehrer nicht nur ein guter Fachmann sein, sondern er hat auch eine Vorbildfunktion. Wir müssen irgendwann mal anfangen damit.

Für meine Entscheidung, aus der DDR wegzugehen, gab es sicherlich viele Gründe. Es war sicher nicht der Wohlstand, der mich gelockt hat. Obwohl es natürlich angenehmer ist, in einem wohlhabenden Land zu leben. Ich war auch keine Verfolgte. Obwohl es ein notorisches

Unrechtssystem war, das große Teile seiner Bevölkerung in ihren Elementarrechten beschnitten hat. Ich war achtunddreißig Jahre alt, leitete eine selbständige Abteilung, und da ich nicht in der Partei war, hatte ich damit das Ende meiner Karriere erreicht. Vielleicht fühlte ich mich mit achtunddreißig dafür zu jung. Irgend etwas wollte ich noch machen. Es gab auch Ärger mit einigen Kollegen.

Und dann kam noch eine persönliche Sache hinzu. Ich hatte bis zu meinem achtundzwanzigsten Lebensjahr immer Beziehungen mit Männern. Ich hatte immer Freundinnen und habe mich mit Frauen wohl gefühlt. Aber dann lebte ich zehn sehr glückliche Jahre mit einer Frau. Es war für mich gar nicht so einfach. Ich bin nicht so ein sexuell bestimmter Mensch. Aber es lebt sich einfach angenehmer mit Frauen. Frauen sind zu größerer Zärtlichkeit und Nähe fähig. Die Verletzungen sind dafür aber auch größer. Viel größer. Bei Männern ist alles ein bißchen grober gestrickt. Was ein Vorteil, aber auch ein Nachteil ist.

Meine damalige Freundin war Französin, und sie ging schließlich zurück. Dies war der konkrete Anlaß für mein Weggehen aus der DDR. Ich habe die DDR nie gehaßt. Ich wollte privat einen Neuanfang, und da dachte ich mir: «Warum nicht einen Schritt weiter!»

Es war so gut organisiert, daß ich eigentlich bis heute nicht genau weiß, wie das vor sich ging. Es ist reine Spekulation. Ich denke, daß kirchennahe Leute eine Rolle spielten. Ab Facharzt aufwärts machten die das und ließen es sich gut bezahlen. Ein Westberliner Freund hat für mich gebürgt und hat mir auch das Geld vorgeschossen. Die Grenze habe ich in einem Kofferraum überquert. Ich war nicht sehr versteckt. Ich glaube, die meisten, die sie erwischt haben, sind verraten worden.

Der Abschied ist mir nicht so leichtgefallen. Ich habe fast ein Dreivierteljahr Gründe, die für und wider sprachen, aufgelistet und konnte mich nicht entscheiden. Aber ich bin deshalb kein willensschwacher Mensch. Als ich mich entschieden hatte, gab es kein Schwanken mehr.

Ich hatte überhaupt keine Schwierigkeiten, mich einzugewöhnen. Ich war Facharzt und wurde gut aufgenommen. Ich bin eigentlich nur an die Universität gegangen, um mir dort noch etwas Schliff zu holen. Danach wollte ich mich woanders bewerben. Aber ich bin dann geblieben.

Vielleicht hatte ich keine Probleme, weil ich immer, hier wie da, gewöhnt war, konzentriert und angespannt zu arbeiten. Heute bin ich Zeichnungsbevollmächtigte des Chefs. Ich glaube, daß ich in meinem Leben eine größere Karriere gemacht habe, als ich wollte.

Manchmal habe ich Angst. Ich bin nicht ganz gesund. Und ich möchte gern einen gesunden Lebensabend verbringen. Das ist eine begründete Angst. Manchmal ist da auch eine irrationale Angst, daß irgendeine Katastrophe passiert. So etwas Großes. Ich kann keine Kreissäge hören. Ich weiß nicht, warum. Deshalb gehe ich auch äußerst ungern zum Zahnarzt, weil dort annähernd das gleiche Geräusch ist. Vielleicht kommt es daher, daß ich viele schlimme Verletzungen verbinden mußte.

Ich möchte, daß mein persönliches Glück, eine Beziehung zu einer jungen Frau, hält. Es dauert jetzt schon anderthalb Jahre. Ich wünsche mir, daß ich etwas mehr Zeit für meine persönlichen Interessen habe. Daß die Relation zur Arbeit nicht zu ungünstig ausfällt.

Wenn Sie mich fragen, ob ich mit meinem Leben zufrieden bin, dann muß ich sagen: ja. Ich habe sicher kleinere Fehler gemacht. Aber die Grundentscheidungen in meinem Leben habe ich richtig getroffen.

Auf dem Kran

25.11.94

Mir werden Sie jeden Satz aus der Nase ziehen müssen. Ich bin kein Redner. Manchmal, in einer Runde, in der sich alle am Gespräch beteiligen, sitze ich da und schweige. In solchen Momenten komme ich mir regelrecht dumm vor. Vielleicht liegt es daran, daß ich auf dem Kran immer allein bin.

Ich habe so einen großen Autokran, die man jetzt oft im Straßenbild sehen kann. Wenn ich damit arbeite, ist er durch Gegengewichte und Abstützungen gesichert. Bevor ich umsetzen kann, muß ich das alles per Hydraulik einholen.

Mein Kran wiegt neunzig Tonnen. Er hat zwar Überbreite, aber ich darf damit noch ohne Begleitung fahren. Allerdings mit Rundumleuchte. Und ich habe Sperrzeiten. Morgens zwischen sechs und zehn und nachmittags zwischen halb vier und halb sieben. Aber ich halte mich nicht dran. Ich fahre, wie es kommt. Wartezeiten müßte ja der Arbeitgeber bezahlen. Und das tut der nicht gern.

Ich bin zehn Jahre zur Schule gegangen, habe zwei Jahre gelernt, und dann hat mir der Baubetrieb, bei dem ich war, angeboten: Planierraupe oder Bagger. Ich habe gesagt: «Bagger» und bin dann auf den Kran umgestiegen.

Ich habe überall mitgebaut. In Marzahn, in Hellersdorf, in Hohenschönhausen. Im Allende-Viertel und in Köpenick. Vorher habe ich Stromversorgungsanlagen rund um Berlin gebaut. Trafohäuschen, Überlandleitungen, Ortsnetze. Wenn ich mit meiner Frau im Sommer aus der Stadt rausfahre, sage ich manchmal zu ihr: «Sieh mal dort, die Häuschen haben wir gebaut.» Oder: «Die Leitungen haben wir verlegt.» Zu DDR-Zeiten habe ich einen kleineren Autokran gehabt. Da waren auch Zubringerdienste zu leisten. Zum Beispiel Material austauschen.

Ich habe in einem kleinen Städtchen in der Uckermark gelebt und bin durch die FDJ-Initiative nach Berlin gekommen. Vor allem wegen der Wohnung. Dort hätte ich heute noch keine. Wahrscheinlich hätte ich auch keine Arbeit mehr.

Auf den Baustellen werden die Arbeitsplätze auch immer rarer. Besonders beim Innenausbau. Da sind fast nur Ausländer beschäftigt. Bei uns im Betrtieb haben sie auch wieder entlassen. Dafür sind Engländer gekommen. Die haben immerhin noch Arbeitsverträge.

Die richtigen Schwarzarbeiter sind vor allem Polen und Russen. Da waren Polen, die haben in der Grube Eisengeflechte für den Beton gemacht. Die wurden nach Tonnen bezahlt. Sie haben von morgens bis abends geschuftet. Eine Schinderei. Wir dachten immer, daß die einen richtigen Arbeitsvertrag hätten, weil die das schon lange machten. Aber eines Tages ist einer von den Dachdeckern abgestürzt, und da kamen sie von der Arbeitssicherheit und von der Betriebsleitung, und da waren unsere Polen plötzlich weg.

Natürlich schimpfen die Kollegen über die Ausländer, die ihnen die Arbeit wegnehmen. Ist doch logisch. Aber wenn man zusammenarbeitet, dann dauert es zwei Tage, und dann versteht man sich mit denen.

In der Gewerkschaft bin ich nicht mehr. Ich bin schon vor der Wende raus. Damals dachte ich, ich warte erst einmal, ob sich das überhaupt lohnt. Es lohnt nicht. Die Gewerkschaft ist völlig machtlos. Die kann nichts bewerkstelligen. Der Betriebsrat hat erst einmal von der Betriebsleitung einen «kleinen» Mercedes bekommen, einschließlich Scheckkarte zum Tanken. Sie dürfen das auch am Wochenende für ihre Privattouren nutzen. So einen Betriebsrat können Sie vergessen.

Die Chefs auf der Baustelle sind fast durchweg aus dem Westen. Für die ist man einfach Luft. Wenn die früh kommen und man sagt höflich «guten Morgen». Keine Reaktion.

Neulich hat uns der Bauleiter zusammengerufen, hat in der Runde umhergesehen und erklärt, zwei müßten gehen. Während wir noch die Köpfe einzogen und jeder hoffte, es würde ihn nicht treffen, teilte er weiter mit, wir könnten aber auch unterschreiben, daß wir einverstanden sind, wenn er uns die Tarifgruppe runtersetzt. Na, da hat doch keiner aufgemuckt. Da haben alle unterschrieben. Der Chef braucht nur aus dem Arbeitgeberverband auszutreten, dann ist er überhaupt nicht mehr an irgendwelche Tarifverträge gebunden.

Vor kurzem traf ich ehemalige Kollegen aus der DDR-Zeit, die rissen im zehnten Stock Balkone ab. Es war sehr hoch und sehr schmal da oben, und die hatten Angst. Man war gleich wieder vertraut. Es war richtig gut, daß das noch funktionierte. Das Thema kam sofort auf alte Zeiten. Und alle waren sich einig, daß das Zwischenmenschliche unter den Kollegen anders gewesen ist. Besser. Man geht ganz anders aufeinander zu und versteht sich sofort. Allerdings so wie früher, wo wir manchmal stundenlang über Gott und die Welt diskutiert haben, ist es nicht mehr. Wenn man dann genauer hinguckt, merkt man doch, daß sich die meisten schon ziemlich verändert haben.

Da saß ein Westberliner Kranfahrer dabei, der verstand gar nicht, was wir meinten. Der fragte, ob wir wieder fünfzehn Jahre auf unsere Trabis und Wartburgs warten wollten. Aber darum ging es überhaupt nicht. Die meisten Kollegen haben dem erklärt, daß sie vorher auch nicht schlecht gelebt hätten.

Meine größte Sorge ist, daß mir mit dem Kran etwas passiert. Daß der Chef verlangt, ich soll über die vorgeschriebenen Grenzen hinausfahren. Sachen heben, die ich nach Vorschrift eigentlich nicht machen dürfte. Und wenn man sich weigert, ist man der nächste, der geht.

Von zwei Fällen habe ich gehört, wo ein großer Kran gekippt ist. Einmal stand eine Stütze auf einem Abwasserschacht, und der ist eingebrochen. Das andere Mal hatte einer schon alles zusammengepackt, weil er umsetzen wollte. Seine Kontergewichte, den ganzen Ballast, hatte er schon verladen. Da bekam er den Auftrag, noch etwas zu heben. Er wollte nur mit dem kleinen Teleskopausleger arbeiten, aber das hätte länger gedauert. Da hat der Chef verlangt, er soll gleich das ganze Paket rausschieben, und da ist er gekippt.

Natürlich habe ich Angst. Ich überlege mir immer, in welche Richtung ich rausspringe. Ich glaube, die Zeit hat man. Der schwankt erst so komisch, bevor er endgültig kippt. Ich habe so etwas, ich meine, dieses Schwanken, schon ein paarmal erlebt. Das dauert etliche Sekunden, bis sich das wieder beruhigt hat. So richtig mulmig wurde es mir immer erst, wenn es mir später, abends oder am nächsten Tag, noch mal durch den Kopf ging. Dann ist da schon ein komisches Gefühl.

Der größte Autokran, den wir haben, der hat eine Tragkraft von zweihundert Tonnen. Wir sollten noch einen Dreihunderter bekommen. Den setzt die Firma aber im Westen ein. Der bekam bloß eine ostdeutsche Zulassungsnummer, wegen der Fördermittel aus Aufbau Ost. Der westdeutsche Chef hat gesagt: «Den Dreihunderttonner, den können wir euch nicht geben.» Was auf gut deutsch bedeutet: «Dazu seid ihr zu dußlig.»

Nach der Wende haben viele Baufirmen, die an der Erdgastrasse beteiligt waren, alles stehn- und liegengelassen, weil sie dachten, es geht nicht mehr weiter. Aber die Bundesrepublik ist in die alten Verträge eingestiegen. Das war neunzehnhunderteinundneunzig.

Ich wollte schon zu DDR-Zeiten an die Trasse. Aber da hieß es, Bauarbeiter aus Berlin werden nicht genommen. Die da zwei Jahre gewesen sind, die konnten sich einen Urlaubsplatz aussuchen. Sie hatten eine Menge Geld gespart und bekamen auch ein Auto außer der Reihe. Ich war geschieden und allein. Warum sollte ich das nicht tun. Aber da führte, wie gesagt, kein Weg rein.

Nach der Wende begann in meinem Betrieb die Entlassungswelle. Und da kam mein Chef und fragte, ob ich zur Trasse gehen würde. Fünf Monate. Daraus wurden dann fast zwei Jahre.

Meinen Kran, noch den kleinen aus der DDR-Zeit, haben sie verladen. Der ist auf der Fähre rübergefahren und dann weiter per Bahn durch Rußland. Ich hatte ihn praktisch schon als vermißt verbucht, da kam er und sah ein bißchen lädiert aus.

Ein Jahr war ich in Perm. Das ist eine Zweimillionenstadt am Ural. Und ein Jahr war ich dann direkt im Ural, in einer kleinen Kreisstadt. Sechsunddreißig Kilometer von der asiatischen Grenze entfernt. Das war die letzte Baustelle der Trasse, wo Ausländer gebaut haben. In Sibirien haben die Russen das allein gemacht. Das war ja normalerweise Sperrgebiet. Wir mußten Wochen vorher beantragen. Und dann wurden die Namen bekanntgegeben, wer durfte und wer nicht.

Wir sind nach Moskau geflogen und von da aus mit dem Zug weitergefahren. Im Gang des Waggons stand auf einem Kohleofen der Samowar. Wir fuhren und fuhren. Drei Tage lang. Und nichts als Eintönigkeit. Man fuhr, und draußen immer das gleiche. Wenn man geschlafen hatte, dann sah es am Morgen draußen immer noch wie am Tag vorher aus. Und am dritten Tag auch. Da wird einem schon ein bißchen komisch zumute.

Wir hatten einen Kumpel bei uns, der ist früher ganz groß in der Partei gewesen. Der konnte es nicht fassen, daß alles so ähnlich aussah wie diese häßlichen russischen Kasernen bei uns. Der muß ganz andere Vorstellungen gehabt haben. Es war, als ob er einen Schlag bekommen hätte. Nach vierzehn Tagen war er immer noch nicht fertig damit.

Wir Deutschen haben gleich beschlossen durchzuarbeiten. Also ohne Sonnabend oder Sonntag. Schließlich waren wir ohne Familien dort.

Zu DDR-Zeiten gab es an der Trasse keine persönlichen Kontakte zwischen den Deutschen und den Einheimischen. Das änderte sich nach der Wende schlagartig. Zwar gab es Kinderbanden, die hinter uns herliefen, «Sieg heil!» schrien und uns mit Klamotten bewarfen. Aber die Erwachsenen hatten ein gutes Verhältnis zu uns oder ließen sich nichts anmerken. Wir wurden eingeladen oder luden sie zu unseren Festen ein. Das Leben der Einheimischen war ziemlich hart. Die Versorgungslage wurde immer schlechter.

Jeder von uns wollte natürlich gern nach Hause. Aber von dort kamen keine beruhigenden Nachrichten. Die ersten, die zurückkehrten, sind alle entlassen worden. Wenn wir abends beisammensaßen, sagten wir einander immer wieder: «Jeden Tag, den wir noch hier sind, den wollen wir genießen. So gut geht es uns nie wieder.» Und heute noch, wenn ich Kumpels von damals treffe, sagen viele von denen: «Das war die schönste Zeit meines Lebens.»

Dreizehn Kollegen haben sich von dort Frauen mitgebracht. Zwei haben ihre schon wieder nach Hause gejagt. Aber andere sind verheiratet, haben Kinder, und alles geht gut. Ich war damals bereits mit meiner jetzigen Frau zusammen.

Zum Schluß wollte jeder noch so lange wie möglich dableiben. Wegen dem Geld. Die Frauen, die bei uns saubergemacht haben, luden uns manchmal ein. Für die Tochter der einen hatte ich Sachen mitgebracht. Zum Beispiel eine Schultasche. Und wir haben da auch öfter gefeiert. Da wurden auch Bilder gemacht. Dafür waren die ja sehr zu haben. Da hat doch so ein «lieber» Kollege ein Bild, wo ich mit der Frau drauf war, anonym zu mir nach Hause geschickt, weil er hoffte, ich würde von meiner Frau so unter Druck gesetzt, daß ich gehen müßte und nicht er. Ich bin jedenfalls überzeugt, daß er es war. Es kommt eigentlich niemand sonst in Frage.

Meine Frau ist energisch. Sie hat gleich auf der Baustelle angerufen und gefragt, was da los ist. Verheiratet sind wir nicht, aber wir leben wie eine richtige Familie.

Wir waren beide schon einmal verheiratet. Wir haben eine gemeinsame Tochter, und meine Frau hat einen Sohn mitgebracht. Das sind jetzt meine Kinder. Meine erste Frau und ich, wir hatten sehr jung geheiratet, weil ein Kind unterwegs gewesen war. Dann kam auch bald das zweite. Unsere Ehe wurde geschieden. Meine erste Frau wollte unbedingt weg. Das war auch ein Grund für unsere Trennung. Einundachtzig hat sie den Ausreiseantrag gestellt. Dreiundachtzig ist sie mit den Kindern nach Hamburg gegangen. Die ganze Zeit habe ich keinen Kontakt zu den Kindern gehabt. Sie hat nicht einmal geschrieben. Jetzt will sie, daß ich mich um die Kinder kümmere. Aber die sind mir völlig fremd.

Der Kindesvater unseres Sohnes, also des Sohnes meiner jetzigen Frau, ist verstorben. Und da bekommt meine Frau Erziehungsgeld und Halbwaisenrente. Das fiele weg, wenn wir jetzt heiraten würden. Wenn der Junge achtzehn ist, werden wir heiraten. Dann ist das wieder günstiger, wegen der Steuerklasse. Außerdem wird ja darauf wieder Wert gelegt. Wenn zum Beispiel jemand Schuldirektor werden will. Von so einem Fall habe ich gehört.

Ich würde gern ein Haus bauen. Aber das Geld, das ich an der Trasse verdient habe, reicht nur für eins, Grundstück oder Haus. Und für Schuldenmachen bin ich nicht.

Was ich von der Zukunft erhoffe? Daß ich bis zur Rente alles gut über die Runden bringe. Das sind immerhin noch ein paar Jährchen.

Im Brennpunkt

3. 1. 95

*I*ch bin Berlinerin. Ich wohne in Halensee, und meine Apotheke ist in Kreuzberg.

Mein Vater war Fürsorger und meine Mutter Hausfrau. Ich bin Jahrgang neunzehnhundertdreißig und war Einzelkind. Meine Mutter war für mich da. Wenn ich aus der Schule kam, stand das Essen auf dem Tisch. Ich wurde meine Schulprobleme los. Und dann hieß es: «Was hast du denn auf?» Dann wurden erst einmal Schularbeiten gemacht. Wenn das fertig war, dann durfte ich mich meinen Neigungen widmen. Ich bin von klein auf an ein geregeltes Leben gewöhnt. Das halte ich für sehr wichtig. Der menschliche Organismus hat seinen Rhythmus. Wenn man sich außerhalb desselben befindet, dann kommt auch das Seelensystem ein bißchen aus der Reihe.

Leben geht ja nie glatt. Ob man es einem Menschen nun ansieht oder nicht, das ist etwas anderes. Es hat mich mal jemand um mein gradliniges Leben beneidet. Daß es ganz so gradlinig auch nicht war, das ist eine Sache für sich. Das gehört einfach dazu. Darüber braucht man nicht zu reden.

Immerhin, in meinem Abiturzeugnis stand: «Will Pharmazie studieren.» Ich habe Pharmazie studiert. Ich habe pünktlich Examen gemacht. Ich habe hier an der Apotheke schon als Praktikantin gearbeitet, bin nach dem Studium wieder hierher gekommen und war die erste von meinem Semester, die sich selbständig gemacht hat. Ich habe die Apotheke erst gepachtet und später gekauft. Mehr konnte man eigentlich nicht erwarten.

Meine Theorie ist, daß sich diese ganze Wiedervereinigung eigentlich nur auf eine sehr schmale Bevölkerungsgruppe in Berlin plus

Brandenburg bezieht. Die Rheinländer werden sich nie für die Pommern interessieren. Und die Bayern nicht für die Mecklenburger. Die hat es alle nicht getroffen. Nur diesen Grenzbereich.

Und hier ist man mitten im Brennpunkt.

Kreuzberg war nie eine reiche Gegend. Aber es hatte doch früher eine andere Struktur. Seit Mitte der sechziger Jahre ging es abwärts. Nach Stadtplanung war irgendwann die Südtangente vorgesehen. Von dem Zeitpunkt an wurde an den Häusern nichts mehr gemacht, und sie verfielen. Es hieß, das ist ja sowieso alles Abrißgebiet. Dann kam die Mauer, und wir brauchten keine Südtangente mehr. Da waren wir hier sowieso am Ende der Welt. Dann kam die Sanierung. Dazu wurden die Häuser entmietet. Wer damals von der Kraft und vom Portemonnaie her dazu in der Lage war, ist weggezogen. Die nachkamen, hatten so eine Zugvogelmentalität. Die zogen rein und nach zwei Jahren wieder raus. Dann kamen die ausländischen Arbeitskräfte, die sicher auch erst einmal mit der Vorstellung kamen, sie würden wieder zurückgehen. Da war überhaupt kein Verhaftetsein. Mindestens zwanzig Jahre lang nicht. Wenn sich das wieder ändert und Bindungen an den Kiez entstehen, so kann ich das nur als positiv empfinden.

Angst hatten wir hier in Berlin öfter. Zum Beispiel bei der Blokkade. Aber daß Berlin wirklich teilbar wäre, hatte ich nie für möglich gehalten. Mich hat mal jemand gefragt, ob ich denn nicht hingegangen wäre und mir die Sache aus der Nähe betrachtet hätte. Nein, das habe ich nicht gemacht. Das war mir viel zu gefährlich. Die Luft war bleihaltig. Schießereien an der Mauer waren ja nicht ungewöhnlich.

Bei der Nähe zu diesem «Bauwerk» sind natürlich hier viele ganz persönlich betroffen gewesen. Familien sind auseinandergerissen worden. Die Eltern wohnten vielleicht in der Köpenicker-, die Kinder in der Oranienstraße oder umgekehrt. Aber man kann sich nicht unentwegt aufregen oder selbst lähmen. Ob das gut war oder nicht, sei mal dahingestellt, auf jeden Fall trat da ein Gewöhnungsprozeß ein.

Man mußte damit leben. Und das tat man auch. Man richtete sich ein. Mußte sich an neue Fahrverbindungen gewöhnen. Überlegen: «So rum geht es jetzt nicht mehr. Also fährst du jetzt da lang.» Wie gesagt: akzeptieren nicht. Aber damit leben. Man konnte doch nicht permanent in Tränenströme ausbrechen. Das Leben ging weiter.

An jenem 9. November neunundachtzig hatte ich Nachtdienst.

Eine Bekannte, die jetzt in Süddeutschland lebt, war bis elf hier und fuhr dann in ihr Hotel. Und nichts weiter. Überhaupt nichts.

Und ich hatte weder Fernseher noch Radio. Morgens um sieben kam meine Raumpflegerin und sagte: «Wissen Sie denn gar nicht, was passiert ist!»

Ich antwortete: «Keine Ahnung. Ich habe geschlafen. Die scheinen alle anderweitig beschäftigt gewesen zu sein.»

Da sagte sie. «Die Mauer ist offen!»

Ich fragte: «Wo denn?»

«Na überall!»

Das konnte ich mir nicht vorstellen. Ich konnte es mir nicht vorstellen.

Ich hatte für neun einen Arzttermin gemacht. Auch schon deshalb, um nach der Nachtschicht mal frische Luft zu holen. Und diese Ärztin hatte ihre Praxis in unmittelbarer Nähe vom Heinrich-Heine-Übergang.

Auf dem Weg habe ich erst einmal einen kleinen Eindruck bekommen von dem, was passiert war. Ich habe mich gefragt: Die Kinder gehören doch in die Schule. Wieso laufen die hier alle frei umher? Und wo kommen denn die vielen Leute her?

Also das muß ich ganz ehrlich sagen, euphorisch war ich nie. Aber es hat mich erschlagen. Daß ich ganz normal die Friedrichstraße und Unter den Linden entlanggehen konnte. Und als mich jemand nach dem Weg fragte, habe ich Auskunft gegeben, als hätte es diese vierzig Jahre nicht gegeben.

Allerdings hatte ich, als ich am zehnten November abends mit meinem Nachtdienstköfferchen nach Hause fahren wollte, einige Probleme. Ich habe es erst mit dem neunundzwanziger Bus versucht. Der war brechend voll, und irgendwann fuhr er nicht mehr weiter. Es war ja viel los in der Stadt. Da wollte ich die U-Bahn nehmen. Auf dem U-Bahnhof Kottbusser Tor standen Menschenmassen, in Vierer- oder Fünferreihen gestaffelt, parallel zur Bahnsteigkante. Also bis dahin habe ich immer geglaubt, ich wäre nicht ängstlich, und das glaube ich auch heute noch. Aber als ich das gesehen habe, hat mich die kalte Angst gepackt. Ich dachte: Wenn du da drin bist, und diese Menschenmasse gerät ins Rutschen, bist du verloren.

Ich bin in ein Hotel gegangen und habe versucht, von dort aus ein Taxi zu bestellen. Das bekam ich natürlich nicht. Es war furchtbar.

Ich glaube, ich habe zwei Stunden oder mehr gebraucht. Ich war vollkommen erschöpft, als ich dann endlich zu Hause war.

Das war dann an den Sonnabenden jedesmal dasselbe Theater mit den vielen Menschen. Es soll ja in Berlin ein bißchen trubelig sein. Das habe ich schon gerne. Aber das hat mich genervt. Außerdem hat man bald gemerkt, daß da völlig falsche Denkweisen vorlagen und daß der Neid ganz erheblich war. Das hat meine Begeisterung, die sich sowieso in Grenzen hielt, noch weiter gedämpft.

Daß die Ostdeutschen schnell so leben wollen wie wir, ist doch nachvollziehbar. Aber es ist genauso klar, daß es nicht funktionieren kann. Sie sagen dann: «Ihr habt die vierzig Jahre immer alles gehabt.»

Das stimmt nicht. Die ersten zwanzig Jahre, von fünfundvierzig bis sechzig, waren eine Würgerei. Die zweiten zwanzig Jahre, gut, da ging es dann besser. Das ist ganz klar. Aber es ist nichts vom Himmel gefallen. Es war ein langwieriger Prozeß. Daß man nun alles in kürzester Zeit erwartet, ist, ich kann es nicht anders sagen, dumm.

Ihr eigenes System war der beste Beweis dafür, daß es nicht geht. Ich glaube nicht, daß die Ostdeutschen faul sind. Ich hatte natürlich auch meine Erlebnisse. Wenn wir zum Beispiel irgendwo in Kleinmachnow in einer Gaststätte mit «Feierabend» abgeschmettert wurden. Aber ich denke, Arbeitsfreudigkeit liegt in unserer Natur. Aber ob da nun einer viel gearbeitet hat oder nicht, das hat sich letztendlich im Portemonnaie nicht ausgewirkt. Und das ist nun eine rein menschliche Sache, der eine sagt: «Es kommt mir nicht drauf an.» Der andere sagt: «Wieso! Wenn ich dasselbe kriege, brauche ich auch nicht mehr zu arbeiten.» Und wenn das nun ein Leben lang so geht oder sogar über zwei Generationen, die Generation ist ja heute kürzer, dann versandet das und wird erst unter Druck wieder zutage gefördert.

Wahrscheinlich ist es ein Klischee, aber sie sind doch ein Leben lang zum überwiegenden Teil daran gewöhnt, daß man ihnen sagt, was sie zu tun haben. Das hat funktioniert, und das haftet ihnen an. Es kann keiner vierzig Jahre nach einem bestimmten Schema leben und dann urplötzlich ganz anders. Das könnte ich auch nicht. Und das würde ich auch nicht wollen. Mir ist natürlich klar, daß jemand, der vierzig Jahre in festgefahrenen Bahnen gelebt und gedacht hat, nicht in kurzer Zeit anders denken kann.

Aus Unterscheidungsgründen wird man die Wörter «ostdeutsch» und «westdeutsch» wohl noch eine Weile brauchen. Ich versuche sie aber zu vermeiden, soweit es eben geht. Wir können es einander nicht übelnehmen. Jeder hat seine Erfahrung, hat sein Leben, und dafür kann er nichts. Ich bemühe mich sehr darum, das zu akzeptieren.

Ich hatte keine Familie, die in Brandenburg oder sonst irgendwo gewesen wäre. Ich brauchte mich damit nicht auseinanderzusetzen. Vielleicht habe ich Glück gehabt.

Unsere Familie ist sowieso nicht übermäßig groß gewesen. Meine Vettern sind gefallen. Nur ich bin übriggeblieben. Ich hatte auch keine Bindungen mehr nach Weißensee. Meine Patentante, die dort gewohnt hatte, war unmittelbar vor der Errichtung der Mauer gestorben. Ich bin danach nie wieder drüben gewesen. Es gab keinen Grund für mich.

Meine Erfahrungen stammen von den Grenzübergängen. Wollte man nur mal in den Harz, nie wußte man genau, ob das an der Grenze auch glattging. Oder mit Koffer auspacken und mit ähnlichen Schikanen. Solche Sachen haben wir ausreichend erlebt. Ich fand das überhaupt nicht amüsant. Das waren schlicht und einfach Schikanen. Möglicherweise, weil sich jemand irgendwelche Beförderungen zu verdienen hoffte. Wir saßen auf jeden Fall am kürzeren Hebel. Es war das beste, den Mund zu halten und zu hoffen, daß der Kelch vorbeigeht. Hin zweimal, zurück zweimal. Nicht sehr unterhaltsam.

Die Schwierigkeiten mit der Wiedervereinigung liegen auch darin begründet, daß dieses «Wieder» ja nur von einer ganz dünnen Schicht getragen wird. Die meisten haben ja bis dahin gar kein Deutschland als Ganzes erlebt gehabt.

Sie dürfen nicht vergessen, ich bin seit meinem dreißigsten Lebensjahr Unternehmer. Zugegeben im kleinsten Rahmen. Aber ich hätte nie gedacht, daß diese Tatsache das Denken so sehr beeinflußt. Ich habe immer gedacht, ich bin primus inter pares. Muß ein bißchen mehr arbeiten als die anderen und Verantwortung tragen. Der eine oder der andere hat sich eingefügt und der andere nicht. Wie das so ist im Leben. Meine Mitarbeiterinnen waren sechzehn und zweiundzwanzig Jahre bei mir. Also muß es wohl gegangen sein. Ich mußte mein Schiffchen am Schwimmen halten und habe darüber hinaus keine weiteren Neigungen entwickelt.

Ich habe mich für Menschen interessiert, für ihre Verhaltensweisen. Aber immer auf eine Person bezogen. Nie auf ein System. Das ist sicher eine Frage der Veranlagung.

Und Menschen sind mir hier in allen möglichen und unmöglichen Situationen in die Hände gefallen. Und ich habe mich immer bemüht, aus der Situation heraus zu helfen. Immer rein menschlich. Es gab auch Komisches. Das Komischste, das ich in der Apotheke erlebt habe, war ein junger Mann, der sich hinten an der Schlange anstellte, brav wartete, bis er dran war und um einen Eimer mit Wasser bat, weil es im Treppenhaus brannte.

Ob ich mir Sorgen um die Zukunft mache? Nein, ich glaube nicht, daß die Menschheit untergeht. Wenn sie das wollte, hätte sie schon genug Gelegenheit dazu gehabt.

Der Apfel, nach dem alle springen

15. 5. 94

Früher ist der deutsche Ingenieur für sein Können anerkannt worden. Heute werden seine Ideen von Marketingmenschen verkauft, die diese Ideen oft nicht einmal verstehen. Wichtig ist das Verkaufen und nicht mehr das Machen. Das Machen wird gar nicht erst ins öffentliche Bewußtsein gerückt. Und das ist schade.

Die Leistung eines Menschen wird nur noch danach bemessen, wie sie sich verkauft. Und in dieser Verkaufswelt fehlt jeder Moralanspruch. Da ist eine Idee, die macht vielleicht zwei Prozent der Aufwendung einer Firma aus. Und der Rest konzentriert sich auf den Verkauf dieser Idee. Das ist doch ein Mißverhältnis. Und diese Vertriebsmenschen werden nicht etwa mit Fachwissen ausgerüstet, da geht es nicht im Solidität, sondern sie werden geschult, wie sie sich psychologisch zu verhalten haben, um zu dem Kunden ein Vertrauensverhältnis aufzubauen. Ob sie Autos oder Waschmaschinen verkaufen, das ist egal. Das kann doch langfristig nicht aufgehen.

Als Kind habe ich mit meinen Eltern in Thüringen gelebt.

Nach einer Berufsausbildung mit Abitur, ich habe in einem großen Betrieb Schlosser gelernt, wollte ich studieren. Damals waren Sonderstudienpläne und das gleichzeitige Studium zweier Fachgebiete im Gespräch. Aber zunächst mußte ich anderthalb Jahre zur Armee.

Ich war bei einer Spezialeinheit. Wir haben in kleinen Gruppen Gefechtseinsätze geübt. Aufklärung. Das war hart, aber ich habe diese Härte nicht als negativ empfunden, weil ich körperlich gut drauf war. Trotzdem war ich – wie soll ich sagen –, also ich war hinterher regelrecht kaputt.

Am schlimmsten war die sanktionierte Dummheit. Ich hatte hinterher ein ganz anderes Menschenbild. Die Anhäufung von Dummköpfen, die Macht hatten, Befehlsgewalt, und die das reichlich ausnützten, war unerträglich. Mir hat nicht geschadet, daß wir fünftausend Meter laufen oder Härtetests machen mußten. Aber ich kann bis heute nicht begreifen, wieso es nötig ist, auf einem ungeeigneten kleinen Hocker eine lange Flinte zu putzen. Und zwar stehend, auf dem Flur, Mann an Mann. Das ist eine völlig sinnlose Beschäftigung. Leider war aber der Soldatenalltag von früh bis spät mit solchen sinnlosen Tätigkeiten angefüllt.

Die meisten haben es verdrängt. Aber mich hat es verrückt gemacht. Es hat mich permanent beschäftigt. Und danach wollte ich nicht mehr studieren. Ich war mit der Welt unzufrieden. Es paßte nichts mehr zusammen.

In dieser Verfassung wurde ich zum Studentensommer des «nullten Studienjahres» eingeladen. Erst hinterher begriff ich, was das nullte Studienjahr eigentlich war. Dazu gehörten alle diejenigen, die aufgrund ihrer Kaderakte für FDJ-Leitungen und ähnliches vorgesehen waren. Die wurden zusammengezogen, um sich schon vorher kennenzulernen. Ich habe das erst begriffen, als wir anfingen zu studieren und ich sie alle in Leitungen wiederfand.

Als ich die Einladung las, dachte ich: Gehst mal hin. Triffst dort neue Leute.

Das war bei Neustadt in Sachsen. Dort haben wir Mähdrescher zusammengebaut. Und da ich Schlosser war, hatte ich damit keinerlei Probleme. Die anderen gefielen mir, und ich lebte regelrecht auf.

Ich begann zu studieren. Mathematik. Das Studium war zuerst wie ein Hammer. Vorher hatte ich wirklich gedacht, ich kann was. Aber das war nun reine Mathematik, blanke Theorie. In solchen Situationen ist es nicht schlecht, Erfahrung zu haben. Ich kannte das schon von der Berufsschule. Dort bin ich erst einmal eingebrochen. Aber ich habe mich in solchen Situationen eigentlich immer wieder zurechtgefunden. Das sind wichtige Lebenserfahrungen. Beim Studium konnte man das besonders gut beobachten. Die Jungs waren durch die Armee gegangen, und die Mädchen kamen direkt von der Erweiterten Oberschule. Da war ein riesiger Unterschied in den Lebenserfahrungen. Die Mädchen verhielten sich duckmäuserisch und ließen sich von jedem einschüchtern. Einen, der anderthalb Jahre Armee mitgemacht hatte, den konnte niemand so leicht beeindrucken.

Später hat mir das Studium Spaß gemacht. Gegen Ende meiner Studienzeit kamen die Kleinrechner auf. Das hat mir total gelegen. Da war eine Truppe, die hat graphische Software entwickelt, und das war geradezu ein Volltreffer für mich. Ich war Feuer und Flamme. Da lief dann alles. Jugendforscherkollektiv. Beststudent. Und was damals so Mode war.

In dieser Zeit lernte ich meine spätere Frau kennen.

Eigentlich hatte ich nie die Absicht gehabt, nach E. zurückzugehen. Aber in meinem späteren Betrieb war gerade etwas im Anlaufen, und die suchten jemanden. Beim Kadergespräch wurde ich nur gefragt: «Stellen Sie Wohnungsantrag?» Ich sagte: «Nein. Ich kann bei meinen Eltern wohnen.» Da war ich sofort eingestellt.

In dem Betrieb, in dem ich als Schlosser gearbeitet hatte, mußten alle Ingenieure vierzehn Tage im Jahr in der Produktion arbeiten.

Die Konstrukteure mußten im Prinzip ihre Konstruktionen mal unten ausführen. Ich empfand das als eine nahezu weise Anordnung. Wenn ich die Herren, die da kamen, aus der Schlosserperspektive sah, kamen die nicht besonders gut weg.

Die Leute an der Uni waren geistig pfiffig. Aber die Probleme, über denen sie brüteten, verselbständigten sich immer. Sie gingen zu einem Anwender, lösten dessen Probleme und machten dann anschließend einen riesigen Ballon draus. Sie waren nicht bösartig. Aber sie mußten immer dozieren. Sie konnten einfach nicht weg davon. Nicht einmal am Biertisch. Und das gefiel mir nicht.

In dem Betrieb, in dem ich nach dem Studium, also ab einundachtzig, arbeitete, fing man gerade mit CAD an. Man nannte das damals noch rechnergestütztes Konstruieren. Mit einem einzigen graphischen Bildschirm. Auf dieser Basis, also nur mit einem kleinen Bildschirm, wurden riesige Staatsplanthemen aus dem Boden gestampft. Mit Geldern von mehreren Ministerien. Allerdings muß ich dazu sagen, daß ich das erst aus der heutigen Sicht absurd finde. Damals war ich Feuer und Flamme. Das war eine völlig neue Technik. Und den Konstrukteuren mit solchen Apparaten das Konstruieren zu erleichtern, das schien mir den Aufwand wert. Ich war von Anfang an dabei, und es hat mir viel Spaß gemacht. Leider ist man sehr schnell an Grenzen gestoßen. Die CAD-Welle wurde stark politisiert. Im Endeffekt war es nur noch Politik und keine Praxis mehr dahinter.

Damals lief die Welle «Jugendforscherkollektive». Wir waren alle etwa im gleichen Alter, um die Dreißig. Zwei Konstrukteure und ich. Wir hatten dieses neue Thema und waren willig, etwas zu tun. Wir nützten diese Welle. Das Thema entwickelte sich. Wir bekamen Kontakt zu anderen Gruppen in der DDR. Das mit dem Jugenforscherkollektiv hat uns Tür und Tor geöffnet. Wir waren im Prinzip schon da. Wir erfüllten die Kriterien wirklich.

Später haben wir uns benutzt gefühlt. Es wurde immer mehr politisch. Da hieß es: «Ihr seid doch Beispiel!» Wir haben uns zuerst keinen großen Kopf drum gemacht. Aber dann ging's los. Einer von uns war schon auf einer Parteischule gewesen. Der hatte in der Sowjetunion studiert. Der hat immer die «Außenpolitik» gemacht. Dann sollte der auf einem großen FDJ-Kongreß eine Rede über Jugendforscherkollektive halten. Wir hatten nichts zu verbergen. Als der aber einen ZK-Betreuer für die Ausarbeitung dieser Rede bekam, da wurden wir nachdenklich. Bei der «Messe der Meister von Morgen» wurden wir bis zum Gehtnichtmehr durchgereicht. Das war alles andere als erfreulich.

Wir hatten Ergebnisse und brannten regelrecht darauf, sie umzusetzen. Aber da lief nichts. Da war nur Rummel. Es wurde nicht ernst genommen. Nicht so sehr vom Chefkonstrukteur, sondern von den Mitarbeitern, von den kleinen Chefs. Was nützt das, wenn die Großen wollen und die Kleinen alles blockieren. Da war immer zwischen denen unten und denen oben ein Filz, durch den man nicht durchkam.

Wir waren so weit, daß das Programm lief, wir hatten schon eine Schaltung damit gemacht, da schlug «Schalck» zu, und es begann die Welle mit den Westrechnern. Auf einmal war alles geheim. In unserem Betrieb war ein sog. NSW-Kader (im nichtsozialistischen Währungsgebiet einsetzbarer Mitarbeiter), der hat uns gar nicht ernst genommen, der sagte, er würde im Westen eine ganz tolle Software kaufen, aber welche, das wäre geheim. Und damit war unser Thema beendet. Er hat die Mittel abgezogen für Rechner, die wir gar nicht sehen durften. Und auf einmal hieß es, das Thema wird eingestellt.

Wir ahnten ungefähr, welches System der gekauft hatte. Wir hatten die westliche Fachliteratur verfolgt. Es war viel schlechter als unseres. Aber es kam keine fachliche Diskussion zustande, weil wir davon gar nichts wissen durften. Sechsundachtzig war dann endgültig die Luft raus, und wir drei sind in alle Himmelsrichtungen auseinandergegangen.

Dieser Kader hat alles aufgebaut und den Leuten vorgeführt. Die Bildschirme waren schön bunt. Aber die haben heute noch nicht den Stand, den wir sechsundachtzig hatten.

Damals habe ich mir gesagt, okay, eine Niederlage muß man wegstecken können. Ich dachte mir, jetzt will ich es wissen, jetzt will ich sehen, was an der Sache ist. Ich habe mich auch als Geheimnisträger verpflichten lassen. Das mußte sein, weil alles geklaut war. Software wie Hardware. Es waren Traumgeräte. Das war ein Ansporn. Von der Akademie wurde eine Arbeitsgruppe gebildet, um die «Neutralisierung» zu machen. Die arbeiteten mit den Gruppen in den Kombinaten zusammen. Das muß man sich so vorstellen: Von der Software haben die nur ein Magnetband geklaut, ohne Dokumentation oder Beschreibung. Da mußte man erst einmal rausfinden, wie das Ding eigentlich funktionierte. Es mußte erst einmal ein Produkt daraus gemacht werden, das lief. Die Truppe, die da zusammengewesen ist, war einfach hervorragend, und wir fragten uns, warum wir es schaffen, zum Neutralisieren, also zum Umschreiben – praktisch zum Entfernen des Namens –, so eine leistungsstarke Gruppe zusammenzubringen. Warum sie nicht eingesetzt wird, etwas Eigenes zu machen. Das hätten die genauso gekonnt.

Als das dann fertig war, geschah genau das gleiche wie beim ersten Mal. Die oben haben gesagt, ihr sollt. Und gescheitert ist es am passiven Widerstand der Mittelschicht. Früher hatten wir keine richtigen Rechner. Jetzt hatten wir Rechner und ein Programm, und trotzdem wurde es nicht genutzt.

Jetzt ist in dem Betrieb der Durchbruch von CAD erfolgt. Jetzt sind diejenigen, die früher so stockkonservativ waren, die Vorreiter. Die waren nicht dumm. Die haben damals einfach nicht gewollt. Die Chefs haben nicht durchgegriffen, weil der Betrieb permanent mit Exportaufträgen zu tun hatte.

Jedenfalls standen wir wieder da. In dieser Situation damals habe ich mir Partner gesucht und über die Standardisierung von CAD nachgedacht.

Achtundachtzig war der Standard fertig. Verglichen damit gehörte das, was die Westdeutschen hatten, ins Mittelalter der elektronischen Datenverarbeitung. Es wurden Arbeitsgruppen zur Datenerfassung und Bereitstellung gebildet. Wir waren überzeugt, daß wir etwas Gutes hatten und nichts Abgekupfertes. Da kam die Wende.

Erst gab es das Amt für Standardisierung und Meßwesen nicht mehr. Dann gab es auch die DDR-Standards nicht mehr.

Das DIN hat unser Amt im Anfang noch formell eingeladen. Wir sollten unsere Standards vorstellen. Es wurden Arbeitsgruppen gebildet. Ich war auch in einer. Wir sind nach Westberlin gefahren. Ich bin mit vielen Illusionen hingefahren, das erste Mal im Westen. Ich dachte, wir würden mit unseren Sachen gut aufgenommen.

Das war dann alles äußerst ernüchternd. Das DIN organisiert nur. Der Standard wird von der Industrie gemacht. Wenn sich genug Interessenten finden, dann organisiert es einen Arbeitskreis, besorgt den Raum für die Tagung und schreibt hinterher einen Bericht.

Da fragten wir: «Welcher Arbeitskreis kommt für uns in Frage? Können wir uns daran beteiligen?»

«Aber natürlich», lautete die Antwort, und dann hat man uns die Regeln erklärt: Zuerst mußte man eine nicht eben kleine Summe bezahlen, um überhaupt Mitglied zu werden. Das kann im Prinzip jeder. Für einen hätten wir das Geld noch zusammenbekommen. Da gibt es aber dann Stimmrecht. Und das ist käuflich. Wenn beispielsweise Bosch, nur einmal angenommen, einen Standard macht, dann können die sich die Majorität in dem Arbeitskreis kaufen. Da gibt es vielleicht zehn Mitglieder, und davon wären vier von Bosch.

Um überhaupt angehört zu werden, hätten wir nicht nur einmal, sondern fünfmal Mitglied werden müssen. Das hätte niemand bezahlt. Das heißt, wir sind nicht einmal zum Vorstellen unseres Standards gekommen. Die haben den nicht einmal gelesen.

Es hieß: «Natürlich können Sie Ihren Standard vorstellen. Im Arbeitskreis. Da müssen Sie Mitglied werden. Das Programm für die nächste Tagung ist aber leider schon voll. Auf der übernächsten Tagung, ungefähr in einem Jahr, können wir Sie dann eintakten.»

Das bedeutete schlicht und einfach: «Ihr seid ja Urwald!» Die wollten uns gar nicht zur Kenntnis nehmen.

In der DDR hat es eine Menge Leute gegeben, die bei ihrer Arbeit nicht auf die Mark gesehen haben, sondern auf die gesellschaftliche Bedeutung. Und das waren nicht alles Parteifunktionäre. Die haben sich kaputtgearbeitet mit dieser Einstellung. Und das war doch nicht verkehrt.

Als die ersten Bücher von Gorbatschow kamen, nur durch Beziehungen zum Buchhandel erhältlich, da dachte ich, jetzt geht es los.

Jetzt wird der Filz aufgelöst. Ich erinnere mich, daß ich stundenlang mit Kollegen im Auto saß und diskutierte.

Der Westen hat den Leuten einen Apfel hingehängt, nach dem alle gesprungen sind. Sie haben ihn nie erreicht, aber jeder hat springen können. Die DDR hat es fertiggebracht, den Apfel wegzunehmen. Es gab keinen Apfel mehr. Aber man muß nun mal akzeptieren, daß die meisten Leute keine geistigen Ziele haben, sondern materielle. Daran kommt man nicht vorbei.

So viele Fehlentwicklungen und Auswüchse es auch gab, bei der DDR lag aber noch Gesellschaftsveränderung in der Philosophie. Und das ist heute weg. Die Dialektik ist für mich immer der Kern gewesen. Da war mein Ärger in der DDR, daß sie ihre eigene Philosophie gar nicht auf sich selbst anwendeten.

Für mich war diese Grundphilosophie der Apfel. Man hätte eine neue Struktur ausprobieren können. Diese Gesellschaft jetzt treibt wie ein steuerloses Boot. Und deshalb ist Gorbatschow für mich eine der schlimmsten Figuren dieses Jahrhunderts. Und der hatte in den Leuten solche Hoffnungen geweckt.

So optimistisch wie Sie sehe ich auch das mit den Waffen nicht. Da ist noch immer dieser große Wirtschaftskomplex. Der wird sich doch nicht freiwillig verkleinern, nur weil die Russen nicht mehr mithalten können. Der will Gewinn machen. Die Russen packen zusammen, und die, so stelle ich es mir jedenfalls vor, ersetzen vier Panzer durch einen, der teurer ist als die vier früheren zusammen. Und das Bestreben, Söldnerheere aufzustellen, halte ich für extrem gefährlich, weil das willfährige Kampfmaschinen sind.

Ich bekam damals einen Hautausschlag und habe die Wende vor dem Fernseher im Schlafanzug erlebt. Die Veranstaltungen waren Selbstdarstellungen. Keine Gespräche. Da ich so etwas vom Verstand her angehe, ist die Art und Weise, wie heute Politik inszeniert wird, nicht meine Art.

Auch die von der PDS nicht. Meine Frau ist da zwar anderer Meinung. Aber ich habe etwas gegen solche Truppen, die sich nur selbst produzieren. Das macht keinen Spaß. Die oben stellen sich dar, und die unten haben zu funktionieren. Genau wie vorher. Ich habe dazu keine Einstellung. Ich mag mit solchen Leuten auch nicht stundenlang diskutieren.

Was die Politiker erzählen, ist nur Makulatur. Es spielt sich alles hinter den Kulissen ab. Die Politiker türmen immer neue Lügen auf. Ihre Aufgabe ist es, die Leute an den eigentlichen Problemen vorbeizuziehen. Permanent wird auf die Vorteile der Marktwirtschaft verwiesen. Dabei haben wir überhaupt keine Marktwirtschaft. Eine freie schon gar nicht. Sondern eine Beziehungswirtschaft. Es ist alles im Laufe der Zeit verfilzt. Neuankommer haben kaum eine Chance.

Beteiligt man sich an Ausschreibungen, bekommt man eine glatte Ablehnung, hat man nicht vorher, bevor das alles läuft, mit den entsprechenden Leuten Kontakt aufgenommen. Und wir hatten immer gedacht, im Westen würde das Leistungsprinzip funktionieren. Aber die Märkte sind längst aufgeteilt und in fester Hand.

Ich betäube mich heute durch Arbeit.

Hätte ich den Rückhalt in der Familie jetzt nicht, müßte man da auch noch kämpfen, das wäre schlimm.

In unserer neuen Firma sind wir, die Ideenträger – das sind im wesentlichen vier Leute –, uns einig: Verändern können wir die Welt sowieso nicht mehr. Also versuchen wir, uns einen Raum zu schaffen, in dem wir so leben können, wie wir es wollen. Wir haben Ideen und entwickeln Produkte. Aber das können die besten Ideen, die vorzüglichsten Sachen sein, deshalb verkaufen die sich noch lange nicht. Dazu braucht man einen Markt. Und das bedeutet Fäden ziehen. Beziehungen aufbauen. Das nennt sich dann Marketingstrategie.

Ein Produkt mit einer guten Marketingstrategie geht kurzfristig immer. Im Moment läuft es. Wie lange das geht, ist offen. Aber ich bin jetzt ruhiger.

Früher hatte man einen sicheren Kern in sich, und das Drumherum war schlimm. An der Stelle dieses Kerns sitzt jetzt die Angst, und ich glaube nicht, daß die weggeht. Die bleibt.

Doch. Ich denke schon, daß die vom Westen diese Angst auch haben. Nur sind sie von Kindheit an gewöhnt, sie zu verkleiden. Ich bin sowieso der Ansicht, daß dies nun eine Verkleidungsgesellschaft ist. Jeder verkleidet sich. Jeder versteckt sein Inneres hinter Wunscherscheinungsbildern nach außen. Das geht bei der Schminke los, geht beim Friseur weiter, beim Anzug. Bei den antrainierten Verhaltensweisen. Das geht bei den Autos weiter. Bei den Häusern. Sie verkleiden die alten Häuser. Sie bekommen die Tür neu bezogen. Das Dach wird neu gedeckt, die Hauswände werden neu verkleidet. Nur Verkleidung.

Jeder ist ein potentieller Lügner. Die vom Westen haben sich von Kindesbeinen an eine Lebenshaltung zugelegt, mit der sie das innerlich verkraften. Die meisten merken es nicht einmal, oder es erscheint ihnen als das Normale. Aber man muß sehr feinfühlig mit ihnen umgehen. Und gerade das können wir Ossis nicht.

Wenn man über neue Gesellschaften nachdenkt, dann sollte man vielleicht nicht über neue Wirtschaftsgesetze nachdenken. Auch nicht über philosophische Betrachtungsweisen. Sondern man sollte über den Menschen an sich nachdenken. Ist der Mensch überhaupt demokratiefähig? Oder muß man die Menschen klassifizieren, in «gescheit», «nicht gescheit» und «dumm»?

Den Dummen darf man keine Macht geben.

Für den die Nachtigall singt

19. 1. 94

Ich bin neunzehnhundertachtunddreißig geboren. Meine Mutter ist Hausfrau. Mein Vater war Versicherungsbeamter. Neunzehnhundertfünfundfünfzig bin ich nach der mittleren Reife zur Handelsschiffahrt gegangen. Zehn Jahre später bekam ich das Kapitänspatent auf großer Fahrt. Das heißt, man ist befähigt und berechtigt, auf Schiffen jeder Größe und auf allen Fahrten als Kapitän zu fahren. Siebenundsechzig bin ich zur Bundesmarine gegangen. Und da bin ich bis heute.

Ich bin in Hamburg aufgewachsen. Ich hatte zwei Schwestern. Unsere Wohnung war eng. Für mich gab es nur die Seefahrt. Meine Eltern hatten nichts einzuwenden. Neunzehnhundertfünfundfünfzig war die Seefahrt voller Zukunft.

Man fängt auf irgendeinem Frachter als Schiffsjunge an. Man wird integriert, bekommt seine Arbeit zugewiesen. Man gewöhnt sich daran, unterwegs zu sein.

Später, als ich auf einem Forschungsschiff fuhr, hatten wir Wissenschaftler an Bord, die alle sechs Wochen ausgewechselt wurden und die nicht daran gewöhnt waren, längere Zeit auf Fahrt zu sein. Die wurden untereinander aggressiv. Sagte einer freundlich: «Guten Morgen», konnte es passieren, daß er als Antwort zu hören bekam: «Was geht es dich an!»

Wer zum erstenmal längere Zeit unterwegs ist, der wird leicht aggressiv. Wir Seeleute waren von der nachrichtentechnischen Zivilisation abgenabelt. Es gab keine Zeitung, kein Fernsehen an Bord. Der Rundfunkempfang war schlecht. Aber man hat den Großstadtlärm nicht vermißt. Man mußte mit seinem Umfeld klarkommen, denn man konnte schließlich unterwegs nicht die Mannschaft wechseln. Gezwungen, mit einem anderen zusammenzuwohnen, hat man es als gegeben hingenommen. Es gab keine Probleme. Die damals zur See fuhren, das waren schon gewisse Charaktere. Wer da ausrastete, wer da nicht hineinpaßte, der hielt nicht lange durch. Mir hat es Spaß gemacht. Und die Kameraden oder Kollegen, die ich aus dieser Zeit kenne, die sagen dasselbe. Heute ist das sicher alles anders. Damit kann man das nicht ohne weiteres vergleichen.

Ich habe aufgehört, als mein Sohn eines Tages, nachdem ich wieder vier Monate weggewesen war, mich nicht erkannte, sondern «Wauwau» zu mir sagte. Da habe ich die Seefahrt an den Nagel gehängt. Ich fuhr zuletzt auf einem Forschungsschiff und war immer längere Zeit weg. Einmal siebeneinhalb Monate auf See. Als wir ablegten, war ich gerade vier Monate verheiratet. Wir fuhren mit einem Forschungsschiff nach Indien. Für dieses Schiff hatte ich mich schon als Offizier beworben, als es noch in Form von Plänen durch die Gänge getragen wurde. Es war eine sehr schöne Zeit. Ich habe dann noch mehrere Viermonatsreisen gemacht. Aber als das mit meinem Sohn passierte, beschloß ich, an Land zu bleiben und der Familie den Vorzug zu geben.

Da bot sich die Marine an. Ich bin von der Marine übernommen worden, habe Elektrotechnik an der Technischen Akademie der Luftwaffe studiert und bin dann als Elektroingenieur eingesetzt worden. Bis auf die letzten drei Jahre, in denen ich mit dem Transportwesen zu tun hatte.

Ich konnte als Oberleutnant anfangen. Jetzt bin ich Fregattenkapitän. Das entspricht dem Rang eines Oberstleutnants.

Nein, daß ich keine Waffe tragen wollte, solche Sorgen hatte ich nie. Ich war wehrpflichtig. Und außerdem war damals die Tschechenkrise. Ich hatte die Gewißheit, wenn ich eingesetzt werde, daß ich dann der Verteidigung Deutschlands dienen werde. Ob ich unter anderen Bedingungen Soldat geworden wäre, zum Beispiel in einer überall in der Welt einsetzbaren Berufsarmee, ist zweifelhaft.

Es gab bei uns die Horrorvision: Ein NVA-Verband rollt ohne zu schießen im Harz über die Grenze. Was machen wir dann. Wäre der Angriff massiv gewesen, dann wären die Flugzeuge von den Plätzen gestartet worden, denn die konnten ja nicht warten, bis alles vernichtet war: Dann wäre eine Routine abgelaufen. Und wie leicht das ins Auge gegangen wäre, das mag sich jeder selbst vorstellen.

Es konnte auch ein falscher Computeralarm sein. Soweit bekannt ist, wurde bei den Amerikanern zweimal Computeralarm ausgelöst. Einmal als sie mit den weitreichenden Radargeräten über dem Pol den aufgehenden Mond als Ziel orteten. Und das andere Mal soll ein Alarm ausgelöst worden sein, als jemand ein falsches Band, also ein Übungsband, ein Manöverband eingelegt hatte. Fehlalarme sind immer denkbar. Für mich ist die Wende eine Sternstunde gewesen. Denn sie hat dazu geführt, daß zwei schwerbewaffnete Mächte nicht mehr gegeneinanderstanden.

Diese Chance der Wende, die einen ungewollten Krieg weniger wahrscheinlich machte, erkannt zu haben, das ist meiner Meinung nach die Stärke von Kohl, während die anderen wie Erbsenzähler nur davon sprachen, was es kosten würde. Es war meiner Meinung nach nur in einem ganz kurzen Zeitraum so viel zu erreichen. Denn Maggy Thatcher war nicht für eine Wiedervereinigung. Mitterrand war auch nicht dafür. Bush hat sich neutral verhalten. Die ganze Wende war nur in einem kurzen Zeitfenster möglich. Das hat Kohl erkannt. Und das ist das Beste, was passieren konnte. Man sollte die Leute fragen, was ihnen lieber ist, ein kaputtes Deutschland oder mal ein bißchen Wohlstand einschränken. Deswegen ist doch Deutschland noch kein armes Land.

Wenn wir heute Rechtsradikalismus bei uns haben, dann fehlt dieser Generation eine Erfahrung, die ich habe. Ich erinnere mich noch sehr genau, wie in Hamburg ganze Gegenden einzige Trümmerfelder waren. Da stand kein Haus mehr. Meine Eltern sind zweimal in Hamburg ausgebombt worden. Einmal stand ich mit dem Teddy unter dem Arm auf der Straße, und die ganze Straße brannte. Überall lagen Blindgänger herum. Ich habe jahrelang Angst gehabt, wenn ich Flugzeuge hörte.

Wenn Sie mich fragen, wie ich mich verhalten hätte, bei einem Befehl, eine Bombe abzuwerfen: Wahrscheinlich hätte ich den Befehl ausgeführt, denn unser System war, wie die Erfahrung mit der Nato bewiesen hat, ein Verteidigungssystem. Die Nato war sehr zurückhaltend, als in Ungarn einmarschiert wurde, als in der Tschechoslowakei einmarschiert wurde, als die Mauer gebaut wurde.

Wir waren von unseren westlichen Werten überzeugt. Ich bin es nach wie vor. Als Offiziere hatten wir natürlich eine Vorstellung davon, was auf der anderen Seite los war, was da für ein Waffenpotential, nuklear, biologisch, chemikalisch und so weiter lagerte. Wir kannten die Gefahr.

Wir haben das Prinzip der inneren Führung. Jetzt, da wir Kontakt zu unseren NVA-Kameraden haben, konnten wir am Beispiel des Alltagsgeschehens sehr gut den Unterschied zwischen Auftragstaktik und Befehlstaktik kennenlernen. Die NVA arbeitete nach der Befehlstaktik. Die besagt, es muß etwas genau Definiertes gemacht werden. Über das Davor oder Dahinter hat man nicht nachzudenken. Die Auftragstaktik, nach der die Bundeswehr arbeitet, sagt, es muß ein bestimmtes Ziel erreicht werden, und die Wege dazu haben eine gewisse Variabilität. Das erfordert einen ganz anderen Typus von Offizieren. Der eine muß nur einen Befehl ausführen, der andere muß mitdenken, entscheiden und variieren.

Wer bei der Bundeswehr Offizier werden wollte, der mußte eine der Bundeswehrhochschulen mit Erfolg abgeschlossen haben. Diese Bundeswehrhochschule entläßt hochqualifizierte Soldaten, die wissenschaftlich denken können, so daß ein intelligenter Oberbau besteht. Das Prinzip der inneren Führung besagt, daß eine Truppe so zu führen ist, daß sie das vorgegebene Ziel überzeugt erreicht.

Wir hatten mehrere Strategien. Früher hatten wir die Strategie «Sofort mit aller Gewalt draufhauen». Dazu hatte die andere Seite aber zu viele Waffen. Zuletzt hatten wir die Strategie der «passenden Erwiderung». Die Sache sah etwa so aus: Haut der andere das kaputt, haun wir das kaputt, und so fort. Wenn das eskaliert wäre...!

Das Szenarium, mit dem wir angetreten sind, war das des «Gleichgewichts des Schreckens». Ich bin überzeugt, daß Hitler nicht in die Sowjetunion eingedrungen wäre, wenn er gewußt hätte, am nächsten Morgen steht Berlin nicht mehr. Und das war die Prämisse, unter der die Armee entstand, daß sie eine Zweitschlagarmee war, die dem Gegner, falls er angriffe, einen solchen Schaden zufügen könnte, daß es sich für ihn nicht lohnt. Meine private Meinung ist, daß die Sowjetunion ganz anders mit uns umgesprungen wäre, zum Beispiel im Fall der Tschechei und in anderen Dingen, hätten wir diese Zweitschlagkapazität nicht gehabt.

Wenn jetzt, wie Sie es konstruiert haben, jemand auf mich zukäme, der behaupten würde, ich hätte durch meinen Dienst in der Bundeswehr ein System unterstützt, das – sagen wir mal – die Bauern in Nikaragua ausbeutet, dann müßte ich antworten: «Kamerad, das hast du falsch verstanden. Dafür war die Bundeswehr nie da. Dafür war und ist die Bundesregierung zuständig. Die Bundeswehr hätte nie in Nikaragua gekämpft.»

Wir wurden, ob das nun gut ist oder nicht, bewußt von der Politik unberührt gelassen. Politik wurde bewußt aus den Kasernen ferngehalten. Das ging so weit, daß man mit einem Aufkleber von irgendeiner Partei nicht aufs Gelände durfte. Unser Ziel war es, die Bedrohung aus Moskau abzuwenden. Das hat unser Denken beherrscht. Deshalb sind wir auch später so relativ unbedacht in das somalische Abenteuer gestürzt. Deshalb haben wir uns bei Jugoslawien dilettantisch gezeigt.

Unsere Waffen sind gar nicht auf überseeische Konflikte eingestellt.

In Somalia treten die Amerikaner mit einem ganzen Flottenstab, mit Versorgungsschiffen und Flugzeugträgern an. Die Franzosen genauso. Und wir kommen da mit unseren Handelsschiffen an, setzen drei Jeeps ab und sagen: So, das ist es. Und die Versorgung unternehmen wir mit einem Handelsschiff, das unter norwegischer Flagge läuft. Daran sieht man doch, daß die Bundeswehr keine außereuropäischen Ziele hatte.

Es ist doch komisch. Man erwartet von der Völkergemeinschaft, daß sich alle, über sämtliche kulturellen Barrieren hinweg, in eitel Sonnenschein umarmen, und hat vielleicht einen Wachdienst mit Schießerfahrung vor der eigenen Tür, weil man befürchtet, daß der Nachbar klaut.

Als die Mauer fiel, hatte ich keine Angst. Die Bundesregierung hat sich damals äußerst geschickt verhalten. Als zum Beispiel die ersten Mauerspechte am Werke waren, hätte man ohne weiteres vom Westen aus nachhelfen können. Mit Rammen. Und der Konflikt wäre dagewesen. Man hat die tagelange Schwäche der DDR-Führung, die nicht wußte, was los war, gezielt genutzt, zum Beispiel durch Presse, Fernsehen und Rundfunk. Durch Bilder von überall, wo DDR-Bürger fliehen wollten, so daß die DDR-Bevölkerung ständig auf dem laufenden war.

Als 1968 der Tschecheieinmarsch war, da war die Bundeswehr in Alarmbereitschaft. Wir durften nicht in Urlaub gehen. So etwas hat es beim Mauerfall nicht gegeben. Unser Dienst lief ganz normal weiter. Es gab offenbar nicht die geringsten Bedenken.

Das hört sich vielleicht kitschig an, aber ich kann es nicht anders sagen: Ich habe feuchte Augen gehabt, als ich die Bilder von der Wiedervereinigung sah.

Ich habe nun nicht jahrzehntelang auf die Vereinigung gewartet. Es kam überraschend. Aber als sie dann kam, war es ein wunderbares Gefühl. Es fiel mir ein Stein vom Herzen, weil die Bedrohung geringer wurde und weil ich Bekannte, Verwandte, Freunde in der DDR hatte.

Der Onkel meiner Frau ist wegen Spionage in der DDR hingerichtet worden. Ende der fünfziger Jahre. Meine Schwiegermutter hat es über Radio Luxemburg erfahren. Da wurden kurz nach der Wende Videos gezeigt. Und da sah sie plötzlich ihren Bruder im Gericht auftauchen. Es hieß, er sei zum Tode verurteilt worden. Und er ist wohl hingerichtet worden, denn wir haben nie wieder etwas von ihm gehört.

Das war nach der Wende eine euphorische Stimmung.

Man braucht einen gewissen Prozentsatz einer Bevölkerung auf seiner Seite, wenn man den Rest unterdrücken will. Dieser Prozentsatz muß bei fünf bis zehn Prozent liegen. Wären zehn Prozent der DDR-Bürger gegen die Wiedervereinigung gewesen, dann hätte es meiner Meinung nach Probleme gegeben. Aber es waren weniger. Es sind immer nur ganz wenige, die zu Exzessen anstacheln. Wenn die allerdings Freiraum haben! Aber den hatten sie nicht. Sie hatten keine Chance, und deshalb verlief es unblutig.

Wenn Sie von der Waffenproduktion sprechen, gebe ich zu bedenken, daß wir ein Außenhandelswirtschaftsgesetz haben, welches uns Einschränkungen auferlegt bei dem, was wir ins Ausland transferieren.

Das Kapital ist flüchtig wie ein Reh, sagt ein altes Sprichwort. Wenn sich im Ausland bessere Chancen bieten, dann wird das genutzt. Aber das ist keine Erpressung, wie Sie es nennen. In einem Industrieland, wie die Bundesrepublik Deutschland eines ist, das derart vielseitig ausgelegt ist, mit einem Antikartellgesetz, da halte ich es für unmöglich, die Politik zu knebeln. Das hat selbst Mercedes nicht geschafft. Ich bin natürlich kein Wirtschaftswissenschaftler und auch kein Volksökonom.

Ich komme noch einmal auf Somalia zurück. Daß wir in Somalia oder auch in anderen Ländern Schwierigkeiten haben, liegt daran, daß unsere Moralvorstellungen, unsere Vorstellungen von Humanität dort keine Resonanz haben, daß unser ganzer Humanismus ein Fremdwort ist. Es ist nicht so sehr ein Problem der Kulturstufe. Da kann man Länder betrachten, die kulturell schon auf der Höhe waren, als wir noch in den Bäumen saßen. Indien zum Beispiel, welche Probleme gibt es in Indien. Welche Probleme gibt es in Indien zwischen den Moslems und den Hindus. Wenn wir da mit unserem Denken ankommen und sagen, denen muß geholfen werden, dann kann das gleiche wie in Jugoslawien passieren, die schlagen sich die Köpfe ein, zerstören die Sachen, die sie sich mühsam aufgebaut haben, und beschimpfen am Ende noch uns als Kriegstreiber. Wir können unsere Ideale nicht einfach auf andere Nationen übertragen.

Bis vor fünf Jahren war die Welt in zwei ideologische Blöcke gespalten. Der Westen hat es mit seinen Zielstellungen dadurch einfach gehabt. Es war die Ausrichtung gegen den Osten. Dadurch haben wir eine Ideologie bekommen. Eine Antiideologie. Und der Osten hatte den «Marxismus-Leninismus». Jetzt ist der Osten zusammengebrochen und versucht mit Gewalt, die Ideologie des Westens zu übernehmen. Und vergißt, daß der Westen gar keine Ideologie, sondern nur eine Antiideologie gegen den Osten hatte.

Wenn ich vor acht Jahren in die «SBZ», die «Sowjetisch Besetzte Zone», oder die «Zone» fuhr, um meine Verwandten zu besuchen, wenn ich meinen Ausweis an der Grenze abgeben mußte und der Posten mich anfuhr: Brille runter! und wenn ich dann durch die grauen Gegenden fuhr, wenn ich die Bilder von Halle sah, wenn ich bedachte, wie die Leute von da flohen, dann mußte man doch vermuten, daß es da ziemlich trostlos war. Wenn ich heute rüberfahre, habe ich positive Gefühle. Es wirkt alles freundlicher.

Wenn ich mich mit ehemaligen NVA-Offizieren unterhalte, die wir in die Bundeswehr übernommen haben, dann kommt zweierlei zutage: Frage ich privat: «Kamerad, wie geht es dir?», dann antwortet der: «Besser als vorher.» Später auf der Personalversammlung hat der plötzlich eine ganz andere Meinung.

Wir müssen und wollen ja nun mit denen zusammenarbeiten. Aber die haben eine ganz andere Denkweise. Die Denkweise des Informationshamsters. Wir haben Schwierigkeiten, den führenden Leuten klarzumachen, daß Information, die wir durchschieben, nicht dazu da ist, in ihren Schreibtischen abzulagern, sondern um ihre Mannschaft auf dem laufenden zu halten.

Für mich ist die Vereinigung, trotz aller Probleme, die Sternstunde der Deutschen. Die Differenzen werden sich nach und nach abbauen. Die Friesen und die Bayern sind auch verschieden. Und ich bin Hamburger. Meine Schwiegereltern haben auf Rügen ein herrliches Anwesen. Und sie fragen: Wollt ihr das übernehmen? Mein Schwiegervater stammt aus Bayern, der hat mich immer für einen Preußen gehalten. Dem mußte ich klarmachen, daß ich Hanseat war.

Das Geklage der Ostdeutschen erinnert mich ein bißchen an einen alten jüdischen Witz: Da geht ein Rabbi durch die Straßen, und eine Nachtigall kommt und macht ihm auf den Kopf. Da guckt er nach oben und sagt vorwurfsvoll: «Für die Gojim singst du.»

Der aufrechte Gang

20. 3. 90

Ich bin Mitarbeiter im kirchlichen Bereich. Einige Jahre als Pfarrer, einige Jahre als Krankenpfleger und als Sozialarbeiter. Ich bin siebenundvierzig Jahre alt, habe drei Kinder, zwei Enkel. Ich habe mich immer nach Freiheit gesehnt und fühlte mich durch kirchliche Forderungen, kirchliche Grenzen und durch diesen Staat oft eingesperrt. Ich habe mich von diesem Staatssicherheitsapparat bedroht gefühlt.

Im Herbst letzten Jahres habe ich zum erstenmal ganz tief empfunden und gespürt, was Freiheit ist. Es war, als ob Ketten fallen. Und dieses Gefühl ist für mich eigentlich das große Lebensgefühl gewesen: der aufrechte Gang. Ich werde es nie wieder vergessen, dieses Gefühl bei der ersten Demo. Später ist es nicht mehr so gewesen, es war nur das eine Mal so erschütternd.

Ich war auch bei der Erstürmung des Bezirksamtes vorn und bin bis zum heutigen Tag bei der Auflösung dabei. Seit Wochen beschäftigt mich die Frage, wie wir aus den Trümmern ein neues Haus bauen können, in dem wir auch alle wieder Wohnung finden.

Ich habe mich mit meinem Vater bis vor zwei, drei Jahren ständig gestritten, eigentlich mein ganzes Leben lang. Er lebt noch und ist bei guten Kräften. Ich habe jetzt das Problem so für mich gelöst, daß ich ihn als alten Mann sehe, der sein Leben gelebt hat, mit dem keine Verständigung mehr möglich ist. Auf diese Art versuche ich, einen Status quo zu erhalten.

Ich habe ihn immer als einen erlebt, der keinen anderen neben sich gelten ließ. Aus einer bürgerlichen Familie kommend, stolz auf seine norddeutsche Herkunft, stolz auf seine Familie, stolz auf seine Ausbildung, stolz auf sein Wissen. Diplomingenieur mit sogenannter humanistischer Bildung, mit der er den meisten seiner Zeitgenossen weit überlegen ist. Dies hat er immer ausgespielt. Ich habe eigentlich mein Leben lang gegen seine Übermacht gekämpft. Er war der Maßstab für alles. Die Familie meiner Mutter galt nichts. Die Familie meiner Stiefmutter galt nichts. Das waren alles nur Komparsen. Nur er war derjenige, der alles wußte, und seine Familie war gut. Diesen Familienangehörigen mußten Karten zum Geburtstag und zu Weihnachten geschrieben werden.

Ich denke, ich habe ein großes Stück von ihm in mir drin. Es ist ein Teil meines Lebensproblems, mit diesem autoritären, raumfordernden Vater in mir umzugehen. Er hat mit mir, und überhaupt mit seinen vier Kindern, nie über die Zeit des Nationalsozialismus gesprochen. Ich weiß nur, daß er Dozent war in Dresden und als Oberleutnant vor Stalingrad verwundet wurde. Er war der Ideologie bis zu einem bestimmten Maße verfallen, das hat er zumindest angedeutet. Wie weit aber seine Bindungen gingen, wie weit er sich verstrickt fühlte, dazu hat er eigentlich nie Stellung bezogen.

Nach dem Krieg hat er sich sehr der Kirche zugewandt. Gehörte zur technischen Intelligenz, die zu Beginn der DDR gehätschelt und zugleich getreten wurde. Er hat uns immer das Gefühl gegeben, daß wir in dieses Land gehören, aber wir haben dieses Land nie geliebt. Es ist nie meine Heimat gewesen, es war eine Verstandesbeziehung. Wir wollten hier nicht weg, wollten nicht kneifen. Aber es war keine wärmende Beziehung, die wir zu diesem Land hatten.

Ich habe immer eine große Klappe gehabt, von Anfang an. Dadurch war ich den meisten meiner Mitschüler überlegen. War oft so eine Mischung zwischen Klassensprecher und Klassenkasper. Zum Anführer hat es meist nicht gelangt, dazu war ich auch körperlich nicht kräftig genug. Ich wär es natürlich gern gewesen, das gebe ich zu. Und auf die Weise habe ich mich oft und gern mit allen Leuten angelegt. Mit solchen, die über mir waren. Und das hat sich eigentlich durchgezogen durch mein Leben. Ich habe mich sowohl mit meinen staatlichen wie kirchlichen Oberen angelegt. Habe Stalinisten auf beiden Seiten kennengelernt. Wo Unrecht war und wo mich Leute angesprochen haben, da bin ich eingestiegen. Habe dann aber sehr oft den Kompromiß gesucht.

Ich habe mich für andere eingesetzt und auch für mich selbst, aber ich habe das nie so ganz zum Extrem getrieben, sondern irgendwie versucht, die Dinge moderat zu regeln, und am Ende habe ich mich selber nicht mehr so recht leiden gemocht. Mit meiner Kompromißbereitschaft war ich zwar erfolgreich, habe oft etwas erreicht, aber ich habe eben die Wahrheit immer kräftig verwässert und saß schließlich zwischen allen Stühlen.

Etwa als ich das erste Mal in Hoheneck war, das ist eine der berüchtigten Haftanstalten für Frauen, und erlebt habe, wie in der DDR Menschen zerhaftet werden. Immerhin, könnte ich sagen, bin ich damals bis zum stellvertretenden Generalstaatsanwalt vorgedrungen, ich habe an Erich Honecker geschrieben. Aber ich frage mich heute, ob ich nicht damals Flugblätter hätte kleben müssen oder einen Streik organisieren. Weil das einfach so schlimme Dinge waren und weil man mit herkömmlichen Methoden, mit angepaßten Mitteln nichts erreicht hat. Aber das war eben meine Art, es am Ende möglichst jedem recht zu machen. Und das entdecke ich bis zum heutigen Tag bei mir.

Ich war bei der Auflösung der Staatssicherheit dabei. Ich bin auf der einen Seite stolz, daß keine Scheibe kaputtgegangen und durch meinen Einsatz auch keiner zu Schaden gekommen ist. Und andererseits habe ich das Gefühl, daß wir dadurch auch die Staatssicherheit nicht richtig aufgelöst haben. Dadurch ist vieles beiseite geschafft worden. Wir haben neulich eine Veranstaltung über die Auflösung gemacht, unter der Überschrift: Lüge bis zum letzten Tag. Wir sind bis zum letzten Tag beschissen worden. Durch diese Inkonsequenz. Da kommen auch nur halbe Dinge raus.

Am 5. Dezember haben wir uns zum erstenmal Einlaß verschafft in die Bezirksverwaltung. Aus heutiger Sicht würde ich sagen, wir hätten ab 6. Dezember alle bisherigen Mitarbeiter aussperren müssen. Nicht um ihnen irgend etwas anzutun, aber eben sagen müssen, ihr dürft dieses Gebäude nicht mehr betreten, das räumen wir selber auf.

Für mich war es ein ganz schlimmes Erlebnis, daß die Mitarbeiter dieser Dienststelle, zunächst waren es mehrere hundert, uns, das Bürgerkomitee, nicht als Partner behandelten, daß sie nicht ehrlich mit uns umgegangen sind, sondern versucht haben, uns mit Halbwahrheiten, mit Lügen hinzuhalten, uns auszutricksen, um zu verhindern, daß die Wahrheit wirklich zutage kommt.

Das war falsche Nibelungentreue, nach dem Motto, ich habe einen Eid geschworen. Ich denke, daß auch Wut dabeigewesen ist: Diese

Schreihälse von der Straße, was erdreisten die sich überhaupt. Und bei einer Reihe war auch Stolz: Wir haben bestimmt keine schmutzige Arbeit getan. Wir haben Wichtiges und Ehrenwertes geleistet. Wir haben gute Ergebnisse vorzuweisen. Und da die Bürgerbewegung uns das nicht abnimmt, uns nicht respektiert mit unserer Würde, sind wir gar nicht bereit, uns auf diese Herren von der Straße einzulassen.

Ich kann es in einem Bild fassen, in einem Bild der Feudalzeit: die erniedrigten Bauern, die vor dem Burgtor stehen und keine Chance haben, dieses Tor zu knacken. Und der Burgherr und seine Knappen, die lachen sich kaputt über die abgerissenen Leute. Ich habe die Staatssicherheit all die Jahre schon als verbrecherische Organisation betrachtet, und ich werde diese Meinung auch zum Ausdruck bringen, nachdem wir die Arbeit in der Rehabilitierungskommission abgeschlossen haben. Das bezieht sich auf die Organisation, nicht auf jeden einzelnen Mitarbeiter, einfach weil die Gefahr besteht, daß viele ehemalige Mitarbeiter diese Tätigkeit noch rechtfertigen oder glorifizieren. Dem muß durch eine moralische Bewertung der Boden entzogen werden, um das ein für allemal klarzustellen. Das war eine Organisation, die gegen die Würde des Menschen gearbeitet hat.

Wenn man heute darüber spricht, sagt man, dem bisherigen System habe eine falsche Sicherheitsdoktrin zugrunde gelegen. Also ich muß sagen, für mich ist das eine Verharmlosung. Ein feines Wort, hinter das man sich zurückziehen kann. Etwas Steriles. Die Menschenwürde war für einen großen Teil der Menschen dieses Landes grundsätzlich außer Kraft gesetzt. So muß man das benennen.

Im Grunde bin auch ich so autoritär angelegt, daß ich in manche Kreisleitung gut reingepaßt hätte. Weil ich oft so gedacht und gehandelt habe, als ob ich es eigentlich besser wüßte als andere.

Ich habe etwa zehn Jahre lang eine Einrichtung für Behinderte geleitet und bin da auch oft sehr anmaßend aufgetreten. Als ob ich genau wüßte, was für einen Behinderten oder für einen alten Menschen gut ist. Und ich habe meine Macht gebraucht, um sie in den Glückszustand zu versetzen, den ich für den richtigen hielt. Insofern darf ich in keiner Weise mit ausgestrecktem Finger auf irgendwelche Machthaber zeigen – die gleichen Strukturen sind in mir selber drin. Und vielleicht ist das auch die Ursache für das Glück, das ich zur Zeit empfinde. Ich ahne, es gibt noch eine andere Möglichkeit: nicht für andere die Dinge zu regeln, sondern mit ihnen die Dinge zu tun. Davon habe ich einen Vorgeschmack bekommen, und das macht mir Spaß. Es ist auch für mich eine Alternative. Es hätte gut geschehen können, daß ich früher auf die Seite der Machthaber geraten wäre und diese Macht genauso wie andere mißbraucht hätte.

Was mir Not macht: Ich fühle mich wirklich als Heimatloser. Ich bin hier nicht zu Hause, nie zu Hause gewesen in diesem Staat. Ich bin auch nie in der Bundesrepublik zu Hause gewesen. Neidisch habe ich oft die Identität der Polen mit ihrem Land beobachtet. Da bin ich manchmal sehr traurig gewesen. Davon ist in mir überhaupt nichts, ich bin wirklich um dieses Gefühl beschissen worden.

Ich habe dieses Unbeheimatetsein als etwas ganz Schlimmes empfunden. Und das bißchen, das da war, weswegen ich auch geblieben bin: Es ist mir immer bei den Ärmeren besser gegangen als bei den Reichen. Das war vielleicht doch so ein Stück Identität, das ich hier hatte. Den Gnadenstoß haben mir nun die letzten Monate verpaßt, in denen eigentlich gar nichts geblieben ist. All die sogenannten Errungenschaften näher betrachtet: nur Beschiß von hinten bis vorn. Nicht einmal die kleine Pflanze, die vielleicht noch da war, ist geblieben. Nichts. Nichts Ehrliches und Sauberes.

Ich bin fünfzehn Jahre in der CDU gewesen. Das war Kasperletheater. Ich war da aus rein taktischen Erwägungen, weil ich etwas gegen meine Ausgrenzung tun wollte. Fünf Jahre als Abgeordneter im Bezirkstag. Das waren aber alles dumme Spiele. Ich habe mich darauf eingelassen und habe letzten Endes eigentlich nur zugezahlt. Eine emotionale Beziehung, wie Sie sie beispielsweise zur PDS haben, hat sich bei mir nie damit verbunden. Jetzt bin ich froh, daß ich im Neuen Forum, also in einer Bürgerbewegung, tätig gewesen bin, und kann mir überhaupt nicht vorstellen, einer Machtpartei beizutreten. Das habe ich so satt. Ich will jetzt wirklich versuchen, als Bürger lebendig zu bleiben, und mich nicht wieder irgendwo einordnen.

Ich hatte immer, auch als Kind, Freunde und vielfältige Beziehungen. Aber die waren wohl mehr oberflächlich. Einen richtigen Freund oder eine richtige Freundin hatte ich eigentlich nie.

Ich bin jetzt fünfundzwanzig Jahre verheiratet. Ich könnte ohne die Wärme meiner Frau nicht sein. Wenn ich mich nicht an sie kuscheln könnte, würde ich erfrieren. Trotzdem ist sehr viel Ferne zwischen uns, so daß wir also auch sehr viel nebeneinander sind. Obwohl wir so lange zusammen sind, ist jeder sehr in seinem eigenen Kreis. Manchmal würde ich mir wünschen, daß da mehr an Verstehen und Aussprechen wäre. Aber es fiel mir schon immer schwer, über mich selbst zu reden, und meine Frau hat auch ihre Probleme. Vielleicht passen wir da wieder zusammen.

Mich bewegt zwar, wie die ehemaligen Mitarbeiter des Amtes wieder in die Gesellschaft integriert werden können. Aber es kann nicht so sein, daß wir jetzt für die vom MfS zaubern, und nach den anderen, die kaputtgemacht worden sind, kräht kein Hahn. Ein Beispiel nur. In unsere Rehabilitierungskommission kam ein ehemaliger Lehrer, der sehr von der SED protegiert worden war. Arbeiterklasse. Studiert. Wurde hofiert, in der Partei wie ein Kronprinz behandelt. Ein Vorzeigelehrer. Ein Vorzeigeparteimitglied. Also ganz groß. Der erzählte uns folgende Geschichte: Einmal war der Besuch eines Kosmonauten angesagt. Wie solche Dinge damals liefen, der Bezirkssekretär lud ein, und da waren eben dann alle, die bei solchen Gelegenheiten immer da waren. Vorher hatte der starke Spielregeln ausgegeben. Jedem gesagt: Das ist mein Gast, und wehe, einer von euch verlangt von dem ein Autogramm. Der wird nicht belästigt!

Und diesen Lehrer hat zu Hause sein Sohn gebeten, ihm ein Autogramm zu bringen, und da hat der sich gesagt: Scheiß drauf. Der hat dann an dem gleichen Tisch mit dem Kosmonauten und dem Ersten gesessen. Der hat ihn mit Blicken fast erdolcht. Als er später ging, hat er ein mörderisches Ding aus dem Dunkeln gefangen, daß er ungefähr zwanzig Minuten bewußtlos lag. Dann ist er wieder hochgekommen und hat selbst zurückgeschlagen. Das war eben auch so ein starker Typ. Und da hat er im Dunkeln einen von der Trapo (Transportpolizei) erwischt. Ihr seid schlimmer als die Faschisten, hat er zu den Polizisten gesagt, die ihn dann mit Stahlruten behandelt haben. Er sagte, seine Kopfhaut war danach gespannt wie ein Helm. Von dem Tag an war seine Karriere zu Ende. Er hat dafür noch ein paar Jahre bekommen. Wurde aus der Partei ausgeschlossen, das gehörte ja alles dazu. Hat ein paar Jahre abgesessen. Und als er dann zurückkam, hat er gekämpft, wieder Lehrer werden zu dürfen. Zehn oder fünfzehn Jahre lang. Er hat nie die Spur einer Chance gehabt. Seiner Frau war gleich mit gekündigt worden.

Ich will nur sagen, das sind so die Schicksale, mit denen ich konfrontiert werde. Der Mann ist heute sechzig. Für den ist alles vorbei.

Der will nicht mehr Lehrer sein. Der will einfach sagen, so ist es gewesen, ich habe auch mal dran geglaubt, und das ist mein Lehrerschicksal.

Bei ihm ist bisher keiner von der SED-Bezirksleitung gewesen, der sich entschuldigt hätte. Noch kein Bezirksschulrat. Es interessiert sich einfach keiner dafür. Andererseits erlebe ich die Ehemaligen vom Amt, die gleich mit dem Argument Berufsverbot kommen. Ich habe mit den Leuten, die in diesen Apparat hineingeraten sind, sogar sehr viel Mitgefühl, weil ich mir vorstelle, daß da viele tragische Schicksale dahinterstehen. Ich selber habe ja jahrelang versucht, mich in diesem Staat zwischen den Fronten zu bewegen.

Das sind sicher sehr schwierige menschliche Situationen. Also ich würde schon sagen, die Akten über die sogenannten IM (Inoffizielle Mitarbeiter) sollten vernichtet werden. Was will man damit noch, wozu sollten sie nützlich sein. Die werden zu keiner Rehabilitierung gebraucht und zu nichts, das sind reine Personalakten. Was anderes sind die Bürgerakten, die vielleicht noch einmal zur Aufklärung einer Strafsache benötigt werden. Aber die eigentliche Kartei der IM, die muß vernichtet werden, weil sonst letzten Endes wieder so ein primitiver Rachefeldzug beginnt. Solche, die moralisch in keiner Weise besser waren, die einfach zu faul oder zu fett waren, etwas zu tun, die suchen sich jetzt ein Opfer, um sich selber ein bißchen herauszustreichen. Und da, denke ich, sind die IM die bevorzugten Opfer. Die IM müssen selber mit ihrem Gewissen zurechtkommen. Das muß jeder von denen mit sich klären. Und dabei sollte man es belassen. Um des gegenseitigen Lebensrechtes willen.

«Oder ihr schmeißt mich raus»

16. 8. 94

Ist das wirklich schon so lange her, seit wir das erste Mal miteinander gesprochen haben!

Wenn Sie mich nach der Kirche fragen, also ich bin immer noch drin. Aber was die Institution Kirche macht, ist für mich eigentlich die größte Nebensache der Welt geworden. Insgesamt ist sie gesellschaftlich kaum spürbar. Ich denke, daß dort viele Leute das Ufer, an das sie gehören, noch nicht gefunden haben.

Das kann ich nun wieder nachvollziehen. Ich muß sagen, ich habe die Zeit bis jetzt gebraucht, um mich zu orientieren und wieder genau zu wissen, was ich will. Ich habe die Zeit auch gebraucht, um das System zu durchschauen. Um seine ganze Brutalität kennenzulernen. Ich dachte immer, es sei ein Softysystem, wo es ganz lustig zugeht. Ich habe ernst genommen, was da an Demokratie abläuft. Habe gedacht, das wäre ein Stück ehrliches und achtungsvolles Miteinander, wo der einzelne Bürger etwas bewirken kann. Das war mein Bild. Daß es aber im Grunde eine knochenharte Geschichte ist, die für viele Leute tödlich ausgeht, für die Welt sowieso, das habe ich erst einmal begreifen und verinnerlichen müssen.

Ich bin im Mai neunzig zum Abgeordneten gewählt worden. Danach vom Stadtparlament zum Ersten Beigeordneten, das bedeutet, zum ersten Stellvertreter des Oberbürgermeisters, was normalerweise der Finanzdezernent wird. Das war also eine Ausnahme, denn ich war Dezernent für Soziales.

Nach einem Jahr habe ich den zweiten Bürgermeister geschmissen, weil ich merkte, daß ich in diesem Amt nach allen Seiten freundlich und moderat sein mußte, und das ging einfach nicht.

Ich bin all die Jahre am Kippen gewesen. Ich habe überlegt, ob ich es selbst hinschmeißen sollte. Es sind mehrere Mißtrauensanträge im Parlament gegen mich gewesen. Den letzten habe ich nur noch mit viel Glück überstanden. Seit einem Jahr bin ich dabei, mich von diesem Job als Dezernent in der Stadtverwaltung zu verabschieden. Ich will weiter Politik machen. Ich denke über die Inhalte und die Mittel nach. Denn das ist sicher eines meiner Probleme gewesen, daß ich immer gut sagen konnte, was ich nicht wollte, daß es mir aber schwerfiel, auszudrücken, was ich wollte. Ich denke, daß wir zumindest bruchstückhaft sagen müssen, wie wir uns eine andere Welt vorstellen. Wenn wir das nicht können, sind wir nicht überzeugend. Ich kandidiere nicht wieder. Stehe auch für kein Amt zur Verfügung. Ich bin auch in keiner Partei mehr.

Diese Art von Parlamentarismus ist so fragwürdig, daß ich meine Kraft nicht an dieser Stelle vergeuden möchte. Ich bin ja reich an Erfahrung. Verglichen mit einem Wessi, der vielleicht nur sein Stück Wessiland, und da vielleicht nur seinen engen Zirkel, genau kennt, bin ich, was Erfahrung anbelangt, nahezu begütert. Ich war ein paar Jahre im Bezirkstag und kenne nun auch das neue System von innen her. Ich weiß also über zwei Systeme Bescheid. Wenn schon, will ich meine Kraft so einsetzen, daß Demokratie etwas Lebendiges, Fruchtbares wird, nicht so etwas Totes wie das, was wir jetzt haben.

Ich habe gedacht, als Sozialdezernent könnte ich etwas Wärme und Freundlichkeit in die Stadt bringen. Das war natürlich naiv. Im Februar einundneunzig habe ich schon eine außerparlamentarische Opposition gegründet. Ich war also gleichzeitig in der Stadtverwaltung und habe mich mit anderen Leuten zusammengetan, weil das nicht lief. Ich habe von der Bühne des Parlamentes zum Streik aufgerufen. Zum Beispiel die Ärzte gegen die Auflösung der Polikliniken. Also etwas, was ein Vertreter der Staatsgewalt gar nicht darf. Ich habe es aber bis auf den heutigen Tag so gehalten. Als der erste Mißtrauensantrag kam, habe ich gesagt: «Also Freunde, mich ändert ihr nicht. Das ist nun mal die Folge dieser Wende, daß da welche in die Ämter gekommen sind, die da nicht hinpassen. Das müßt ihr schon mal vier Jahre aushalten. Oder ihr schmeißt mich raus.»

Die Mißtrauensanträge kamen immer im Wechsel, mal von der CDU, mal von der SPD. Die PDS hat für mich gestimmt, das haben die sich geleistet. Ansonsten haben sie blasse Politik gemacht.

Das letzte war, daß ich in einem Interview mit der «Jungen Welt» gesagt habe, ich kann das Ausmaß der Verzweiflung bei der RAF verstehen. Da haben mich auch die eigenen Leute vom Bündnis fallenlassen. Ich wurde beurlaubt, bis ein neuer Oberbürgermeister kam, der diese Äußerung zwar auch nicht gut fand, der mich aber als Dezernent für Soziales zurückhaben wollte.

Das waren für mich Erfahrungen, die mir sagten, ein Arm-in-Arm mit dieser Gesellschaft ist nicht möglich. Wenn man wirklich noch an etwas glauben will, muß man sie grundsätzlich in Frage stellen, samt ihrer Verfassung. Es wäre eine intensive Anstrengung nötig, sie zu verändern. Über die Mittel wäre zu reden. So wie sie aber jetzt ist, wird sie einfach für zu viele Menschen tödlich. Das merke ich an den Frauen, die ich entlassen muß, denen ich als Sozialdezernent die Kündigung ins Haus bringen muß. Das ist doch hirnrissig. Und daß dieser Kapitalismus die Welt kaputtmacht, das sieht doch jeder, der Augen im Kopf hat. Bloß gewaltsam geht es nicht. Man muß aber anfangen, darüber nachzudenken, wie Veränderung in so einer saturierten Gesellschaft möglich ist. Und daraus Strategien ableiten. Das Entscheidende ist, ob es noch Menschen gibt, die sich politisch engagieren. Es ist eben der absolute Irrtum, daß neunundachtzig wirklich eine Wende war. Wir sind aus der Hand des einen Menschenfressers in die Hand des nächsten geraten. Man braucht nur als Maßstab mal die Achtung vor dem einzelnen Bürger zu nehmen. Die Berichte der Politiker sind so glitschig, daß man sie nicht fassen kann. Und am Ende geht man mit dem Gefühl, verdummt worden zu sein, nach Hause. Ich habe Angst, daß ich aufgesogen werde. Ich komme in ein übermächtiges System und stoße auf lauter Leute von derselben Blutgruppe, und nach zehn Jahren haben sie mich von oben bis unten eingeseift. Da ist nichts mehr von mir übrig. Ich erlebe das jetzt erschreckend oft bei Menschen, von denen ich das vorher nie für möglich gehalten hätte. Bei Menschen, mit denen man im Herbst neunundachtzig Seite an Seite stand.

Dazu habe ich einfach keine Lust. Keine Lust, in diesen Kreisen zu verkehren, mir einen Schlips umzubinden und gut zu riechen. Wenn ich an Gesellschaftsveränderung denke, dann denke ich nicht, daß sie von diesen gescheiten Leuten da oben kommt. Die sind schon immer gescheit gewesen und schon immer gut gebildet. Und herausgekommen ist nur Scheiße. Sie haben ihr Wissen nicht dazu verwendet, um die Welt gerechter, sondern um sie ungerechter zu verwalten.

Ich habe Statistiken gelesen, wie hoch die Geldrücklagen der reichsten Leute der Bundesrepublik sind. Es hat noch nie so eine Vermögensbildung stattgefunden wie seit der Wende. Die wären doch dumm, Veränderung zu tolerieren. Es läuft ja für sie. Der Profit hat zugenommen. Sie haben so viel Geld, daß sie nicht mehr wissen, wohin damit. Was mit der Umwelt passiert, interessiert die gar nicht.

Sie brauchen sich doch nur mal die Umweltgipfel anzusehen, da sitzen Leute, die viel mehr von diesen Dingen wissen als ich. Und was ist das Ergebnis solcher Veranstaltungen! Die benutzen ihr Wissen nicht, um konstruktive Auswege zu suchen. Sondern hinterher ist das, was war, noch fester zementiert als vorher. Wieso soll ich diesen Leuten vertrauen! Für die Armut haben sie hundert Erklärungsmuster, bei denen immer die Opfer schuldig sind, nicht die Täter. Es gibt Philosophen, die erklären, das Ziel der Geschichte wäre erreicht. Das Ziel wäre gerade dieser Kapitalismus. Und die sind auch meinungsbildend. In diese Diskussion investiere ich keine Kraft. Meine Klientel sind eher die kleinen Leute.

Ich bin in Bischofferode gewesen. Ich habe die Verzweiflung der Leute in dieser gespenstischen Mondlandschaft gesehen. Wir sind hingefahren, um unsere Solidarität zum Ausdruck zu bringen. Gegen die Schließung ihrer Gruben. Wir haben dann in unserer Stadt vier Tage Hungerstreik gemacht, um den Leuten dort zu helfen. Sie mögen das für lächerlich halten. Aber immerhin konnte uns die Presse nicht ganz verschweigen.

Eines meiner Haupttätigkeitsfelder war die ganze Kita-Landschaft, die ja sehr umstritten ist. Jeder Stadtkämmerer möchte so viele wie möglich schließen. Ich habe dramatische Auftritte erlebt. Da haben Frauen wie Hyänen gekämpft. Aber immer nur um ihre eigene Kita. Wenn der Dampf raus war, sind sie brav nach Hause gegangen. Ich respektiere die Angst dieser Frauen um den eigenen Arbeitsplatz. Aber was tun die denn dafür! Sie verstecken sich hinter mir, klatschen mir auch mal Beifall. Aber selbst Farbe bekennen, das machen sie nicht. Das wird man ihnen aber nicht ersparen können.

Sie können sich mancherlei ausdenken und hehre Gedanken haben. Wenn wir aber mal so ein Neubauviertel mit seiner inneren und äußeren Verwahrlosung ansehen, wo die konkreten Menschen mit ihrer Durchschnittlichkeit leben, zehn Prozent arbeitslos, fünfzehn Prozent im Vorruhestand, jede Menge Leute, die mit ihrer Vergangenheit nicht fertig sind, wie wollen Sie da etwas ausrichten mit Ihren Vorstellungen, die von den konkreten Bedürfnissen weit abgehoben sind.

Wir haben in einem Neubauviertel ein Haus gekauft und einen Verein gegründet. Ich werde einen Teilzeitjob annehmen und den Rest der Zeit dem Verein widmen. Wir werden mit Hausbesuchen beginnen. Wir werden in unser Haus einladen, wo man miteinander sprechen kann. Niederschwelliger kann man gar nicht anfangen.

Es ist die Frage, wer das Klima bestimmt. Das kann man doch nicht einfach dem Zufall überlassen. Man kann auch nicht alles mit Verboten regeln. Es müssen Gespräche geführt werden. Mir ist es lieber, ich habe einige Republikaner im Parlament und bin gezwungen, mich mit ihnen auseinanderzusetzen, und auch die müssen ihre Karten auf den Tisch legen, als daß es eine Untergrundbewegung gibt.

Es kann schon sein, daß man wieder einmal seine ganze Person in die Wagschale werfen muß, um ein Gegengewicht zu etwas zu sein. Aber dann möchte ich Leute neben mir haben, die auf mich aufpassen. Denn in mir sind ja auch dämonische Dinge angelegt. Ich kenne mich zu gut, um das nicht zu wissen. Wenn ich da keine Sicherungen einbaue, bin ich vielleicht übermorgen der neue Gewalttäter.

Alles im Griff

16. 2. 95

Ich bin neunzehnhundertneununddreißig in Leipzig geboren. Mein Vater war Bezirksdirektor einer Krankenversicherung. Eigentlich hatte er Philologie studiert, wollte aber im Nazireich nicht in den Schuldienst gehen. Neunzehnhundertneunundvierzig ist mein Vater zu Verwandten nach Hamburg gegangen. Dort hat er einen kleinen Buchladen gegründet. Mein Vater war sehr fleißig und zäh, wenn es sein mußte. Nach eineinhalb Jahren, neunzehnhundertzweiundfünfzig, konnten wir, meine Mutter und ich, nachkommen.

In Hamburg bin ich nie heimisch geworden. Wir lebten dort in kärglichen Verhältnissen. Rundum Wohlstand. Ich besuchte das Gymnasium. Es war ein humanistisches Gymnasium, darauf legte mein Vater Wert. Dorthin schickten vor allem die besser situierten Kreise ihre Kinder. Das fiel mir erst ein bißchen schwer. Ich hatte in der DDR Russisch anstatt Englisch gelernt. Ich habe es aber geschafft. Das war nicht das Schlimme. Auch nicht, daß ich wegen meines Dialektes ausgelacht wurde. Das Schlimme war die Rolle eines sozialen Außenseiters, in die ich da geriet und die man gerade in diesem Alter nur schwer erträgt. Vielleicht ist das der Grund, warum ich heute Wert darauf lege, nicht beengt zu wohnen. Ich war schon durch die DDR geprägt. Oder besser durch die Sicht aus dem Westen auf die DDR. Ich war politisch interessiert. Da hat mir mein Vater empfohlen, Rechtswissenschaft zu studieren. Ich habe in Tübingen studiert. In Württemberg hat es mir gut gefallen. Ganz im Gegensatz zu Hamburg. Es mag auch sein, daß die Mentalität der Süddeutschen der sächsischen näher ist.

Ich bin später noch einmal nach Sachsen gefahren. Das war neunzehnhundertvierundsiebzig. Damals durfte man das, wenn man vorher Hotelzimmer buchte und in westlicher Währung bezahlte. Der Eindruck, den ich von meiner Heimatstadt erhielt, war niederschmetternd. Überall Schmutz. Alles grau. Sogar die Menschen hatten etwas Graues, etwas Hoffnungsloses in den Gesichtern. Damals habe ich mir vorgenommen, nie wieder nach Leipzig zu gehen.

Wenn Sie mich fragen, ob das auch an mir lag, weil ich es so sehen wollte, muß ich zugeben, daß ich darüber nicht nachgedacht habe. Ich glaube allerdings doch, daß der Kontrast zu anderen Städten, die ich kannte, sehr groß war. Und es gab genügend andere Besucher, die meinen Eindruck bestätigten.

Ich habe zweiundsechzig mein Examen gemacht. Dann habe ich promoviert und die Referendarausbildung absolviert. Alles in Baden-Württemberg. In der Zeit habe ich auch geheiratet, und unser Ältester wurde geboren.

Ich wollte etwas mit Politik machen, aber ohne mich in die Abhängigkeit von den Parteien zu begeben. Ich habe mich dann bei einer Vereinigung der Wirtschaft beworben, wo ich ziemlich schnell eine verantwortliche Position erhielt. Solche Chancen bekam man damals, weil die Kriegsgeneration fehlte.

Aber ich war nicht ganz zufrieden. Man hatte da zuwenig Kontakte zum Leben, ich meine zu dem, was sich in den Betrieben konkret abspielte. Deshalb habe ich später noch einmal gewechselt und bin hierhergekommen. Hier hat es mir gefallen, und ich muß den Herren wohl auch gefallen haben, denn ich wurde Betriebsleiter. Man hatte Kontakt zu den Gewerkschaften und zu den Unternehmern und konnte dazu beitragen, daß der soziale Friede gewahrt blieb. Später gab es einen Unternehmenszusammenschluß, und mir wurde die Leitung des Gesamtunternehmens übertragen, das ungefähr fünfhundert Firmenkunden hat, die insgesamt etwa hundertfünfzigtausend Leute beschäftigen. Nur damit Sie mal eine Vorstellung von der Größenordnung erhalten. Ich habe in drei Städten Büros.

Im täglichen Leben hat man hier bei uns wenig von der deutschen Vereinigung gemerkt. Natürlich hat man darüber in der Zeitung gelesen, oder man hat es im Fernsehen verfolgt. Auch tauchten plötzlich Autos mit fremdartigen Kennzeichen auf, und man hörte ungewohnte Dialekte.

Ich persönlich bin häufig in die neuen Bundesländer gereist. Teilweise privat, teilweise dienstlich. Schweiz, Frankreich, Italien – da fühlen wir uns wie zu Hause. Aber in dem Moment, wo ich das Gebiet überschreite, von dem ich weiß, da war mal der Todesstreifen und die Mauer, reagiere ich innerlich immer noch mit Beklemmung. Dieses Klacken von den Türen am Bahnhof Friedrichstraße, wenn man die letzte Kontrolle hinter sich hatte, das werde ich nie vergessen. Klack! Die Tür fiel zu und ließ sich von der anderen Seite nicht mehr öffnen. Und in dem Moment begann die Unsicherheit, weil man nicht mehr wußte, woran man eigentlich war. Ob die einen da festsetzen. Ich war immerhin in einer Tätigkeit, von der ich annehmen mußte, daß sie denen nicht so sympathisch war. Es ist nie etwas passiert, und ich bin auch immer wieder hingefahren.

Insofern hat sich für mich schon etwas verändert. Diese Welt liegt jetzt offen. Wenn ich jedoch die Normalbürger in dem Landstrich, in dem ich lebe, anschaue, dann hat sich für die eigentlich nichts verändert. Weder im Bewußtsein noch sonst irgend etwas. Höchstens, daß sie wegen der höheren Steuern, die sie bezahlen müssen, klagen.

Ich glaube, daß der Prozeß der Vereinigung gut gelaufen ist, wenn auch, aus meiner Sicht, viele Fehler gemacht worden sind. Aber hinterher ist man klüger.

Es gab nach meiner Meinung zwei Kardinalfehler.

Der erste war, den Leuten in den alten Bundesländern die Sache so darzustellen, als ob sie für die Vereinigung keine Opfer zu bringen brauchten, weil dadurch die Opferbereitschaft, die zunächst durchaus vorhanden war, nicht genutzt wurde. Jetzt müssen die Opfer gebracht werden, und das führt zu Mißmut. Jetzt hat man sich daran gewöhnt, daß Deutschland vereint ist, und man fragt sich: Warum müssen wir eigentlich da noch Geld hinschicken.

Der zweite Fehler war, daß man den Menschen in den neuen Bundesländern gesagt hat, in fünf Jahren habt ihr Westniveau. Man hat das getan, weil man befürchtet hat, daß eine Völkerwanderung einsetzt. Daran glaube ich persönlich gar nicht.

Sieht man davon ab, bin ich der Meinung, die Wiedervereinigung ist gut gelaufen. Es war sogar ein riesiges Glück. Wir im Westen dachten, die sitzen dank der Macht der Russen so fest im Sessel, daß sie gewaltlos nicht zu entfernen sind. Wie das dann alles zusammenbrach, das hätte man nie für möglich gehalten.

Sie haben recht. Ich bin in der Tat der festen Überzeugung, daß diese Gesellschaft, wie wir sie haben, die bestmögliche ist. Und ich bin in der Welt rumgekommen, ich hatte die Möglichkeit zu vergleichen.

Wenn Sie nach den Arbeitslosen fragen, hier bei uns fallen sie eigentlich wenig auf. Ich überlege mir selber manchmal, wo die eigentlich alle sind. Ich kann die Frage nicht abschließend beantworten. Ich weiß aber, daß unter den Arbeitslosen eine große Zahl von Personen ist, die auch ohne Arbeit auskommen. Man sieht es vielen nicht an. Sie sind weder schlecht gekleidet, noch sehen sie hungrig aus. Die Arbeitslosigkeit sieht man eigentlich nur bei den Asylanten, die nicht arbeiten dürfen und die auf der Straße herumsitzen. Aber die zählen ja gar nicht als Arbeitslose. Hier in dieser kleinen Stadt werden die Arbeitslosen aufgesogen. Sie machen sicherlich irgendwelche kleinere Arbeiten. Sei es im eigenen Haus und Hof. Sei es gegen ein Entgelt. Aber die Arbeitslosen, die in der Statistik erscheinen, die spürt man hier nicht. Nun muß man allerdings sagen, daß es der Region, in der ich lebe, wirtschaftlich relativ gutgeht.

Ich gebe zu, privat beschäftigt mich das Problem nicht. Obwohl ich sagen muß, keine Arbeit mehr zu bekommen, das wäre ganz schlimm, wenn ich es auf mich bezöge. Aber das tue ich nicht. Und ich kann mir nicht vorstellen, daß ich, wenn ich mich wirklich bemühte, nicht irgend etwas fände. Ich wäre auch bereit, etwas anderes zu machen.

Ich arbeite in keiner karitativen Organisation, weil ich das Problem nicht als so dringlich empfinde. Weil ich weiß, daß alle ihr Auskommen haben.

Beruflich bemühe ich mich, daß die Betriebe wettbewerbsfähig bleiben und möglichst viele Leute beschäftigen können. Natürlich gibt es im Land mächtige Interessengruppen, zwischen denen die Politik immer wieder einen Ausgleich suchen muß. Ich gebe zu, die Arbeitslosen sind nicht entsprechend organisiert. Woran das liegt, weiß ich auch nicht.

Nein. Zukunftsängste habe ich nicht. Gewiß verläuft die Entwicklung immer schneller. Gewiß wird die Welt kleiner. Allein schon durch die Geschwindigkeit des Informationsflusses und durch die gesunkenen Transportkosten. Aber wenn Sie in der Geschichte zurückblicken und sich mal vergegenwärtigen, welchen Problemen diese Gesellschaft früher schon gegenüberstand und wie sie die gelöst hat, dann werden Sie mir zustimmen, daß kein Grund besteht, Angst zu haben.

Wenn ich mal von meinen Kindern ausgehe, die haben überhaupt keine Angst. Die durchschauen natürlich die Welt nicht. Aber sie glauben es. Sie glauben zumindest, soviel zu verstehen, wie es für sie notwendig ist. Wenn Sie die jetzt fragen würden, wäre das ihre Antwort. Und das gilt nicht nur für sie. Das ist ganz allgemein bei der Jugend so. Das mit der Angst, ich muß es schon einmal so sagen, ich glaube, das ist ein Problem des Altwerdens. Weil man sich den Veränderungen nicht mehr gewachsen fühlt. Das konnte ich bei meinen Großeltern beobachten und später bei meinen Eltern wieder.

Ich glaube, daß die Weltveränderungen nur sehr allmählich vor sich gehen. Es wird genug Zeit sein, daß sich ein politisches Bewußtsein bildet und die Leute bereit sind, den Preis zu bezahlen. Dann sieht die Technik Möglichkeiten vor, diese Umweltveränderungen zu steuern. Nein, ich glaube wirklich, daß die Technik das schafft. Wenn diejenigen, die das bezahlen müssen, es auch tun.

Man bekommt alles in den Griff, wenn man es nur will. Aber an dem Wollen hängt es, das ist die eigentliche Crux.

Ich habe noch zehn Arbeitsjahre, wenn ich gesund bleibe. Weil ich mich immer noch ein bißchen zum Osten zugehörig fühle, oder besser, weil ich etwas wie Schuld fühle, daß ich bessere Bedingungen hatte, möchte ich etwas tun, was den Prozeß der Wiedervereinigung vollenden hilft. Vielleicht wechsle ich zu einer Organisation, die sich auf dem Gebiet, auf dem ich tätig bin, dieser Aufgabe annehmen wird. Aber ein echtes Zusammenwachsen ist erst dann möglich, wenn die Bundesregierung in Berlin sitzt. Jetzt ist das doch nur mehr oder weniger ein Anschluß. Denn schließlich wird das ganze politische Denken vom Westen her bestimmt.

Angst vor dem Altwerden? Ja. Obwohl – Angst ist vielleicht nicht das richtige Wort. Ich denke nicht darüber nach.

Etwas wie Glück

12.11.94

*I*ch bin neunzehnhundertneunundvierzig geboren und im Spreewald groß geworden. Stolzer Thälmann-Pionier. Mein Vater hatte meine Mutter beim Arbeitsdienst kennengelernt. Er ist früh gestorben. Die Eltern meines Vaters lebten im Ruhrgebiet. Meine Mutter wollte nicht in der DDR bleiben. Damals, noch vor der Mauer, gab es die Möglichkeit, im Zuge der Familienzusammenführung «legal zu verziehen». So hieß das, wenn ich mich recht erinnere. Ich kam ins Ruhrgebiet. Aber die Kindheit verbindet sich bei mir weiterhin mit dem Spreewald. Im Westen waren wir arm. An jedem ersten Schulferientag wurden wir, mein Bruder und ich, mit einer Fahrkarte um den Hals, zum Onkel im Spreewald geschickt. Und da blieben wir, bis die Schule wieder losging. Im Grunde genommen denke ich, wenn ich von Heimat spreche, an den Spreewald.

Dort fühlte ich mich wohl. Das Eingesperrtsein betraf mich nicht. Ich konnte ja immer wieder raus. Die Mauer und der Stacheldraht waren für mich eher etwas Gruseliges als etwas Politisches. Das Gefühl, zu armen Leuten zu fahren, hatte ich nie. Dort war der Kühlschrank besser gefüllt als zu Hause. Im Gegenteil. Dort wurde Geld gescheffelt. Durch die Gurkenhändler, durch die Gärtner und die Metzger, durch die Tischler, Maurer. Wie da geschoben wurde! Zwar mußte mein Großvater von dreihundert Mark Rente leben. Aber mein Onkel hatte Geld, viel Geld, im Schrank, nicht auf der Bank. Unter diesen Geschäftsleuten war das Westgeld die Währung. Für Westgeld bekam man alles. Ein Handwerker lebte in erstaunlichem Luxus.

Meine Mutter hat im Rahmen ihrer Möglichkeiten sicherlich das

Beste getan, was sie als Erzieherin zweier Söhne tun konnte. Mein Bruder ist ja auch, im Gegensatz zu mir, ein richtig normaler Mann mit Frau und Kind geworden. Als ich fünfundzwanzig war, erzählte sie mir, daß sie schon seit ungefähr zehn Jahren wußte, was da aus ihrem Schoß gekrochen war. Aber das Thema Homosexualität hatte ihr solche Berührungsängste bereitet, daß sie mit mir nicht darüber sprechen konnte. Sie hoffte, es würde vorübergehen, und versuchte, aus mir das Bestmögliche zu machen, indem sie besonders streng mit mir war. Indem sie, wie es so schön heißt, darüber wachte, daß ich nicht unter die Räder kam, daß ich nicht mit falschen Leuten Umgang hatte und unter schlechten Einfluß geriet. Diese Strenge habe ich oft als ungerecht und quälend empfunden. Wenn ich mit den tollsten Menschen zusammen war und statt um zehn Uhr gegen Mitternacht nach Hause kam, stand meine Mutter auf dem Flur und schluchzte: «Du bringst mich noch ins Grab.» Das sind natürlich Erziehungsmethoden, für die ich zwar im nachhinein ein gewisses Verständnis aufbringe, die mich als pubertierenden Sechzehnjährigen aber fassungslos gemacht haben. Übrigens, heute ist meine Mutter für mich, worüber ich selbst staune, eine völlig unsentimentale, verständnisvolle Freundin.

Was bei anderen Jungen die erotischen Heftchen sind, war bei mir der Anblick halbnackter Bauarbeiter oder der Friedensfahrer in ihren engen Trikots, die durch unser Dorf geradelt sind. Auch die russischen Soldaten waren für mich Anstarrobjekte, und das war doch nicht normal.

Daß es wirklich nicht «normal» war, habe ich erst mit dreizehn, vierzehn begriffen. Mit sechzehn war ich mir ziemlich sicher. Die ersten sexuellen Erlebnisse waren mit Ekel und Schuldgefühlen verbunden. Ich habe mich lange gewehrt, es anzunehmen. Ich habe immer gedacht, eines Morgens wachst du auf und bist normal. Bis es mir die Freundin meines Bruders auf den Kopf zugesagt hat. Sie hat auch bei meiner Familie vermittelt. Die erste Liebe zu einem Mann war so schön, wie es erste Liebe immer ist.

Aids kam erst viel später. Es macht mir sehr zu schaffen. Ich habe mittlerweile elf Freunde verloren. Man bekommt ein ganz anderes Verhältnis zum Tod. Er ist plötzlich allgegenwärtig.

Doch zurück zu meiner Jugend. Ich besuchte die Realschule, machte eine Lehre und bin dann vier Jahre, ich nenne sie meine Wanderjahre, von Betrieb zu Betrieb gegangen. Damals hatten junge, tüchtige Leute eine Menge Chancen. «Learning by doing» war ganz normaler Alltag. Auf eigene Stellengesuche in den Zeitungen bekam ich bis zu fünfzehn Angebote und konnte mir das schönste aussuchen. Ich habe Karriere gemacht. Nach fünfundzwanzig Jahren erfolgreicher Tätigkeit habe ich nun alles verloren.

Ich laste meine Arbeitslosigkeit nicht der Vereinigung an. Der Zusammenbruch des Unternehmens, in dem ich gearbeitet habe, war keine Folge von verlorenen Absatzmärkten. Im Gegenteil, kurz nach der Wende haben sich die Umsätze durch den neuen Markt sogar sehr stark gesteigert. Später hat es sich wieder normalisiert. Der Firmenzusammenbruch ist durch Mißmanagement entstanden.

Das Schlimme an der Arbeitslosigkeit ist die Perspektivlosigkeit. Nicht der momentane Zustand an sich. Der hat sogar Vorteile. Man ist, wenigstens in gewissen Grenzen, sein eigener Herr. Man kann spontan etwas unternehmen. Sich verabreden. Gar nichts tun. Ich habe manchmal richtige Angst, daß ich mich schon daran gewöhnt habe. Das Schönste ist, daß man am Abend weiß, am Morgen klingelt kein Wecker. Man kann das Telefon leise stellen, den Anrufbeantworter einschalten und sich unsichtbar machen.

Das Schlimme ist, daß man nicht weiß, wie das Leben weitergeht. Man hat ein abgeschlossenes Kapitel hinter sich. Und man hat keine Zukunft. Man kann nichts planen. Nicht sagen, im Sommer fahre ich nach Griechenland, oder im Februar nehme ich an einem Ausflug teil. Man weiß ja nicht, was auf einen zukommt.

Ich bin jetzt seit zweieinhalb Jahren arbeitslos. Und ich habe in dieser Zeit vom Arbeitsamt zwei Angebote bekommen. Lächerliche Angebote, berücksichtigt man meine Qualifikation. Und die Leute wollten mich wegen dieser Überqualifikation auch gar nicht haben, weil sie befürchten, man bringt Unruhe in den Laden.

Diese Situation hat Auswirkungen auf das private Leben. Viele alte Bekannte melden sich nicht mehr. Man ist etwas Unangenehmes. Arbeitslose sind nichts Aufheiterndes. Arbeitslose ängstigen, weil sie an soziales Elend erinnern. Arbeitslose sind fast wie Krebskranke. Keiner weiß ein Gegenmittel. Arbeitslosigkeit ist Unglück, und Unglück steckt an. Arbeitslose machen ein schlechtes Gewissen. Vielleicht muß man ihnen etwas zustecken. Man hat Angst vor der Auseinandersetzung, weil man dem anderen keine Antwort geben kann.

Wo immer alles machbar erscheint, weiß man mit so etwas nicht umzugehen. Man hat kein Mittel dagegen, und da fragt man auch nicht mehr: Wie geht's. Ein blödes Grinsen, nach dem Motto: Kopf hoch, ist alles, was bleibt. Da ist totale Hilflosigkeit. Solche, die sehen, daß man Pech hat, und die einem im Rahmen ihrer Möglichkeiten beistehen, sind die totale Ausnahme. Wenn man jemandem begegnet, der sich so verhält, ist es so etwas wie Glück.

Vielleicht bin ich mit fünfundvierzig Jahren schon zu alt. Aber ich habe doch meine Qualifikation und meine Erfahrung. Und ich würde auch einen Billiglohn akzeptieren. Ich bin schon vollkommen verunsichert. Ich kenne meine Mitbewerber nicht. Vielleicht sind sie noch qualifizierter. Ich weiß nicht, wie ich mich bei den Vorstellungsgesprächen anziehen soll. Ob man einen teuren Anzug oder eine sportliche Jacke tragen sollte. Ob Schlips angebracht ist oder nicht. Ich bin mittlerweile schon unsicher, wie ich mich in meinen Bewerbungsschreiben eigentlich darstellen soll, damit ich eine Chance habe. Ich kenne die Kriterien nicht mehr. Manchmal überlege ich mir, ob die mir Fangfragen stellen, ob die mich nur aushorchen und in Wahrheit nur Vorstellungsgespräch spielen. Die Gespräche waren oft demütigend und manchmal direkt beleidigend.

Einmal wurde für ein kleines, aber sehr gut florierendes Unternehmen ein Betriebsleiter, praktisch ein Mann für alles, gesucht. Einschließlich Werbung und Vertrieb. Die Aufgabe hat mich gereizt. Mein künftiger Chef, der Inhaber, ein freundlicher, junger, dynamischer Mann, hatte sofort Gefallen an mir gefunden, das spürte ich. Er hatte sich über meine Person kundig gemacht. Er wollte mich. Als ich auf seine Frage hin meine Gehaltsvorstellung nannte, bot er mir die Hälfte. Er sagte: «Ich biete Ihnen an, Sie machen das halbtags, bei Ihrer Qualifikation brauchen Sie dafür sowieso nur einen halben Tag. Und den Rest des Tages sind Sie frei und können noch woanders arbeiten.»

Und dann ein Angebot im öffentlichen Dienst, bei dem mir über meine festen Kosten hinaus gar nichts zum Leben übriggeblieben wäre.

Die Situation ist einfach so: Man hat fünfundzwanzig Jahre lang aufgrund seiner Leistung, aufgrund seiner Erfolge und des Gewinns, den man seiner Firma gebracht hat, ein gewisses Lebensniveau erworben. Und plötzlich zählt nichts mehr. Plötzlich muß man alles aufgeben. Das heißt: Raus aus der großen Wohnung. Verzicht auf Urlaub. Hinein in ein armseliges Loch und bescheiden vor sich hin dösen. Vom Staat bekommt man eine Liste mit den Adressen der Hilfsstationen.

Wenn man sich das völlig klarmacht, ist es unfaßbar.

Ich bin früher wegen meiner Homosexualität nie diskriminiert worden. Jedenfalls habe ich nichts davon gemerkt. Jetzt bin ich mir nicht so sicher. Es kann durchaus auch ein Makel sein, wenn einer in meinem Alter kein Kind gezeugt und kein Haus gebaut hat. Wenn da einfach steht: ledig.

Hier, sehen Sie, diese Anzeige hat mich neunzig Mark gekostet: «Männerfreundschaft – Männerinitiative. Arbeitslos? Ausgegrenzt? Hilfreiche Freunde und tatkräftige Mitstreiter für Alltag, Alternativen und neue Perspektiven von vierzigjährigem Mann gesucht.»

Ich habe eine Zuschrift bekommen, von einem, der nicht arbeitslos ist, der aber gern mal bei diesen Männern «mitmachen» wollte. Und jemand bot seinen gebrauchten Lastwagen an. Sonst nichts. Und ich hatte wirklich gedacht, ich bekomme Hunderte von Zuschriften, denn es ist doch eine Aufforderung zum Zusammenhalt, eine Aufforderung, Initiative zu ergreifen. Wir können von außen keine Hilfe erwarten, also müssen wir uns in einer Gemeinschaft neu stabilisieren.

Dann habe ich noch etwas ganz Verrücktes getan. Es gibt beim Hessischen Rundfunk eine Sendung, die heißt Lovestories. Die läuft jeden Sonntag, abends von zweiundzwanzig Uhr bis Mitternacht. Die Zuhörer werden aufgefordert, über ihre schönste, ihre traurigste, ihre aufregendste Liebesgeschichte zu berichten. Und da rufen die Leute an und erzählen von Lust und Leid. Ein riesiges Forum. Es war so eine Schnapslaune. Ich wollte unbedingt mit meinem Problem an die Öffentlichkeit.

Ich habe angerufen und kam auch sofort durch. Und da habe ich fabuliert: Letzten Sommer hätte ich jemanden kennengelernt, und es wäre Liebe auf den ersten Blick gewesen. Wir hätten eine wunderschöne Zeit gehabt. Eben das große Glück. Ich habe die Voyeure, die staunten, daß da eine Liebe zwischen Männern über den Sender lief, bedient. Und dann kam ich mit meinem Problem. Ich sagte, eines Tages wäre die Liebe ausgewesen. Er wollte mit mir eine große Reise machen. Ich konnte aber nur drei Wochen. Ich mußte gestehen, daß ich arbeitslos war und nicht freischaffend, wie ich ursprünglich gesagt hatte. Und als Arbeitsloser habe ich nur drei Wochen im Jahr, in denen ich nicht für die Vermittlung durch das Arbeitsamt zur Verfügung stehen muß.

Durch mein Geständnis wäre alles auseinandergebrochen. Ich habe behauptet, ich wäre mir erst in diesem Moment meiner Lage richtig bewußt geworden. Ich bat die Zuhörer, die ähnliches erlebt hatten, beim Sender anzurufen, sich meine Telefonnummer geben zu lassen, um mit mir eine Initiative zu gründen, um damit nicht allein zu sein. Ich bin davon ausgegangen, daß aus dem Einzugsbereich dieses Senders viele Anrufe eingehen würden. Daß Solidarität bekundet, Hilfe angeboten oder einfach Gemeinsamkeit gesucht würde. Ein einziger Anruf kam, von einem jungen Arbeitslosen aus Erfurt, der in der Nacht mal mit jemandem reden wollte, weil er so verzweifelt war und mit seinen Selbstmordgedanken nicht fertig wurde. Und das war alles. Das ist eine Gesellschaft von Vereinzelten. Von Leuten, die sich entweder hinter ihrem Wohlstand verbarrikadieren oder die sich mit ihrem Elend verstecken.

Früher gehörte ich auch zu den Leuten, die ihr Ziel im privaten Glück suchten. Beruflicher Erfolg. Träume vom Urlaub, vom neuen Auto. Oder der Wunsch, ein Eigenheim zu besitzen. Möglichst mit Garten und mit Hund und Katze. Ich habe doch Drogensüchtige oder Alkoholiker gar nicht wahrgenommen, weil ich sie gar nicht wahrnehmen wollte.

Im November 1989 saß ich vor dem Fernseher und habe ständig geheult. Vor Rührung. Vor Aufregung, Augenzeuge eines Weltgeschehens zu sein. Dann kamen die ersten Schreckensmeldungen von Zusammenbrüchen in der Wirtschaft. Von der Kaufgier nach westlichen Gütern. Ostmarmelade war plötzlich igitt.

Ich hatte, wie schon gesagt, die Liebe zu diesem ostdeutschen Land nie verloren. Hier habe ich kein Heimatgefühl entwickelt. Weder im Ruhrgebiet noch in Köln, wo ich später gewohnt habe, noch jetzt hier in Frankfurt. Ich habe gedacht, daß man die Wirtschaft im Osten nicht zugrunde gehen lassen darf und daß die das dort aber noch gar nicht können. Auf einmal hatte ich die Pionieridee und Heldentatbereitschaft zurückzugehen. Auch mit dem egoistischen Gedanken: Ich finde jetzt endlich meinen Standort. Ich gehe zurück in meine Heimat. Dort kann ich noch billig ein kleines Häuschen mit einem großen

Garten erwerben. Und von dort aus werde ich mit meinem westlichen Know-how den Leuten helfen.

Ich habe eine große Anzeige in der Fachpresse aufgegeben. Ich habe auch der Frau Hildebrandt, der Ministerin für Arbeit und Soziales, geschrieben. Und dem Leipziger Bürgermeister.

Die Ernüchterung folgte auf dem Fuße. Es luden mich etwa fünfzehn Betriebe aus dem Westen ein, für sie neue Absatzmärkte im Osten zu requirieren. Nur auf den Brief aus dem Osten, auf den warte ich heute noch.

Und das war's.

Der Letzte

20. 3. 90

Ich bin fünfzehn Jahre im Ministerium für Staatssicherheit gewesen. Zuletzt als stellvertretender Leiter einer Kreisdienststelle. Ich habe den Beruf eines Lehrers erlernt, den ich allerdings nach einjähriger Tätigkeit wegen des Angebotes, in diesem Ministerium zu arbeiten, aufgab. Ich bin verheiratet und habe einen Sohn.

In der Phase des Umbruchs, vom November 1989 bis Februar 1990, war ich aktiv bei der Auflösung dieser Kreisdienststelle und der arbeitsmäßigen Unterbringung der Mitarbeiter tätig. In Gesprächen mit Vertretern des Runden Tisches und mit Vertretern der übrigen Bevölkerung erlebte ich zum erstenmal, welche Antipathie, ja welchen Haß es gegen das ehemalige Ministerium für Staatssicherheit gab. Dadurch wurden meine «Ideale», die zum Eintritt in das Ministerium geführt hatten, erschüttert.

Meine Eltern waren als Erzieher in Kinderheimen tätig. Sie haben mich und meinen Bruder, der drei Jahre jünger ist, zu Menschen erzogen, die in ihrem Sinne, also im Sinne der Partei, wirken sollten. Meine Entwicklung ging über Engagement in der Kinder- und Jugendorganisation bis zu dem für mich nur folgerichtigen Eintritt in die Partei. Parallel dazu die schulische Entwicklung: zehnte Klasse, Berufsausbildung mit Abitur, Studium an der Hochschule.

Mein Elternhaus war bis zu meinem zwanzigsten Jahr intakt. Danach trennten sich meine Eltern, weil mein Vater eine neue Frau gefunden hatte. Im nachhinein ergab sich, daß da Probleme waren, die schon längere Zeit überspielt wurden. Daß mein Vater schon mehrere Jahre Verhältnisse hatte. Ich wurde mit dieser Situation nur sehr schwer fertig. Die Verbindung zu meinem Vater wurde abgebrochen.

Diese Polarisierung ergab sich aus familiären Zwistigkeiten und aus, wie ich heute weiß, einseitigen Schuldzuweisungen zum Vater. In dieser für mich persönlich schwierigen Zeit habe ich mein Studium abgeschlossen. Später habe ich begonnen umzudenken und suchte wieder Verbindung zu meinem Vater, hinter dem Rücken meiner Mutter. Wir haben uns gelegentlich gesehen und über die verschiedensten Probleme gesprochen. Aber es wurde nie wieder ein Vater-Sohn-Verhältnis. Wenn Sie mich so fragen, würde ich sagen, die Mutter war der stärker prägende Teil. Wenn man es in Prozenten ausdrücken sollte: sechzig Prozent Mutter, vierzig Prozent Vater. Mein Vater ist voriges Jahr verstorben. Die Beisetzung hat mich stark ergriffen. Mein Bruder, der nie wieder eine Verbindung zum Vater hergestellt hatte, nahm ebenfalls teil. Leider für meinen Vater zu spät. Es war sein sehnlichster Wunsch, auch zu seinem zweiten Kind normale Verbindungen herzustellen. Mein Bruder hatte aber eine viel verhärtetere Position. Mein Bruder ist derzeit Kraftfahrer in einem staatlichen Forstwirtschaftsbetrieb. Ja, es stimmt, ich bin sehr gefühlsbetont. Verdränge diesbezüglich aber einiges und tue mir dabei manchmal sehr weh.

Ich gehe gern zur Jagd, weil ich die Natur liebe. Ja, es stimmt, ich suche auch die Gemeinschaft, das Gemeinschaftserlebnis. Aber selbst wenn ich allein gehe, erweise ich dem geschossenen Wild immer die letzte Ehre. Das bedeutet, ich breche einen Zweig, streiche damit durch die Wunde und stecke den Zweig an den Hut.

Ich habe eine eindeutige DDR-Identität und stehe auch dazu. Meine Verbundenheit mit der DDR zeigte sich besonders beim Sport. Ich war immer für die DDR-Mannschaft. Lieber war mir, eine Mannschaft aus sozialistischen Ländern hat gewonnen als eine aus der BRD. Durch meine Erziehung und aufgrund meiner Geschichtskenntnisse habe ich Angst vor einer Überhöhung des Deutschlandbegriffs und vor Parallelen zum Dritten Reich.

Ich war durch mein Elternhaus wie auch durch meine Entwicklung in der Kinder- und Jugendorganisation und später als Kandidat und Mitglied der SED dafür bekannt, daß ich mich immer für die diesen Organisationen vorangetragene Fahne eingesetzt habe. Aber ich war auch gleichzeitig für meinen starken Gerechtigkeitssinn bekannt. Vor allem dafür, daß ich mich für Personen einsetzte, die unter den subjektiven Entscheidungen anderer zu leiden hatten. Zum Beispiel gab es während des Studiums ein freundschaftliches Verhältnis zu einem Kommilitonen der Parallelseminargruppe, der stark kirchlich geprägt war und der aufgrund mangelnder Leistungen in den marxistisch-leninistischen Fächern exmatrikuliert werden sollte. In Wirklichkeit spitzte sich alles auf ein Sympathie- und Antipathieverhältnis zu der Seminargruppenbetreuerin zu. Ich habe mich damals bis hin zu einer Unterschriftensammlung gegen diese Exmatrikulation eingesetzt. Ich hatte aber keinen Erfolg. Im Gegenteil, mir wurde unterstellt, ich hätte meinen Pflichten als Parteimitglied entgegen gehandelt und eine Entwicklung angeschoben, die schädigend sei. Das wirkte sich dann sogar soweit aus, daß ich bei der Wahl in die Sektionsparteileitung von der Seminargruppenbetreuerin und von Genossen aus dieser Seminargruppe Gegenstimmen erhielt. Wobei ich sagen muß, über diese Gegenstimmen war ich sehr erfreut. Dieser junge Mensch hat dann ein Jahr Praxis als Bewährung verordnet bekommen. Er fand nie mehr den Mut, den Lehrerberuf zu ergreifen. Dadurch und aus den verschiedensten anderen Gründen ist die Verbindung zwischen uns abgebrochen.

Das ist nur ein Beispiel. Diese Haltung hat sich auch durch meine weitere berufliche Tätigkeit gezogen. Bestimmte Probleme, zugeschnitten auf konkrete Personen, habe ich anders bewertet, als es Weisungen des Ministeriums für Staatssicherheit oder Orientierungen der Partei entsprochen hätte. Wobei ich nicht so verstanden werden möchte, als sei ich schon immer ein sogenannter Widerständler oder gar ein Märtyrer gewesen. Sondern ich war ein Mensch, der überzeugt war von dem, was er gemacht hat, auch als Mitarbeiter des Ministeriums für Staatssicherheit. Sonst hätte ich nicht stellvertretender Leiter sein können. Ich war überzeugt, daß das Ziel der SED, einen sozialistischen Staat, eine sozialistische Gemeinschaft aufzubauen, für alle Menschen machbar und gut ist. Ich war integriert in das aufgebaute Feindbild und habe es auch vertreten, sonst hätte ich nicht arbeiten können.

Ich hatte viele private und dienstliche Verbindungen zu Menschen, die bewußt außerhalb der Partei standen, weil sie mit vielen Entwicklungsproblemen nicht einverstanden waren, und ich konnte mich immer recht gut mit diesen Menschen verständigen. Und sie haben auch meine Position zur Entwicklung des Staates akzeptiert, obwohl diese Gespräche immer recht konträr und hart geführt wurden. Ich habe mich Argumenten nie verschlossen, sondern ich war und bin der Meinung, daß man sich stets prüfen sollte, ob der Weg, den man geht, richtig ist, und dazu auch andere Meinungen verarbeiten und gelten lassen muß. Wobei das im Widerspruch zur Haltung der Staatssicherheit gegenüber Andersdenkenden stand. Ich habe mich in diesen Gesprächen mit den Argumenten der anderen auseinandergesetzt und versucht, sie gewisse Entwicklungen, die ich für gefährlich hielt – besonders in den letzten zwei Jahren –, nicht vollziehen zu lassen. Es gab bei uns zum Beispiel einen Jugendlichen, der war Verweigerer des aktiven Wehrdienstes, Totalverweigerer, und einer der Aktivisten des Neuen Forums, mit Unterschriftensammlung usw. Und der wurde von der Untersuchungsabteilung nach seinen Motiven befragt. Damals, in den Oktoberwochen 1989, waren die Probleme noch strafrechtlich faßbar. Ich bin damals auf kirchliche Vertreter zugegangen, um seine Aktivitäten etwas einzudämmen, damit keine strafrechtliche Relevanz eintrat.

Man kann nicht sagen, alles, was im nachhinein bei der Auflösung passiert ist, geschah aufgrund des Feindbildes, der Verbitterung oder des Hasses. Das ist ein Komplex. Man muß sagen, daß Rudimente der früheren Tätigkeit recht lange in den Menschen bleiben. Und daß manche ehemalige Mitarbeiter vielleicht auch nie diesen Schritt verinnerlichen, vielleicht nie ihren Haß abbauen und sich gegenüber Bürgerkomitees oder Leuten von der Straße kompromiß- oder gesprächsbereit zeigen werden. Die Ursachen liegen in den Menschen selbst, inwieweit sie fähig zu Umdenkprozessen sind. Ich meine nicht Wendehälse.

Wenn Sie mich fragen, woher ich bei der jetzigen Konfrontation plötzlich die Kraft nehme, meine Haltung in Frage zu stellen, so gibt es hierfür sicher auch ein Bündel von Gründen. Auf jeden Fall ist es der Schreck über den Haß der Leute. Ob das nur das Vordergründige ist, kann ich jetzt noch nicht bewerten. Diese Bewertung ist natürlich auch situationsbedingt. Die kann heute aufgrund einer persönlichen Anfeindung so sein und morgen aufgrund einer neuen Gefühlslage schon wieder anders. Es schwankt. Auf jeden Fall spielt der Haß eine große Rolle. Insbesondere der auf meine Person konzentrierte Haß. Nach dem Motto: Den letzten haben wir erwischt, vor der Integrierung in das neue Berufsleben, und dem werden wir jetzt das Leben schwermachen. Darunter leide ich persönlich. Andererseits finde ich die Kraft in meiner Familie und in meiner Entscheidung für den Neuaufbau der PDS. Wobei ich voll akzeptiere, daß ich in keiner Weise öffentlich auftreten kann. In meiner Ehe gibt es bisher keine Probleme. Mein Sohn merkt sehr die Sorgen seiner Eltern, ohne viele Fragen zu stellen. Er ist sehr solidarisch. Meiner Mutter habe ich meine derzeitige berufliche Nichtintegration verschwiegen, um ihr Sorgen zu ersparen. Sie wird erst im April bei einem Besuch damit konfrontiert. Es gab früher nie eine Differenz zwischen meinen Eltern und mir wegen meiner Tätigkeit. Der einzige, der recht skeptisch reagierte, war mein Bruder. Der war weniger kritisch aus ideologischer Sicht, mehr aus rein menschlichen Gründen. Der ist in keiner Partei organisiert gewesen und hatte zeitweilig sogar den Entschluß gefaßt, die DDR zu verlassen. Meine Frau ist von Beruf Lehrerin und war mehr als zehn Jahre im Kreisvorstand der SED tätig.

Für die immer stärker werdenden Deformationen in den letzten Jahren sehe ich als Grund die tatsächlichen Machtstrukturen der SED als Staatspartei, die nicht dem in den kommunistischen Lehrbüchern angekündigten immer weiteren Abbau staatlicher Funktionen bis hin zur letztendlichen Auflösung des Staates entsprachen. Durch den immer weiteren Aufbau staatlicher Organe, also einer immer weiteren Perfektionierung im Sinne der Diktatur des Proletariats, hatten eben Personen oder Personengruppen, die dem kritisch gegenüberstanden, wenig Handlungsspielraum. Ich bin sowohl betroffen über die Entwicklung der Strukturen als auch über die Entwicklung einzelner Personen, sein es Honecker, Mielke oder andere. Diesen alten Menschen kann man ja in ihren Anfängen in keiner Weise vorwerfen, daß sie eine solche Entwicklung wollten, sondern sie strebten, aus ihrem antifaschistischen Verständnis her, mit Sicherheit eine gute Entwicklung an.

Für mich ist das große Problem – wo sind die Ursachen oder die sogenannten Knackpunkte für diese spätere Entwicklung zu suchen? Auch zeitlich. Wann hat sich die DDR zu einem solchen Staat entwickelt, wie wir ihn in den Oktobertagen erleben mußten?

Vielleicht finde ich auch jetzt aufgrund einer gewissen Offensivposition die Kraft, mich der Auseinandersetzung zu stellen. Allerdings bin ich noch bis zum Dezember neunzehnhundertneunundachtzig nicht zu einer generellen Infragestellung gekommen, es ging mir immer um einzelne Haltungen. Ich weiß nicht, ob ich es unter anderen Bedingungen geschafft hätte. Darüber zu spekulieren wäre unehrlich. Es gab für mich insbesondere im Januar und Februar dieses Jahres eine starke Konfliktsituation, wo ich damit gerungen habe, aus der SED auszutreten. Man hat mich zu diesem Zeitpunkt nicht zu einer Entscheidung gezwungen. Wenn man mich gezwungen hätte, wäre ich ausgetreten. Man hat mich einfach nicht mit der Frage konfrontiert. Ich bin aufgrund der starken Erneuerung in der PDS der Meinung, daß es möglich ist, sich für eine linke Bewegung einzusetzen. «Links» zu verstehen: in der Front aller linken Kräfte. Ich bin und werde PDS-Mitglied bleiben und werde bei aller Einschränkung, die ich mir jetzt auferlegen muß, dafür eintreten, daß die Linke eine Zusammengehörigkeit ohne eine Vereinnahmung durch die PDS entwickelt. Linke Bewegung, darunter verstehe ich: gegen Machtmißbrauch, gegen brutale kapitalistische Entwicklung, gegen Verletzung persönlicher Würde und für das Ideal eines demokratischen Sozialismus.

Über meine derzeitige berufliche Situation ist zu sagen, daß ich mich Anfang Dezember neunundachtzig entschieden hatte, den Versuch zu wagen, wieder in meinen Lehrerberuf zu gehen. Es wäre damals möglich gewesen, zur Grenzkontrolle zu gehen oder zum Zoll. Aber ich hatte mir selber als Begründung zurechtgelegt: Wenn du einen Neuanfang machen mußt, dann im zivilen Sektor und nicht wieder im Bereich Sicherheit. Es gab die notwendigen Vorabsprachen mit dem damaligen Kreisschulrat, die wurden dann im Januar 1990 konkretisiert. Es wurde im Februar ein Arbeitsvertrag abgeschlossen gemäß meinem Studienabschluß als Diplomlehrer Chemie und Mathematik. Arbeitsbeginn sollte im März sein.

Es gab dann eine Entscheidung des Runden Tisches von W., Antragsteller waren Neues Forum und Demokratie Jetzt, daß gegen meine Tätigkeit moralische und politische Bedenken bestehen. Es wurde ein Mitspracherecht der Lehrer und der Eltern gefordert. Eine solche Veranstaltung fand in den Winterferien statt. Es waren einige Eltern und Lehrer da und Vertreter dieser antragstellenden Bürgerbewegungen. Die anwesenden Eltern und Lehrer haben sich dafür ausgesprochen, daß ich meine Tätigkeit beginnen sollte, man wollte mir eine Chance geben. Aber von den Bürgerbewegungen wurde das in keiner Weise akzeptiert. Aus dieser Veranstaltung wurde eine Inquisitionsveranstaltung. Zum Beispiel wurde von einer Neurologin mit der Vorbemerkung, nach der Beantwortung dieser Frage wüßte sie, ob ich lüge oder nicht, die Frage gestellt: «Wo ist der Bunker in Ihrer ehemaligen Dienststelle?» Da ich darauf nur antworten konnte: «Es gibt keinen», schrie sie heraus: «Sie lügen!» Sie wisse es besser von einem Patienten, der habe daran mitgebaut. Da wurde ich dann sehr energisch.

Ein Bunker ist ein unterirdisches Bauwerk. Die Zellen, das war ein anderes Kapitel. Da war in den letzten fünfzehn Jahren niemand drin. Und dann wurden eben auf recht diskriminierende Weise weitere persönliche Details bis hin zum Kontostand abgefragt. Im Endergebnis wollten die Antragsteller ein Mitspracherecht der Eltern und Lehrer überhaupt nicht akzeptieren. Es gab dann vierzehn Tage später eine Auswertung des Runden Tisches in W., wo einerseits das Ergebnis der Aussprache dargelegt wurde und andererseits von der Bürgerinitiativgruppe ein neuer Antrag eingebracht wurde, mich generell nicht als Lehrer zuzulassen. Diesem Antrag wurde mit Mehrheit zugestimmt. Daraufhin wurde ich vorübergehend beurlaubt, habe jetzt eine andere Tätigkeit als Haus- und Hofhandwerker in der Station Junge Techniker. Ich hatte mich im Kombinat als Lagerarbeiter beworben, habe aber nun die ärztliche Mitteilung bekommen, daß es an der Wirbelsäule irgendwelche Probleme gibt und ich keine schwere körperliche Arbeit ausführen kann.

Ich stehe also zur Zeit vor einem großen Fragezeichen.

Ich kann die Bedenken der Menschen nachvollziehen. Es erschreckt mich aber auch die Hysterie, die vorhanden ist. Ich bin der letzte, der integriert werden soll in unserem Kreis. Die anderen haben alle eine Tätigkeit, darum habe ich mich gekümmert. Deswegen habe ich meine Probleme zurückgestellt, sonst wäre ich schon im Januar eingestiegen. Ich kann es nachvollziehen, aber ich halte es für ungerecht, daß nach dem Motto gehandelt wird, wir haben den letzten erwischt, und der muß die Gesamtschuld abtragen. In fast allen Institutionen des Kreises scheint nun Einstellungsstopp zu sein. Ich habe aber noch einen gültigen Arbeitsvertrag mit der Abteilung Volksbildung. Den habe ich noch nicht gekündigt, und der wurde auch mir noch nicht gekündigt.

Das ist mein Strohhalm. Die anderen Mitarbeiter sind in die Berufe zurückgegangen, die sie erlernt haben. Wenigstens zum großen Teil. Einige arbeiten auch als Lehrer.

Befragung durch Eltern und Lehrer und Nachqualifizierung in geeigneter Form, wenn keine Schuld nachgewiesen wird, würde ich akzeptieren. Ich sehe das als einen legitimen Schritt, um einerseits dem Betroffenen die Gelegenheit zu geben, sich darzustellen, und andererseits Ängste und Sorgen abzubauen, die ich für gerechtfertigt halte.

Das Feindbild hat eindeutig Menschen und Sprache beeinflußt. Im nachhinein bin ich betroffen. Das ist immer schlimmer geworden, wobei es auch Erlebnisse gab, bei denen man über sich selbst gestaunt hat. Da war eine Situation, daß wir drei junge Menschen, zwei männlich, einer weiblich, befragen mußten, weil sie alle drei geplant hatten, die DDR zu verlassen. Das heißt, die Befragung haben nicht wir geführt, sondern die Untersuchungsabteilung. Dabei gaben die zwei jungen Männer Sachen zu, die wir noch nicht einmal wußten. So ist bei uns damals die Frage entstanden, haben sie das zugegeben, weil es den Tatsachen entsprochen hat, oder haben sie es zugegeben, weil sie erkannt haben, daß damit über eine kurzzeitige Haft der Weg in die BRD schnell gehen würde. Die Frage, was in diesen Menschen vorgeht, habe ich mir nicht beantworten können, das war das Problem. Sie wollten die DDR verlassen. Vom Papier her waren es Feinde. Aber ich kam dann auch noch einmal mit dem einen, bevor er in die UH nach R. überführt wurde, ins Gespräch und merkte, ihm ging das nicht wirklich nahe. Er nahm die Sache recht locker. Bis dahin, daß er mir die Frage stellte: Wie wird man eigentlich Topagent der Staatssicherheit? Es war vielleicht auch Sarkasmus. Ich war über dieses Verhalten verwundert. Und zwar über diese Fragestellung und darüber, daß viel mehr zugegeben wurde, als wir zu diesem Zeitpunkt wußten. Sie haben recht, der Befragte wußte ja nicht, was wir zu diesem Zeitpunkt auf dem Tisch liegen hatten.

Daß der Eindruck erweckt wurde, alles wäre bekannt, da ist garantiert eine Menge dran. Aber ich wehre mich immer gegen die Bezeichnung flächendeckend. Das hieße für mich, daß jedes Telefon, jede Post kontrolliert würde. Es wurde nach bestimmten Kriterien festgelegt oder nach bestimmten Verdachtsmomenten, wessen Telefon oder wessen Post kontrolliert wurde. Das wurde aber auch wiederum nicht von denen gemacht, die in der Kreisdienststelle saßen. Hier gab es Arbeitsteilung. Das wurde von anderen Abteilungen gemacht. Wobei das mit der Post dann so war, daß wir bestimmte Duplikate auf den Tisch bekamen.

Ja, es gab dann eine Akte über den Betreffenden, in der auch möglicherweise Kontakte abgespeichert waren, aber insbesondere bestimmte Bewertungen zu bestimmten Ereignissen. Etwa zu den Ereignissen in der ČSSR, Einmarsch der Warschauer-Vertrags-Staaten, wie das also von demjenigen bewertet wurde, oder bestimmte Ereignisse aus jüngster Zeit in der DDR. Wie wurde das im Gespräch bewertet, welche Haltung hat derjenige dazu, welche eigenen Schritte zur Durchsetzung seiner Ideen will er gehen. Es wurde viel Wert darauf gelegt, nicht ausschließlich über *eine* Quelle Informationen zu bekommen. Es konnte geschehen, daß eine Quelle über Jahre an einem Menschen dranblieb.

Die Quellen hatten Angst, enttarnt zu werden. Wenn ich von meiner Arbeit ausgehe, ich hatte Inoffizielle Mitarbeiter, die sagten, Zusammenarbeit ja, aber meine Familie ist tabu. Wenn irgendwelche Tabubereiche benannt wurden, so habe ich das akzeptiert.

Inoffizielle Mitarbeiter wurden auf verschiedene Weise angeworben, wenn ein Sicherheitsbedürfnis wegen eines Sachverhaltes oder wegen einer Person vorhanden war. Wenn beispielsweise ein Mitarbeiter international aktiv war und Aussagen getroffen werden sollten, ob er ein sogenannter Reisekader werden durfte oder nicht, also, ob er sich loyal zur DDR verhält oder nicht, wurde gefragt, wer kann uns da aus dem Verwandten- oder Bekanntenkreis möglichst objektive Information liefern. Es wurde eine Person ausgeguckt, und die Taktik des Anwerbens wurde nach dem, was man über diese Person wußte, ausgewählt. Danach richtete sich das erste Gespräch. Es konnte sein, daß diese Person straffällig war oder andere Probleme hatte, es konnte aber auch einfach die Tatsache gewesen sein, daß bekannt war, diese Person ist mit uns ideologisch auf einer Wellenlänge. Wobei man im ersten Fall nicht weit gekommen wäre. Das wäre nur eine kurzzeitige Zusammenarbeit gewesen. Darauf war es eigentlich nie angelegt, sondern auf eine längerfristige Zusammenarbeit. Wobei es aber immer die Möglichkeit gab zu sagen, heute mache ich Schluß. Es gab natürlich ein Angstgefühl, nach dem Motto: Wenn ich jetzt sage, ich will nicht mehr, könnte ich persönliche Probleme bekommen. Aber es war nie so. Ich kenne jedenfalls keinen Fall. Es wurde ihnen nur angedroht, in einer Schweigeverpflichtung, daß es bei Dekonspiration strafrechtliche Konsequenzen entsprechend dem Geheimhaltungsparagraphen im Strafgesetzbuch geben könnte. Also, daß es die Möglichkeit gäbe. Und der Mensch ist ja so geartet, daß er sich immer noch eine Menge dazu erdenkt.

Ja, das stimmt, gute Regisseure hatte die Staatssicherheit. Inszenierungen im Sinne des Staates. Es gab solche Praktiken, daß eine Person an dem und dem Tag bei der und der Veranstaltung unerwünscht war. Dann wurden schon ein paar Dinge inszeniert, um ihn, ohne daß er das merkte, davon abzuhalten.

Dann gab es noch eine Zusammenarbeit für Geld, aber die war auf unserer Ebene nicht lukrativ. Es muß andere Ebenen gegeben haben, aber bei uns nicht.

Ja, ich glaube, daß diese Leute jetzt große Angst haben. Und das macht auch mir Sorgen, denn es könnte eine Lynchjustiz werden.

Unter den ehemaligen Mitarbeitern der Stasi erkenne ich drei Gruppen. Die einen, die die Entwicklung nach schmerzlichem Durchleben akzeptieren, andere, die integriert wurden, aber der Sache noch nachtrauern, und welche, die noch nicht integriert sind. Da sehe ich die Gefahr einer inoffiziellen Gruppenbildung und die Möglichkeit von Terrorismus. Davor möchte ich einerseits warnen, andererseits dazu beitragen, daß die Integration vorankommt.

Ja, eine innere dunkle Last empfinde ich, aber ich könnte keinen Fall besonders herausheben.

Ob nun aus diesem Publikationsprojekt etwas wird oder nicht, auf jeden Fall hat mir unser Gespräch geholfen.

Tapetenwechsel

13. 8. 93

Natürlich war meine Gefühlslage in unserem Gespräch damals eine andere als heute. Damals war ich in Untergangsstimmung. Damals hatte ich Angst, weil ich nicht wußte, wie es weitergehen sollte. Das ist jetzt anders. Existenzangst gibt es aber noch. Eigentlich ist sie immer irgendwie vorhanden. Schon weil ich kein gesichertes Einkommen habe. Aber ich bin nun kein Mensch, der daran zerbricht.

In Fragebögen schreibe ich in die entsprechende Spalte «deutsch». Doch habe ich mit dem Wort meine Probleme. Ich würde lieber «Brandenburg» schreiben, weil ich mit dem Begriff «deutsch» viel Negatives verbinde, zum Beispiel, wie Deutsche gegen andere vorgegangen sind und wie sie wieder auftreten, und weil ich mich da gerne abgrenzen möchte. Solche Schwierigkeiten hatte ich mit der DDR-Identität nicht. Sie erinnern sich vielleicht an unser erstes Gespräch.

<u>Jetzt habe ich gar keine Identität mehr</u>. Das geht sogar so weit, daß ich mich einmische, wenn jemand auf der Straße sagt: «Unsere Regierung.» Dann korrigiere ich ihn und sage: «Meine nicht.» Jetzt verstehe ich auch, daß jemand keine DDR-Identität haben konnte. Das war früher für mich unfaßbar.

Ich werde praktisch täglich mit meiner Vergangenheit konfrontiert. Täglich kommen neue Enthüllungen. Die Enttarnung von Inoffiziellen Mitarbeitern. Ständig muß ich mich dem stellen und zu meiner ehemaligen Tätigkeit Position beziehen. Immer mehr zeigt sich, wie fragwürdig und unsinnig vieles war. Das resultierte aus der damaligen Sicherheitsdoktrin, in der man gefangen war. Das ist die eine Seite.

Auf der anderen Seite gibt es auch Versuche, bestimmte Dinge hochzuspielen. Auch zu meiner Person. Ich bekam zum Beispiel aufgrund einer anonymen Anzeige ein Ermittlungsverfahren an den Hals. Was sich hinterher als Seifenblase erwies. Das hatte mit meiner Jagdwaffe zu tun. Ich wurde des illegalen Waffenbesitzes bezichtigt. Daran sieht man, daß ab und zu noch jemand seinen Ärger, begründet oder unbegründet, abarbeitet. Ich habe kein Verständnis für das Anonyme. Ich bin immer bereit, mit jedem über alles zu sprechen.

Es gab einen Fall im Rahmen meiner jetzigen Tätigkeit. Ich sollte einen Kunden besuchen, und da lauerten der Kunde selber und ein anderer mir regelrecht auf. Sie haben versucht, mich mit Worten zu verletzen. Ich habe ihnen zu bedenken gegeben, daß wir uns zum erstenmal gegenüberstanden und daß es doch nicht richtig wäre, alles auf mich abzuladen. Ich habe versucht, der Sache die Spitze zu nehmen, und bin gegangen. Das war eigentlich die einzige Konfrontation, die ich hatte. Ich hatte immer so etwas befürchtet. Aber da hat es mich dann doch unerwartet getroffen. Ich kannte die Leute überhaupt nicht.

Im Anfang habe ich Angst gehabt. Aber ich habe die Erfahrung gemacht, daß viele, die mich kennen, die wissen, wo ich gearbeitet habe, mich trotzdem akzeptieren. Viele sind heute meine Kunden und messen mich an den Leistungen, die ich jetzt erbringe.

Ich habe auch in der Hauptverwaltung des Unternehmens kein Hehl daraus gemacht, in meinem Lebenslauf zum Beispiel. Von dort aus gab es nie Probleme. Da wird man an der Leistung gemessen. Und ich bin nicht der einzige. Da ist noch jemand aus Berlin, der bei diesem Ministerium war.

Wir hatten ja früher ein starkes Feinddenken, ein Schubladendenken. Da bin ich zeitweise verärgert über mich selbst, daß mir das passiert ist. Ich kann es mir aber aus der Erziehung und aus allen möglichen anderen Faktoren erklären. Aber, das behaupte ich heute noch, ich war auch damals ein Mensch, der sich vielseitig informiert hat. Ich war immer diskussionsbereit. Nur das Verständnis, das ich heute habe, das hatte ich damals nicht. Und das bedauere ich.

Wenn man Schuld darstellt, muß es die Schuld des einzelnen sein. Das ist natürlich schwerer als dieses Pauschalisieren. Das Pauschalisieren ist einfacher und oberflächlich. Aber ich verstehe auch, daß es von vielen gemacht wird, die gar keinen Einblick haben und keinen

Einblick haben wollen. Das ist schon wieder ein politisches Mittel, das angewendet wird. Es geht um die allgemeine Schuldzuweisung. Durch das Rentenrecht wird versucht, alle sogenannten Staatsnahen mit dem finanziellen Knüppel niederzumachen. Das ist ein eindeutiges politisches Ziel. Wahrscheinlich der kurzen Zeit des Übergangs geschuldet. Irgendwann wird sich das abbauen. Aber zur Zeit wird es eben genutzt, um von eigenen Mängeln und Problemen abzulenken.

Was wußten Sie, was wußte ich denn über die Strafanstalten? Es gab Abteilungen, die dafür verantwortlich waren. Es gibt längst wieder neues Mißtrauen. Wenn es in DDR-Zeiten im Telefon geknackt hat, habe ich gesagt, das Telefon wird abgehört. Das sage ich heute genauso. Man kann doch schließlich nicht auf einmal ganz allein in der Leitung sein. Aber wenn es wirklich abgehört würde, es würde mich nicht interessieren. Es hat mich noch nie interessiert. Ich wußte auch, daß es bestimmte Maßnahmen des Abhörens innerhalb der Dienststelle gab. Es gab bestimmte Kontrollmaßnahmen. Das interessierte mich auch nicht. Es gibt schließlich allgemeine Methoden der Geheimdienste. Die sind bei allen gleich. Das fängt bei den inoffiziellen Mitarbeitern an. Ob das nun IM oder V-Mann heißt. Nur, schlimm ist es dann, wie mit solchen Leuten umgegangen wird.

Manche schotten sich ab. Versuchen es jedenfalls. Das geht nicht auf. Jeder Mensch lebt schließlich im Umfeld von anderen. Es ist ein Glaskasten, den man sich baut, der sehr schnell eingeworfen ist. Das werten sie dann als persönliches Versagen, oder sie lasten es der bisherigen Entwicklung und dem neuen System an. Neulich war ich einen Tag im Krankenhaus, und da habe ich einen ehemaligen Mitarbeiter getroffen, der schon zu DDR-Zeiten Rentner geworden ist. Der hat einen ganz engen Umgangskreis. Ehemalige Mitarbeiter oder ehemalige Genossen, und da haben wir über eine Person gesprochen, die war für den immer noch ein Feind. Schockierend. Dort ist das alte Feindbild sehr zementiert vorhanden. Und es ist keine Aussicht, daß das mal abgebaut wird.

Bei denjenigen, die jetzt in Rente oder im Vorruhestand sind, und die zu den sogenannten Systemnahen gezählt werden, ob das nun Angehörige bewaffneter Organe oder ähnliches waren, die also jetzt die vielen sozialen Probleme haben, bei denen gibt es drastische Diskussionen und Wut. Feindbilder verstärken sich da noch. Ich habe damals in unserem Gespräch gesagt, ich sehe die Gefahr, daß sich

Terrorismus entwickeln könnte, wenn das systematische Ausgrenzen anhält. Dazu stehe ich noch heute. Wie ist es denn mit der Enttarnung von ehemaligen informellen Mitarbeitern in der BRD. Oder der Prozeß gegen Markus Wolf. Das kann keine Aufarbeitung sein. Die ist unehrlich. Die schöne Bereitschaft, über alles zu sprechen, die es 1990 gegeben hatte, ist systematisch zerstört worden.

Beim heutigen Datum müßte man sich fragen, warum wurde die Mauer gebaut? Und wenn dann einer daherkommt und alles aus dem Zusammenhang reißt und isoliert darstellt, bekomm ich Wut. Angst ist gewollt, damit die Leute nicht so schnell zur Ruhe kommen. Ich bin absolut gegen eine Amnestie, weil eine Amnestie impliziert, daß es Schuldige gibt. Die Gauck-Behörde ist nur eine Institution zum Angstmachen. Um das Verhältnis Sieger und Besiegte zu unterstreichen. Dabei denke ich nicht so sehr an die Leute, die ihre Akten einsehen. Die Enttarnung der IM hätte man damals bei der Auflösung machen müssen. Jetzt wäre es historisch falsch und ungerecht. Diese Leute haben natürlich heute einen Zwiespalt in sich. Sie müssen sich fragen, war das richtig oder nicht. Ich kenne einige, die stehen noch dazu. Manche von ihnen habe ich in der Vergangenheit sogar selbst überzeugt.

Ich mische mich derzeit nicht in die sogenannte Parteienpolitik ein. Da halte ich mich ganz bewußt raus. Ich halte mich sogar in Kreisen, in denen ich nicht einschätzen kann, in welches Fettnäpfchen ich treten kann, aus politischen Diskussionen raus. Da bin ich sehr vorsichtig geworden. Ich bin noch PDS-Mitglied und zahle meinen Beitrag, aber mehr nicht. Ich weiß gar nicht, was die da heute in der PDS machen. Die Politiker heute können gar keine andere Politik machen als die, die sie eben machen. Weil die Politik, innerhalb der Machtmechanismen, der Wirtschaft untergeordnet ist. Nehmen wir doch mal die Frau Hildebrandt. Wenn die auf dem Stuhl des Herrn Blüm sitzen würde, es wäre möglicherweise in kleinen Dingen anders. Aber in der Grundtendenz kann sie es nicht anders machen. Jetzt kann sie schreien. Jetzt kann sie Opposition spielen. Aber wenn dann die SPD wirklich in diesen Sessel kommt, dann verliert sie ihr Gesicht.

Wir haben das doch einmal gelernt, und es beweist sich, modifiziert, immer wieder.

Man kann aber auch die Frage mal anders stellen: Was wäre passiert, wenn das DDR-System das überlegene gewesen wäre und die

BRD wäre angegliedert worden? Wie wären wir mit den Menschen umgegangen? Ausgehend von unserer Erziehung und dem Feindbild, das wir hatten.

Trotz meines größeren Wissens heute kann ich noch immer nicht sagen, was in DDR-Zeiten anders hätte gemacht werden sollen. Wo die Knackpunkte lagen.

Soviel steht fest, heute kann ich viel stärker auf meine Entwicklung einwirken als früher. Zu DDR-Zeiten konnte man sein Leben voraussehen. Wenn man ein Lehrerstudium absolvierte, konnte man schon ungefähr die Rente berechnen. Das Netz ist weggefallen. Wenn ich jetzt einen Salto mache, kann es passieren, daß ich auf die Erde falle. Aber früher durfte ich vielleicht gar keinen Salto machen.

Die DDR, wie ich sie kenne, würde ich mir nicht zurückwünschen. Die sogenannte größere Solidarität der DDR-Bürger war in keiner Weise echt. Sie war nur eine Kompensation. Weil es viele Dinge sowieso nicht gab. Da kommt natürlich die Frage, was man sich denn sonst wünschen würde. Ich weiß aber nicht, ob solche Gedankenspiele Sinn haben. Es ist eigentlich nur Gerede. Man muß versuchen, das ist jedenfalls mein Standpunkt, aus den Gegebenheiten für sich eine annehmbare Situation zu machen. Wenn ich heute die Wahl hätte, wenn ich auch als Lehrer arbeiten könnte, ich würde mich für meine jetzige Arbeit entscheiden.

Ich habe gelernt, besser zuzuhören. Differenzierter an Probleme heranzugehen. Diese Erfahrung möchte ich nicht missen. Das Glück für die DDR war die BRD. Das ist eindeutig, wenn man sieht, was heute in den anderen ehemals sozialistischen Staaten los ist. Das ist vielen Menschen dort ein Ärgernis. Den ehemaligen DDR-Bürgern ging es schon im Sozialismus nicht schlecht. Und nun wieder. Sie waren aber im Reden die Hundertfünfzigprozentigen, und wehe, es gab Tendenzen eines eigenständigen Sozialismus.

Ich möchte die DDR-Zeit in meinem Leben aber nicht missen. Es wäre ein riesiger Verlust. Man hat viel erlebt. Konsequenzen daraus gezogen. Mehr oder weniger jedenfalls. Man hat viel gelernt. Ich weiß nicht, welche Entwicklung ich genommen hätte, wenn ich gleich in der BRD geboren wäre. Garantiert eine andere. Weil dann auch meine Eltern andere gewesen wären. Man hätte vielleicht jetzt ganz andere Möglichkeiten. Aber ob das wirklich gut wär, zu den Siegern zu gehören? Mit unseren Erfahrungen, die wir einbringen – wenn wir sie einbringen –, können wir auch das Denken beeinflussen. Ich bringe meine Erfahrungen in die Gespräche mit meinen Partnern ein. Ich habe gegenüber Westdeutschen noch nie Vorbehalte gehabt. Jetzt sage ich mal was ganz Schlimmes: genauso, wie ich gegenüber anderen Ausländern noch nie Vorbehalte hatte.

Ich habe ein kameradschaftliches Verhältnis zu meinem Chef. Ja, das ist komisch mit der deutschen Sprache: Ich habe wieder eine Hauptverwaltung. Aber das ist nicht meine Formulierung. Wir verstehen uns auch privat recht gut, obwohl da ein großer Altersunterschied ist. Er ist vierzehn Jahre jünger als ich. Wir haben nie über meine Vergangenheit gesprochen. Er hat nie danach gefragt. Für ihn sind allein die Leistungen entscheidend. Er hat mich nicht eingestellt. Eingestellt hat mich ein anderer. Er kam erst danach ins Unternehmen.

In der Schule gab es damals diese Anhörung. Es sollte ein Prüfungsverfahren sein, ob ich als Lehrer geeignet bin. Dann war ich im Bereich Volksbildung als Hausmeister tätig und später bei der Filmbildstelle als Kraftfahrer, mit der Aussicht, zum 31. 8. 90 die Tätigkeit aufgeben zu müssen. Ich wurde zur Schulrätin bestellt und sollte einen Aufhebungsvertrag unterschreiben. Aus strukturellen Gründen, im gegenseitigen Einvernehmen. Damit war ich nicht einverstanden. Weil es keine strukturellen Gründe gab und schon gar kein gegenseitiges Einvernehmen. Da antwortete mir die Frau haßerfüllt, dann müsse sie mir eben kündigen. Da habe ich gesagt: «Tun Sie, was Sie nicht lassen können.» Drei Tage später flatterte mir dann die Kündigung ins Haus, mit der Begründung, durch meine ehemalige Tätigkeit sei nicht die Gewähr gegeben, daß ich Kinder im freiheitlich-rechtlichen Sinne erziehen kann. Und diese Begründung wollte ich haben.

Danach habe ich als Lagerarbeiter angefangen. Das war damals noch ein NVA-Lager, das dann von der Bundeswehr übernommen wurde. Und dazu habe ich parallel, als Nebenberuf, schon bei einer Versicherungsgesellschaft begonnen. Ich habe dann ein Versicherungsmaklerunternehmen kennengelernt. Das bedeutet, daß dieses Unternehmen mit mehreren Versicherungsgesellschaften Kooperationsverträge hat und daß ich als Makler bzw. als mehrfacher Agent – schon wieder Agent – das Günstigste auswählen und empfehlen kann. Zum Beispiel eine Hausratsversicherung kann ich für zwei Mark fünfzig pro Quadratmeter verkaufen oder für eine Mark zehn. Bei gleicher Absicherung. Das ist doch wohl ein kleiner Unterschied. Gerade in der Situation jetzt, wo jeder gern Geld spart. Also wir ziehen für unsere Kunden die Bonbons aus den Versicherungsgesellschaften raus.

Ich habe mich im Dezember neunzig dafür entschieden. Ich habe in dem Bundeswehrobjekt gekündigt, zum Entsetzen aller, die nicht fassen konnten, wie ich kündigen kann. In diesen zweieinhalb Jahren habe ich mir recht systematisch einen Kundenkreis aufgebaut. Es ist eine langfristige, gute Möglichkeit einer Existenz. Erfolgserlebnisse muß man sich selbst organisieren, aber sie sind da. Manchmal klappt nicht alles. Dann klappen Sachen, die man gar nicht einkalkuliert hat. Voraussetzung ist die Bewegung.

Meine Einmischung fängt bei mir bei der Beratung des Kunden an. Wenn der Vertreter, den er vorher hatte, von dem er glaubte, der würde ihn gut beraten, ihm nur teure Produkte verkauft, sprich: seine Provision hochgetrieben hat, sage ich dem Kunden: Das könnten wir günstiger, und jenes könnten wir günstiger. Dann verdiene ich auch dran, das ist klar, aber nicht soviel wie der vorhergehende. Und das erkennt der Kunde an. Da fängt für mich die Einmischung an.

Die Position, die ich jetzt habe, nennt sich «Geschäftsstellenleiter Kundendienst». Und mir unterstehen anleitungsmäßig derzeit vier Hauptberufler und eine ganze Menge Nebenberufler. Das wird in den nächsten Wochen erweitert. Ich bin verantwortlich für Berlin und Brandenburg. Selbst erweitere ich ständig mein Repertoire. Ich kann selbständig erweitern. Ich gehe dabei auch über Versicherungen hinaus, bis hin zu Finanzierungen.

Ich versuche, die Kunden durch Solidität zu überzeugen. Selbst wenn es manchmal nicht zu meinem Vorteil ist. Das hat nun wieder mit meiner Ausgangsbasis zu tun. Als ich mich für diese Tätigkeit entschieden habe, ist mir klargewesen, daß ich mir systematisch eine langfristige Sache aufbauen muß. Ich konnte darin nicht, wie manche auf dieser Strecke, einen kurzfristigen Gelderwerb sehen.

Jeder Mensch hat den Willen, sich selbst darzustellen, und macht sich oft ein falsches Bild davon, wie er bei den Menschen ankommt. Unsere Politiker haben zum Beispiel versucht, sich ihre Vorstellungen durch Fackelzüge und ähnliche Inszenierungen zu bestätigen. Das war wie Onanie. Aber das ist keine Eigenheit eines Politikers.

Weder eines sozialistischen noch eines jetzigen, sondern des Menschen an sich.

Ich habe vor einigen Wochen in Bochum einen Rhetorikkurs mitgemacht. Das ist eine Ausbildung für sogenannte Führungskräfte gewesen. Dort war alles zusammengewürfelt. Aus den neuen und aus den alten Ländern. Ich habe da vorn gestanden! Wie ein Stock. «Typische Oberlehrerhaltung», hat die Trainerin gesagt. Dabei war ich gar nicht lange Lehrer.

Wir bekamen Aufgaben gestellt, wurden bei unseren Versuchen mit der Videokamera beobachtet, und das wurde dann nach Mimik und Gestik ausgewertet und später auch nach strukturellem Aufbau. Im letzten Teil hatte ich eigentlich nie Schwierigkeiten, da ich selbst ein logischer Mensch bin. Mimik und Gestik sind aber auch enorm wichtig. Wenn die gegenläufig wirken, kann man alles verderben. Es gibt so ein paar Grundregeln. Ich war erschrocken, wie steif ich dastand. Eigentlich habe ich alles falsch gemacht. Aber das kann man lernen. Das heißt, es gab auch welche, die haben es nicht gepackt, sich zu ändern. Mein ganz großer Chef, der Chef des Unternehmens, hat eine Gabe für dieses freundliche Distanzieren – das ist einmalig. Das hat der sich anerzogen. Durch ständiges Training. Das wird keinem in die Wiege gelegt. In der ersten Zeit hatte ich damit meine Probleme.

Ich sagte schon, daß ich zu meinem Chef ein gutes Verhältnis habe. Auch im jetzigen System gibt es Wettbewerbe mit Prämien, und wir beide hatten zusammen eine Reise nach Florida gewonnen. Ich hatte mir in den Kopf gesetzt, auf dieser Reise brichst du das Sie. Er hat mir geantwortet: «Nehmen Sie mir das nicht übel, aber ich bin in diesem Unternehmen mit keinem per Du.» Da war für mich die Sache erledigt. Das war für mich eine neue Erkenntnis im Umgang mit Wessis, daß das nicht üblich ist. Selbst, wenn man sich ganz toll versteht, ist man per Sie. Das akzeptiere ich. Ich mache trotzdem meinen Flachs mit ihm.

Es ist nicht üblich, daß wir als Mehrfachagenten mit den Versicherungsgesellschaften selber in Kontakt treten. Das muß immer über die Hauptverwaltung gehen. Aber ich habe mir, weil es schneller geht und weil ich dann auch meine Probleme konkreter an den Mann bringen kann, in den Versicherungsgesellschaften Ansprechpartner geschaffen. Und ich bin dort als sehr konsequenter und sehr hartnäkkiger Verhandlungspartner verschrien. Das ist auch eine Wertschätzung. Es gibt Gesellschaften, die nachlässig sind und Absprachen nicht einhalten. Das sage ich denen knallhart. Wenn man sich eine gute Position erarbeitet hat, kann man sich das leisten. Das konnte ich vor anderthalb Jahren noch nicht.

Für meine Frau war die Umstellung schwieriger. Psychisch gesehen. Nicht, daß ich mich schneller wende, aber ich reflektiere das stärker. Sie ist vielleicht ein bißchen dogmatischer. Aber sie läßt sich auch nicht die Butter vom Brot nehmen.

Mein Sohn geht jetzt in die elfte Klasse. Er kommt recht gut mit den neuen Bedingungen zurecht. Bis vor kurzem hat noch eine DDR-Karte in seinem Zimmer gehangen. Jetzt ist neu tapeziert worden, und da ist die DDR verschwunden.

Die Falle

7. 12. 94

Ich habe als Kind zwölf Jahre im Heim gelebt. Doch ich habe den Kontakt zu meiner Familie wiedergefunden. Mit meinem Vater spreche ich zwar nicht mehr, aber zu meiner Mutter gehe ich fast jeden Tag. Sie war Alkoholikerin, und meine mittlere Schwester und ich, wir haben es ihr dann, fast möchte ich sagen, ausgetrieben. Sie trinkt heute keinen Tropfen Alkohol mehr. Nicht mal zu Silvester ein Gläschen Sekt. Nichts.

Ich bin dreißig Jahre alt. Ich bin glücklich, daß ich eine intakte Familie habe. Zwei Kinder. Ein Jahr und drei Jahre alt. Allerdings habe ich Zukunftsängste. Ich bin schon seit neunzig arbeitslos, und an Arbeit ranzukommen, daran ist gar nicht zu denken. Obwohl ich schon eine Umschulung mitgemacht habe. Ich war Teilfacharbeiter, Betonbauer, habe den Schweißerpaß nachgemacht und wurde zum Maurer umgeschult. Außerdem habe ich die Fahrerlaubnis gemacht, um vielseitig einsetzbar zu sein oder notfalls auch einen weiten Weg zur Arbeit akzeptieren zu können. Mir ist schon alles egal. Ich würde auch bis Bonn fahren und dort die Woche über bleiben, wenn ich bloß Arbeit bekäme. Aber da brauchte man Wohnung. Es führt kein Weg rein. Ich bekomme keine Arbeit. Ich verstehe das nicht. Gerade weil ich Kinder habe, ist es doch besonders wichtig.

Also ich empfinde den Staat, jetzt, als kinderfeindlich. Kinder zu haben ist eine richtige Bestrafung. Wenn jetzt die Sozialhilfe gekürzt und an der Arbeitslosenhilfe gespart werden soll, dann hat man doch den Eindruck, daß die sozialen Probleme immer schlimmer werden. Meine Frau ist noch im Erziehungsjahr, und wenn das vorbei ist, muß sie sich auch arbeitslos melden.

An sich könnte man die Kinder zu Hause behalten. Aber es ist wichtig, daß sie in die Kindertagesstätte gehen, damit sie etwas lernen. In dieser Beziehung wird doch viel getan. Ich habe das jetzt erst wieder bei den Weihnachtsfeiern gesehen. Aber wenn das Jugendamt nicht mitspielt, wenn wir die Kosten allein tragen müssen, dann wird das ganz schön hart. Mit tausend Mark Arbeitslosenhilfe, meine Frau bekommt vom Sozialamt nur noch sechsundzwanzig Mark, weil ich schon die tausend habe, das Kindergeld noch – das macht insgesamt tausendsechshundert Mark für eine vierköpfige Familie. Da darf dann wirklich keine größere Ausgabe hinzukommen.

Normalerweise müßten sie bei den oberen Zehntausend anfangen zu kürzen. Bei den Politikern, zum Beispiel. Wenn man hört, was die an Diäten kassieren. Einer, der auf dem Bau arbeitet, verantwortet doch mehr als ein Politiker, der vielleicht keine einzige Entscheidung allein trifft. Die ganzen Kürzungen gehen immer nur zu Lasten der Kleinen, die sowieso schon unten sind. Die oben bekommen noch was dazu. Manch einer wollte vielleicht, daß die Grenzen aufgemacht werden. Aber in der DDR haben wir auf gewisse Art besser gelebt. Zumindest war der Staat sozialer.

Ich kann mir nicht vorstellen, daß das gut ausgeht. Die Inflation wird immer größer werden. Vielleicht werden wir auch eines Tages eine Million für ein Brot bezahlen und mit einer Schubkarre einkaufen gehen, um das Geld zu transportieren. Was soll's, Ersparnisse habe ich sowieso nicht.

Hier bei den Senioren leiste ich «gemeinnützige Arbeit». Ich habe mal was verbockt und hätte jetzt in den Strafvollzug gemußt, weil ich das Geld nicht bezahlen konnte. Und da war der Betrieb hier bereit, mich die Stunden ableisten zu lassen. Dadurch bekomme ich das schlimmere Ende nicht zu fassen.

Man gerät schnell in etwas rein. Ich bin überzeugt, die Gewalttätigkeit kommt durch den Frust. Das Potential war sicher immer da. Aber es ist erst jetzt so richtig aufgeblüht. Schlägereien sind ja nichts Neues. Aber die Radikalen und die Banden, die Menschen überfallen und ausrauben, die wollen sich beweisen. Das läuft ja auch unter Mutproben. Jeder will sich doch irgendwo mal beweisen. Und wenn es nichts anderes gibt. Da braucht bloß einer zu sagen, du traust dich ja doch nicht, und schon kann es passieren. Man begreift erst später, was das für Konsequenzen hat. Zu spät.

Zwanzig Jahre alt möchte ich noch mal sein. Und mit meiner Erfahrung von heute.

Als Heimkind weiß ich, wovon ich rede. Heimkinder, die mit achtzehn rauskommen, die haben schon einen Schuß weg. Sie mußten mit der Trennung von den Eltern fertig werden. Außerdem ist es da drinnen, wo so viele verschiedenartige Typen beieinander sind, ziemlich schwer, sich zu beweisen, Anerkennung zu finden. Je größer die Mutprobe, um so besser steht man da. Glaubt man jedenfalls, im ersten Moment.

Wenn ich meine Kinder nicht hätte, wer weiß, wo ich dann heute schon wieder wäre. Was mit mir passiert, das ist mir schietegal. So ist eben meine Stimmung. Doch den Kindern will ich auf jeden Fall ersparen, was ich erlebt habe. Neulich habe ich gesehen, wie sie eine Familie mit fünf Kindern wegen Mietrückständen aus der Wohnung geschmissen haben. Die Möbel standen einfach auf der Straße. Die hausen jetzt in einer verfallenen Bude wie die Tiere.

Vorstellungen, was geändert werden müßte, habe ich schon. Aber das ist so viel, daß ich nicht wüßte, wo ich jetzt anfangen sollte. Als einzelner ist man sowieso machtlos. Jetzt kann man seine Meinung offener diskutieren. In der DDR-Zeit haben wir immer gesagt, man hat neunundneunzig Pflichten und ein Recht. Jetzt hat man das Recht, etwas zu sagen. Aber ob man gehört wird, das steht auf einem ganz anderen Blatt.

Wenn ich meinem Chef jetzt etwas sagen würde, was dem nicht in den Kram paßt, dann würde der ein paar Tage warten, bis er mich bei irgendeinem Fehler ertappt, und dann bin ich draußen. Und warum! Weil das ein Westdeutscher ist. Das ist sein ständiges Auftreten. «Guten Morgen» kennt er überhaupt nicht. Das Wort «bitte» hat er wahrscheinlich aus seinem Wortschatz gestrichen.

Gerade in diesen Wochen vor Weihnachten, da muß ihm doch sein Verstand, selbst wenn er ein Morgenmuffel ist, sagen, daß er mal ein bißchen gute Laune an den Tag zu legen hat. Wenn das schon der Chef nicht in die Reihe bekommt. Er müßte sich doch in Grund und Boden schämen, wenn er sein Verhalten mit unserem vergleicht. Wie wir mit den Leuten umgehen. Und mit ihm. Da habe ich schon manchmal das Gefühl, eine Schleimspur hinter mir herzuziehen. Aber das ist für mich das Knigge-Einmaleins. Wir versuchen den Leuten, die hierher kommen, die Eindrücke, die er hinterläßt, durch besondere Freundlichkeit auszugleichen. Er ist sicher kein Einzelfall. Wer oben sitzt, der kann nach unten drücken. Wo ich sonst mal gejobbt habe, das waren kleine Familienbetriebe, da bleibt die Höflichkeit nicht auf der Strecke.

Unsere Stadt liegt ja nun nicht weit von der ehemaligen Grenze. Aber ich fahre sehr selten rüber. Ich habe einfach kein Bedürfnis danach. Wir kommen uns dort wie Menschen zweiter Klasse vor, und es wird uns auch so gezeigt.

Eigentlich ist das Leben eine riesige Falle. Aber ich bin keine Maus.

Barbourjacke und Korksandaletten

10.10.94

Meine Mutter stammte aus der DDR. Sie hat ihre Eltern jahrelang nicht sehen können, weil sie geflüchtet war. Später, ich war noch ein kleines Kind, sind wir öfters bei meinen Großeltern in Staßfurt gewesen. Nach dem Tod meiner Großeltern sind dann die Beziehungen dahin abgebrochen, weil mein Cousin Reisekader war und keinen Kontakt haben durfte. Das war für mich wie eine andere Welt, mit der ich nichts zu tun hatte. Bei uns zu Hause wurde nur von der Ostzone gesprochen. Sehr beschäftigt hat mich das nicht. Nach den Erzählungen der Erwachsenen hatte ich immer die Vorstellung, die DDR ist grau und ein bißchen ärmlich. Andererseits wußte ich auch, den Leuten geht es nicht schlecht. Jedenfalls nicht schlechter als in vielen Ländern der Welt.

Ich bin jetzt zweiunddreißig. Bis zu meinem achtzehnten Lebensjahr habe ich mit meinen Eltern in einer bayerischen Kleinstadt gelebt. Dann wurde es mir dort zu eng. Auch die Menschen waren mir zu engstirnig. Außerdem hatte ich zur Schule kein gutes Verhältnis. Ich war schon einmal sitzengeblieben. So kam es, daß ich die Schule kurz vor dem Abitur abbrach und nach Nürnberg ging. Ich wollte raus und Geld verdienen.

Durch Zufall konnte ich in Nürnberg ohne vorherige Lehre bei Karstadt als Verkäuferin anfangen. Aber im Laufe der Zeit merkte ich, ohne Abitur und Studium läuft später nichts. Ich habe deshalb in Baden-Württemberg das Abitur nachgemacht. Dort habe ich auch meinen späteren Mann kennengelernt. Nach dem Abitur war ich zwei Jahre als Fremdsprachenkorrespondentin in Heidelberg. Dann bin ich drei Monate in Barcelona gewesen. Dort habe ich für eine spanische

Firma gearbeitet und Spanisch gelernt. Anschließend habe ich in Worms vier Jahre Betriebswirtschaft studiert.

Nachträglich gesehen hatte das ganze Hin und Her seinen Sinn für mich. Ich habe viel mehr erlebt und kennengelernt, als es auf vorgezeichneten Bahnen möglich gewesen wäre. Aber als ich mittendrin war, hat es mich eher geängstigt, und ich war oft sehr unzufrieden mit mir. Meine Eltern hatten viel Verständnis für mich und haben meine Ausbildung finanziert. Natürlich mußte ich noch eine Menge nebenbei machen, weil ich sonst mit dem Geld nicht gereicht hätte.

Inzwischen war auch mein Mann mit seiner Ausbildung als Journalist fertig. Er hatte einen Job in Wien. Da wollte ich aber nicht hin. Wir dachten an eine größere deutsche Stadt. Köln, Hamburg oder Berlin kamen in Frage. München wollten wir beide nicht. Da fiel die Mauer.

Man wußte zwar von der Geschichte her, daß es mal ein Deutschland gegeben hatte, aber die Nachricht vom Mauerfall war unfaßbar. Keiner hatte erwartet, daß es so schnell gehen würde.

Wir waren gerade in Hamburg und erlebten das Getümmel in der Fußgängerzone und in Altona. Es war befremdlich. Man hat sich gefreut. Alle Menschen waren fröhlich und haben sich angelacht. Und trotzdem war es auch peinlich. Man wußte nicht, was man miteinander reden sollte. Vielleicht habe nur ich es so empfunden, aber mir erschienen diese Reaktionen, daß da Bananen oder ein Paket Kaffee unter die Scheibenwischer gesteckt wurden, beschämend. Es war einige Tage Ausnahmezustand in Deutschland. Die Trabis durften auf dem Bürgersteig stehen, die Geschäfte hatten immer geöffnet. Also es war alles sehr komisch.

Ich habe mich gefreut, und wenn ich die rührenden Szenen gesehen habe, war ich so betroffen, daß mir die Tränen kamen. Ich saß da, heulte und wußte gar nicht richtig, warum. Über die Konsequenzen hat man nicht nachgedacht. Ich war froh, als die Arbeit meines Mannes wieder etwas mehr Sachlichkeit in diese Situation brachte.

Ob das Ganze ein Glück ist, muß letzten Endes jeder für sich selbst entscheiden. Das hängt auch ein bißchen davon ab, was einer daraus macht. Ich glaube, es hat keine Alternative gegeben. Politik und Massenwille trafen zusammen. Es war einfach faszinierend dabeizusein. Die zur Besonnenheit mahnten, blieben, wie meistens, ungehört.

Man kann ja etwas, was man unmittelbar erlebt, selten in seiner historischen Tragweite richtig einschätzen. Man erlebt es vielleicht als chaotisch und beängstigend, und in zehn Jahren ist man stolz, daß man sagen kann: Ich war dabei. Im Ausland ist die Vereinigung als großes Ereignis angesehen worden.

Uns Deutsche verbindet, daß man nicht einfach sagen kann, man ist stolz auf sein Land. Schon gar nicht im Land selbst. Da kommt man gleich in die rechtsradikale Ecke. Und im Ausland schämt man sich auch immer ein bißchen. Man schämt sich sogar der Erfolge. Die Wende war doch eine historische Leistung. Aber man schämt sich, das zuzugeben. Ich dachte während der Wende immer, das wäre vielleicht eine Chance, wieder normal über Deutschland sprechen zu können. Aber man freut sich nicht drüber. Oder wenn man sich freut, kann man es nicht zugeben.

Dieses Bohren nach Schuld ist eine selbstzerstörerische Angewohnheit der Deutschen. Kaum hat jemand Erfolg, heißt es: Da ist bestimmt ein Haar in der Suppe. Ob der nicht doch mit der Stasi... Der Mensch kann mit Schuld nicht gut leben. Entweder die Verdrängung funktioniert, oder er ist ein Selbstmordkandidat.

Mein Mann bekam ein Angebot in Berlin. Ich dachte, daß es für jemand wie mich, der gerade Betriebswirtschaft studiert hatte, in Berlin sicher Arbeit geben müßte, und so entschlossen wir uns, nach Berlin zu gehen.

Ein Freund fragte an, ob ich nicht in Magdeburg im Rahmen von Weiterbildungsmaßnahmen arbeiten wollte. Das hat mich auf die Idee gebracht, dies in Berlin zu versuchen. Und es hat geklappt.

Ich habe für drei Weiterbildungsinstitutionen unterrichtet: Betriebswirtschaft, Volkswirtschaft, Projektmanagement und Beschaffungsmarketing. Ich hatte meine Kenntnisse vom Studium und auch Praxis. Aber ich hatte die Leute, mit denen ich es zu tun bekam, falsch eingeschätzt.

Das waren Leute um Vierzig bis Fünfzig, die in den Betrieben freigesetzt worden waren. Vor denen stand ich mit meinen knapp dreißig und wollte ihnen etwas erzählen.

Einmal waren es vor allem Geisteswissenschaftler. Gebildete, hochinteressante Leute, die aber auf dem neuen Markt keine Chance mehr hatten und die nun einfach in diese Ausbildung gesteckt worden waren. Mit ihnen hatte ich sehr interessante Diskussionen. Wir blieben selten beim Thema. Mir wiesen sie in der Diskussion die Rolle eines Gegners zu, die ich übernahm. Es machte sogar Spaß.

Einmal waren es Ingenieure aus dem Schwermaschinenbau, der zugemacht worden war.

Dann ein sehr harter Kurs aus ehemaligen Verkäufern. Die hatten überhaupt keine Lust. Und man mußte sich auch wirklich fragen, wozu sie diese abstrakte Volkswirtschaft brauchten. Man wird doch von Kind an darauf gedrillt, zu fragen, was will man und wie man es mit möglichst wenig Aufwand erreicht. Die waren vollkommen gegen mich. Die jüngste war zwanzig und der älteste achtundfünfzig. Es war dieser Verkäufertyp, den es in Ost wie West gibt, der immer ein wenig schmuddelig aussieht, der irgendwo an einem Kleiderständer lehnt, sich mit Kollegen unterhält und wenn man ihn etwas fragt, sagt: Gucken Sie doch mal hinten ins Regal.

Ich war jung, dynamisch und erfolgreich. Ich sah schick aus. Ich habe mich immer bemüht, adrett aufzutreten. Ich stand vorn wie der Inbegriff des Besserwessis und sollte ihnen Marktwirtschaft beibringen, worauf sie überhaupt keinen Bock hatten. Sie fragten, wozu sie es denn gebrauchen könnten. Ich fragte zurück, ob sie denn überhaupt schon einmal im Westen einkaufen gewesen wären. Und sie erwiderten: Wie denn? Wir sind doch arbeitslos.

Ich mußte sie durch die Prüfung bringen. Sollte ich zur Schulleitung gehen? Ich habe mit ihnen gemeinsam einige große Kaufhäuser besucht und die Front allmählich aufgebrochen. Am Ende wurde ich mit Blumen und Schokolade verabschiedet. Ich habe ihre Probleme ja verstanden. Aber ich trug doch daran keine Schuld. Obwohl es damals noch ziemlich gut ausging, war es sehr belastend.

Ich glaube, man konnte in den letzten Jahren schon an der Kleidung feststellen, ob sich jemand an die neue Gesellschaft anpassen wollte oder nicht. Da reichten manchmal schon die Schuhe. Zum Beispiel diese Korksandaletten, die man im Osten noch trug, obwohl sie schon seit Jahren aus der Mode waren. Man sieht die auch jetzt noch. Ich weiß nicht, ob die so gut gearbeitet waren, daß sie sich so lange gehalten haben. Aber wenn man Frauen damit sieht, weiß man hundertprozentig, die sind aus dem Osten.

Wenn jemand so rumläuft, macht man eben die Schubladen auf

und steckt ihn da rein. Es gibt Feinheiten. Es ist beispielsweise nicht so wichtig, was für eine Jeanshose jemand trägt, sondern wie er sie trägt, in Kombination mit welchen Dingen. Da muß man das richtige Maß finden. Gleich nach der Wende habe ich mal gesagt, die Ossis sind wie die Elstern, weil sich viele ganz bunt und grell anzogen. Möglichst mit Goldschuhen und Glitzerdingen. Damals gab es die Jeans mit Pailletten drauf oder mit Perlchen. Ich habe es das «Elsternsyndrom» genannt. Und dann – ich kann eben keine weißen Socken zu schwarzen Schuhen anziehen und auch nicht die Ärmel am Jackett aufkrempeln.

Ich sehe es eigentlich umgekehrt. Es ist keine Verkleidung, sondern eher eine Enthüllung. Dadurch, daß man sich in bestimmter Art und Weise kleidet, mit bestimmten Schmuckstücken, Frisuren, Brillen ausstattet, gibt man den anderen Signale über seine Lebenseinstellung und darüber, zu welcher Gruppe man sich zugehörig fühlt.

Wer zum Beispiel eine Barbourjacke trägt, das sind gewachste Jakken, die das englische Königshaus eingeführt hat und die es inzwischen auch in Deutschland gibt – wer es weiß, erkennt sofort, ob es eine Originaljacke ist oder nicht –, wer also so eine Jacke anzieht, von dem kennt man die Lebenseinstellung. Der hat so ein Country-Weltgefühl. Der versucht Luxus und Natur zu verbinden.

Man sieht den Menschen ja zuerst von außen. Wenn man sich zum Beispiel auf dem Heiratsmarkt bewegt, dann wählt man sich die Kleidung, die einen zu einer bestimmten Gruppe zugehörig erscheinen läßt. Die Feinheiten entscheiden. Der Hosenstoff. Ob das Seidentuch, das man hat, eines von Ernest oder Chanel ist. Oder ob es in Hongkong nachgemacht wurde.

Wenn Sie das alles ignorieren, geben Sie auch ein Lebensgefühl preis. Wie man das wertet, ist eine andere Sache. Entscheidend ist letzten Endes Ihr Gesamtbild. Ihr Erscheinungsbild. Ihr Auftreten. Ich will das jetzt nicht so drehen, als liefe jeder Wessi ständig durch Warenhäuser und Boutiquen und fragte sich, was ziehe ich jetzt an, damit meine Umwelt erkennt, was für ein Mensch ich bin. Auch schon dadurch, daß man eben bestimmte Sachen nicht trägt, oder wie man sie trägt, gibt man etwas von sich zu erkennen.

Wir haben erst in Kreuzberg in einer Wohnung des Betriebes meines Mannes gewohnt. Später sind wir in den Osten Berlins, in eine Ausflugsgegend, gezogen.

Mein Traum war immer, in einer großen Altbauwohnung mit hohen Stuckdecken und Parkettfußboden zu leben. Hundert Quadratmeter sollte sie haben. Wir haben uns einen Wohnberechtigungsschein geholt. Das Problem war, daß wir nicht verheiratet waren. Wir bekamen ihn zwar sofort, aber jeder nur einen Schein für ein Zimmer. Zusammenlegen ging nicht. Wir mußten also auf dem freien Markt suchen. Wir haben auf ein Angebot in der Zeitung geschrieben, auf Chiffre. Wir stellten fest, die Wohnung war durch die Anzeige schlecht vermarktet worden. Sie entsprach genau unseren Vorstellungen, und wir hatten wenig Konkurrenten.

Es war ganz erstaunlich, wie viele unserer Bekannten sagten, wie könnt ihr denn in den Osten ziehen. Und dann gleich noch so weit raus. Einer fragte sogar, ob es denn überhaupt elektrischen Strom gäbe. Es kamen auch Freunde aus dem Westen zu Besuch, die erstaunt waren, daß es im Osten überhaupt solche Wohnungen gab. Eine Freundin sagte zu mir: «Ich weiß nicht, wenn ich in Italien bin, fühle ich mich besser als bei euch, sobald ich aus der Tür trete.»

Etwa alle vier bis sechs Wochen bekomme ich einen Ostkoller. Dann nervt mich hier einfach alles. Wenn ich aus dem Haus gehe und jede Menge Leute treffe, die im Jogginganzug oder sonst irgendwie ungepflegt durch die Gegend laufen. Oder die einfach asozial aussehen. Die ganze Umgebung ist grau. Die vielen Baustellen, die Staus. Wenn erst einmal solche allgemeine Unzufriedenheit aufkommt, ist das Kind schon in den Brunnen gefallen. Da wird man dann auch ungerecht.

Es ist nicht so leicht. Die Menschen rundum sind mir sehr fremd. Mein Nachbar geht in lappigen Turnhosen und mit Unterhemd seine Schrippen holen. Manchmal denke ich, vielleicht bin ich in eine falsche Zeit geboren. Aber es gibt im Westen auch solche Gegenden. Es ist bloß nicht so spürbar. Dort kann man leichter unter seinesgleichen bleiben.

Dadurch, daß ich jetzt schwanger bin, habe ich eine größere Verantwortung. Eine Verantwortung für diesen neuen Menschen. Ich möchte eigentlich nicht, daß der in Brandenburg aufwächst. Unter Menschen, die so wenig Stil haben. Ich möchte, daß er Menschen trifft, die sich noch Ideale bewahrt haben, die meinesgleichen sind, mit denen ich mich am Abend treffen, in gepflegten Gaststätten sitzen und mich unterhalten kann. In gepflegter Umgebung. Nicht wie hier, wo der Marktplatz teilweise von Großplattenhäusern umgeben ist und wo in der Mitte ein tristes Toilettenhäuschen vor sich hin dämmert. Wenn ich zum See hinuntergehe, zur Anlegestelle, dann gibt es dort nur die eine Imbißbude mit Pommes und Cola. Wie schön könnte das alles sein!

Ach, es ist schwer zu erklären.

Wo die Stadt nach innen wächst

11.12.94

Meine Eltern waren selbständige Geflügelzüchter. Ich hatte drei Geschwister. Wir sind alle sehr kritisch. Eine Schwester lebt im Westen. Sie war gerade am Wochenende zu Besuch bei uns. Bei solchen Gelegenheiten kommen, meistens während der Mahlzeiten, sehr aufwühlende Gespräche zustande.

Ich merke immer wieder, daß meine Schwester es nicht vertragen kann, wenn man an diesem demokratischen Staat Kritik übt. Wir Ossis haben ja nun das riesengroße Glück, in beiden Staaten gelebt zu haben und dadurch auch kritikfähiger zu sein. Ich höre dann immer: «Wollt ihr etwa die alte DDR wiederhaben?» Aber darum geht es überhaupt nicht. Es geht eigentlich darum, gemeinsam etwas Neues zu machen.

Es wird schon als persönlicher Angriff gewertet, wenn man sagt, daß alle eigentlich nur abzocken, die Banken, der Staat, die Versicherungen. Aber es ist doch tatsächlich so. Wir versuchen, mit viel Engagement etwas aufzubauen, Arbeitsplätze zu schaffen, aber für uns persönlich bleibt unter dem Strich nichts. Das ist der große Frust des Mittelstandes im Osten überhaupt. Die geringe Finanzierung. Die sagen alle: Mein Gott, wie konnte ich das bloß machen, mich so in den Regen stellen, mich total verschulden. Nun habe ich deswegen schlaflose Nächte.

Ich habe schon in der DDR-Zeit angefangen. Ich hatte nach dem Abitur das Tischlern gelernt. Eines Tages bekam ich das Angebot, einen Stoffladen zu übernehmen. Da hatte ich dann die Idee, aus den Stoffen etwas zu machen, und habe mich noch für den Schneiderbereich qualifiziert. Ich begann, mit sechs Mitarbeitern modische Dinge zu produzieren. Nichts Überkandideltes. Immer so in der Kombination klassisch – modern. Damals hatte ich keine Schulden und führte eigentlich ein recht ruhiges Leben. Es hat Spaß gemacht, weil man für den Kunden wirklich etwas tun konnte.

Und dann, von heute auf morgen, diese knallharte Marktwirtschaft. Die ist zwar in den ersten zwei Jahren sehr gut gelaufen, weil der Bedarf groß war. Inzwischen ist die Konkurrenz auf dem Markt eine ganz andere geworden. Jetzt muß man sich seine Nische suchen, um konkurrenzfähig zu bleiben. Ich fahre in Schienen der mittleren bis etwas gehobeneren Preissegmente, die eben die Ketten nicht fahren. Nur so hat man eine Überlebenschance, wenn man überhaupt eine hat. Die Ketten kreisen die Stadt ein, ehe sich das Zentrum stabilisiert hat. Die Stadt wächst von außen nach innen. Das kann nicht aufgehen.

Im Oktober neunundachtzig kam ein befreundeter Orthopäde zu uns und sagte: «Da gibt es eine Gruppe junger Leute im Rahmen der Kirche, die sind in der Friedensbewegung aktiv, und die wollen jetzt etwas machen, demonstrieren. Wir müssen die jungen Leute schützen.»

Wenn sich die ortsansässigen Ärzte zusammentaten, dann war das schon eine Macht.

Wir trafen uns bei einem Maler, der etwas außerhalb wohnte. Heute wissen wir, daß die Stasi überall dabei war. Das war eine aufregende Zeit. Wir bereiteten die ersten Veranstaltungen vor. Es ging darum, wer redet. Einer nach dem anderen äußerte Bedenken: «Ich habe Kinder!» Und das geht nicht, und das geht nicht. Letztendlich war mein Mann derjenige, der sagte: «Na gut, ich mache es. Meine Kinder sind erwachsen. Brauchen keinerlei Studienplatz.»

Ich habe unheimliche Angst gehabt. Habe mir eine Erkältung weggeholt, die ich drei oder vier Monate nicht wieder losgeworden bin. Eine Wendeerkältung.

Wir waren immer sehr intensiv beschäftigt. Wir bauten Gruppen auf, für die Wirtschaft, für die Umwelt, für die Kultur, für die Schulen, und was sonst noch so anlag. Die runden Tische entstanden. Dann kamen 1990 die Wahlen. Da dachten wir, wir müßten weitermachen. Wir konnten doch das, was wir angefangen hatten, nicht einfach hängenlassen.

Ich saß vier Jahre im Parlament und habe den Wirtschaftsausschuß geleitet. Ich habe dadurch ein bißchen Einblick. Ich erlebte hautnah, wie schwer es ist, Demokratie zu praktizieren. Es ist allein schon ein Problem, den ganzen Verwaltungsfilz zu durchschauen. Die Superwessis kamen und versuchten, so schnell wie möglich eine Bundesrepublik zu schaffen. Ich muß im nachhinein sagen, wir haben uns nicht genug dagegen gewehrt. Haben nicht konsequent genug darauf bestanden, auch Eigenes durchzusetzen. Natürlich waren unsere Möglichkeiten auch dadurch beschränkt, daß vielen Dingen der Einigungsvertrag im Weg stand. Aber das übersahen wir damals noch gar nicht.

Manchmal waren es nur Kleinigkeiten, oder wir dachten, daß es nur Kleinigkeiten wären. Damals erschien es uns wichtig, daß es überhaupt erst einmal weiterging. Zum Beispiel mußten wir uns ganz schnell einem Sanierungsträger in die Hand geben, der die ganzen Mittel, die die Stadt bekommt, verwaltet. Man war sich der Tragweite solcher Dinge, die man damals beschlossen hat, nicht immer bewußt. Manches, was übergestülpt wurde, stammte aus den sechziger Jahren und hatte sich in den alten Bundesländern unter ganz anderen Bedingungen bewährt, paßte aber gar nicht in unsere Situation. Die Chance des langsamen Wachsens wurde vollkommen vertan. Um noch einmal auf die Sanierung zurückzukommen: Unser schöner mittelalterlicher Stadtkern verfällt jetzt stellenweise noch schneller als in der DDR-Zeit. Das verfällt buchstäblich vor den Augen. Viele Häuser sind wegen der ungeklärten Eigentumsverhältnisse nicht mehr bewohnt. Und das ist für Häuser Gift.

Es gab gewisse Regelungen, die man in Anspruch nehmen konnte, zum Beispiel das Investitionsvorranggesetz. Ich konnte das Haus, in dem ich die Produktion begonnen hatte, käuflich erwerben. Hatte also den Vorrang, weil ich investierte. Das ist schon ein echter Vorteil. Aber es gibt Probleme, weil man zuwenig Eigenkapital hat. So gut war der Verdienst in der DDR nicht, daß man Eigenkapital schaffen konnte, jedenfalls nicht so viel, daß es nach der Währungsunion unterm Strich auch noch eine einigermaßen ausreichende Summe darstellte. Das haben nur ganz wenige geschafft. Es gab natürlich eine Menge, die irgendwie ihren Reibach gemacht haben. Aber dazu gehöre ich nicht.

In der Berufsgruppe meines Mannes, im medizinischen Bereich, hat sich der kommerzielle Gedanke besonders schnell durchgesetzt.

Ich kann mich noch erinnern, daß mein Schwager, der für die Zahnärzte zuständig war, gesagt hat: «Erhaltet doch die Polikliniken. Das ist doch billiger. Da könnt ihr doch wirklich echt etwas Gemeinsames machen. Es muß sich nicht jeder bis über die Ohren verschulden. Geräte können gemeinsam genutzt werden. Man kann mit wesentlich mehr Rückenfreiheit arbeiten.»

Aber da gab es dann eine starke Lobby von der anderen Seite, die Angst hatte, es würden da auch Polikliniken entstehen.

Die vielen Abgaben und Beiträge machen einen kaputt. Abgaben an die Versicherungen, an die Berufsgenossenschaft. Die Lohnnebenkosten sind viel zu hoch. Die sind natürlich auch deshalb so hoch, damit gewisse völlig unproduktive Berufsgruppen viel Geld verdienen. Das sehe ich eigentlich überhaupt nicht ein.

Es ist doch so: Wenn ich jetzt meinen Leuten ein Gehalt von viertausend Mark geben und sagen würde, davon müßt ihr eure ganzen Abgaben selbst abführen, dann würden die sich ein bißchen wundern. So haben sie immer das Gefühl, daß sie zuwenig Geld bekommen. Aber was ich alles für sie tun muß, das sehen sie gar nicht.

Wenn der soziale Frieden nicht erhalten bleibt, dann ist das eine ganz gefährliche Sache. So gefährlich, wie wir es uns nicht vorstellen können. Und was nützt es mir, wenn ich vielleicht in einem schönen Haus sitze und muß mich von mehreren Wachdiensten schützen lassen.

Wenn ich sehe, wie die Politik verkommt, wie es kaum noch jemandem ums Ganze geht, sondern jeder nur seinen Posten absichert, wenn ich das sehe, wird mir wirklich angst. Ich habe mir sagen lassen, daß es unheimlich schwer ist, als Bundestagsabgeordneter ein Ostthema auf die Tagesordnung zu bringen. Wenn man wieder aufgestellt werden will, läßt man lieber die Finger davon. Nur wenige bleiben da am Ball.

Es geht eines ins andere. Nehmen wir nur die geringe Förderung des kulturellen Bereiches. Sie wirkt sich negativ auf die gesamte Entwicklung einer Gegend aus. Sogar auf die Wirtschaftsentwicklung. Mancher potentielle Investor, der großes Interesse hatte zu kommen, ist durch ein Veto seiner Familie gebremst worden, die ganz andere Ansprüche an eine Region hatte. Um auf meinen Bereich zurückzukommen: Wenn man nur durch die Stadt geht und die Läden sieht, dann weiß man sofort, daß es eine Stadt ist, in der vor allem arme Leute leben. Denn sonst würden sich doch andere Läden halten. So entsteht ein Kreislauf. Wenn nichts da ist, kommen die Leute nicht, wenn die Leute nicht kommen, passiert da nichts.

Die Verwaltungsleute sagen, das regelt alles die Marktwirtschaft. Das ist Käse. Vielleicht war das im Westen im Laufe der vierzig Jahre so. Aber doch nicht hier, wo alles Hals über Kopf ging. Gewisse Dinge hätten schon gesteuert werden müssen. Um zu große finanzielle Verluste zu verhindern. Wenn jetzt viele Pleite machen, so hat das Unsummen Geld gekostet, Fördermittel, und das war meiner Meinung nach unnötig.

Es ist Wahnsinn, was in diesen paar Jahren alles passiert ist.

Ich habe Menschen kennen- und schätzengelernt, mit denen ich vorher keinerlei Kontakt hatte. Das bedeutete für mich eine große Entwicklung. Ich bin in diesen Jahren ein politischer Mensch geworden. Ich mache mir auch Gedanken darüber, wie das alles weitergehen soll auf der Welt. Nicht nur in Deutschland, sondern auch ringsum. Wie man die großen Unterschiede abbauen kann. Damit nicht die einen ganz reich sind und die anderen auf der Straße liegen und hungern.

Was ich in meiner parlamentarischen Tätigkeit alles gelernt habe! Ich bin wirklich ein ganz anderer Mensch geworden. In diesem Sinn habe ich für mich sehr profitiert. Mein Mann ist manchmal eifersüchtig auf die Bücher und Zeitschriften, die ich lese.

Politik ist viel zuwenig transparent. Der Bürger weiß eigentlich überhaupt nicht, was ein Politiker macht.

Die Leute dachten, ich hätte mir die Läden kraft meiner Beziehungen beschafft. Das Gegenteil war der Fall. Ich habe die eigenen Dinge vernachlässigt. Aber niemand hat mein Engagement gewürdigt, sie haben gedacht, ich bereichere mich, und haben mich nicht wiedergewählt.

Mich stört, daß neben der Jagd nach dem Geld nichts bleibt. Die Freundschaften gehen kaputt. Das Verhältnis zwischen den Menschen verändert sich rasant. Es gibt nur noch wenige Gruppen, die miteinander reden können, die noch etwas bewegen wollen.

Aber wir haben schließlich die Erfahrung, wie schnell sich so etwas ändern kann.

Hochzeitsreise nach Amerika

1.3.95

Sie: Als Kind habe ich in Tempelhof gewohnt. Am deutlichsten erinnere ich mich an einen Spielplatz, der gegenüber in einer Häuserlücke lag und auf dem nie Kinder spielten. Aus irgendeinem Grund beschäftigte mich das. Wenn wir mal da hinübergingen, wurden wir von den Leuten, die aus den Fenstern hingen, weggescheucht, weil wir nicht hingehörten.
Ich bin die Jüngste von drei Geschwistern. Mein Vater ist selbständig. Im Baugewerbe. Meine Mutter ist Schuhverkäuferin und leitet jetzt eine Filiale.
Ich habe keine Berufsausbildung. Ich hatte auf der Trabrennbahn Mariendorf eine Lehre als Pferdewirtin angefangen. Ich mag Pferde. Aber die Arbeit war mir zu schwer. Auch war man da ohne Versicherungsschutz. Eines Tages habe ich die Lehre geschmissen. Danach habe ich eine ABM-Stelle an einem Krankenhaus gehabt. Dort war ich Anlernling als Telefonistin. Am Ende war ich kaufmännische Angestellte. Jetzt bin ich arbeitslos.
Durch meinen geschiedenen Mann war mein Verhältnis zu meinen Eltern getrübt. Die waren gegen diese Heirat gewesen. Jetzt renkt sich das wieder ein.

Er: Ich bin im Osten, in Köpenick groß geworden. Meine Kindheitserfahrungen sind ähnlich. Wir spielten am liebsten im Hof hinter dem Haus. Das hat die Leute vom Parterre gestört. Besonders, wenn wir dort Fußball spielen wollten. Ich habe damals viel gelesen. Vor allem utopische Literatur. Die DDR-Bücher zu diesem Thema mochte ich nicht besonders. Da war alles zu steril.

Meine Eltern haben mich oft mit ihren Gängeleien genervt. Aber wenn man dann selbst Kinder hat, ertappt man sich bei den gleichen Sprüchen.
Meine Berufswahl wurde durch Erfahrungen vom Unterrichtstag in der Produktion bestimmt. Dort mußten wir elend lange aus einem Stück Eisen irgend etwas feilen. Es war grauenhaft. Es ging und ging nicht vorwärts. Und irgendwann hatte man schief gefeilt. Dann stimmte das Maß nicht mehr. Da dachte ich mir: So etwas machst du nicht mit. Bei Holz kannst du an die Säge gehen. Und etwas anleimen, wenn es nicht stimmt.
Ich wollte Tischler werden. Mein Vater hätte es lieber gesehen, wenn ich Autoelektriker geworden wäre, damit ich später sein Auto reparieren konnte. Da kam meine Mutter eines Tages nach Hause und sagte, der Mann einer Arbeitskollegin würde in der Yachtwerft in Köpenick arbeiten und dort ein Schweinegeld verdienen. Ich habe mir das angesehn. Der Kaderchef sah aus wie Theo Lingen. Ich bekam eine Lehrstelle als Bootsbauer. Hinterher erfuhr ich, daß es gar nicht so einfach war, auf der Yachtwerft eine Lehrstelle zu bekommen. Ich hätte auch gern Abitur gemacht, aber das durften aus der Klasse nur drei, und die standen fest. –
Ich habe fünfzehn Jahre auf der Yachtwerft gearbeitet. Das ist eine lange Zeit. Wir haben für Sportvereine produziert. Mein Gebiet waren die Rennruderboote. Da war die DDR Spitze. Es wurde viel reingebuttert. Aber wenn es schiefging, waren die Boote schuld, wenn es klappte, war es das Verdienst der Trainer.
Mein Arbeitskollektiv war eine ganz tolle Truppe. Wir treffen uns heute noch einmal im Jahr.
Nach der Wende verdiente man auf der Werft nicht mehr genug. Ich habe mir gesagt, jetzt willst du das auch ein wenig auskosten. Ein Auto haben. Reisen machen. Ich habe auch mit meiner Tochter gesprochen, ob sie einverstanden ist. Das hieß für sie, mehr allein zu sein. Sie hat zugestimmt.
Ich wurde Arbeiter in einer Firma in Tegel. Dieser Großbetrieb unterschied sich vom Prinzip her gar nicht von der Yachtwerft. Da war dieselbe Hierarchie, dieselbe Schlamperei. Da war dasselbe Geschiebe von irgendwelchen Geldern. Gearbeitet wurde weniger für mehr Geld. Im Prinzip ging es nur um das Abzocken der Berlinförderung.

Ich hatte große Hemmungen gehabt, im Westen zu arbeiten. Aber mit der Zeit legte sich das. Schließlich machte die Bude bankrott. Ich bekam zwar eine schöne Abfindung, aber es wurde mir doch etwas mulmig. Ich ging zur Justiz. Zum Strafvollzug. Ich bin noch zwei Jahre in der Ausbildung.
Am neunten Mai wird es ein Jahr, daß wir uns kennen. An dem Tag wollen wir uns verloben.
In der Anfangszeit mit ihr habe ich gedacht: Das kann es doch nicht geben. Da muß doch irgendwo ein Haken sein. Weil es so gut ging mit uns beiden. Es war manchmal richtig beängstigend. Jetzt ist es der absolute Traum. Sieht sie nicht gut aus!
Sollte es normal laufen, dann heiraten wir nächstes Jahr und machen unsere Hochzeitsreise nach Amerika.
Amerika war ja zu DDR-Zeiten nur negativ besetzt. Nach der Wende habe ich mir eine Karte genommen und gesagt: Hier will ich hin, da will ich hin. Dann habe ich Hotelzimmer gebucht, bin rübergeflogen, habe mir ein Auto gemietet und los ging's. Zusammen mit meiner vierzehnjährigen Tochter. Das war im letzten Sommer.
Als wir uns über den Weg liefen, war alles schon gebucht, und sie konnte nicht mit. Natürlich haben wir jeden Tag telefoniert. Den Luxus haben wir uns geleistet.

Sie: Aber noch mal lasse ich ihn nicht alleine weg. Ich muß ehrlich sagen, das Beste, was mir passieren konnte, ist, daß ich ihn kennengelernt habe.
Ich bin geschieden. Ich war mit einem Araber verheiratet. Der hatte das typische Machogehabe. Ich durfte nicht allein auf die Straße. Warum ich das überhaupt mitgemacht habe! Ich war total abhängig. Zu den Eltern hatte ich keinen Kontakt, denn die waren gegen diese Heirat gewesen. Zwei Kinder und keinen Pfennig eigenes Geld. Von dem Mann geschlagen und eingesperrt. Wenn noch einmal jemand so etwas mit mir versuchte, ich würde zum Messer greifen.
Kennengelernt haben wir uns über ein Ehevermittlungsinstitut, wohin ich durch eine Freundin gekommen war: Diese Freundin war zu der Zeit auch ohne Partner. Ich bin mitgegangen, ohne ernsthaft zu glauben, daß ich dort vielleicht den Mann fürs Leben finde. Bei mir hat's dann geklappt, bei meiner Freundin nicht.
Erst einmal mußte man so eine Art Personalbogen ausfüllen und

seinen Obulus bezahlen. Nach einer Woche kamen die ersten Vorschläge. Da war er schon dabei. Wir haben uns telefonisch verabredet.

Er: Ich hatte meine Frau zwei Jahre vorher durch einen Verkehrsunfall verloren. Das war ein großer Schock für mich gewesen. Ich hatte wenig Gelegenheit, wegzugehen und jemanden kennenzulernen. Ich war vorher schon bei Ostagenturen gewesen und hatte auch auf Annoncen geschrieben. Aber das war nie das Richtige gewesen.
Ich war nicht auf eine Westfrau aus. Daß ich an diese Westagentur geraten bin, lag nur daran, daß sie mal im Fernsehen vorgestellt wurde und daß sie nicht so teuer war. Hier ging es auch beinahe schief. Sie kam nicht zur Verabredung, und ich habe schön blöd an der Weltzeituhr am Alex rumgestanden. Ich war wütend. Ich habe gedacht, mit Westleuten kommt man nicht klar. Das stimmt aber nicht. Manchmal, wenn so eine Schweigezeit ist, dann frage ich sie, was sie gerade gedacht hat. Und in den meisten Fällen stellt sich dann heraus, daß wir das gleiche gedacht haben.

Sie: Es gibt aber im Westen auch welche, die sagen: Jetzt kommen die blöden Ostler und wollen uns was erzählen! Es kommt immer drauf an, auf welche Person man trifft. Man kann nicht alle über einen Kamm scheren.
An dem Abend, als wir verabredet gewesen waren, kam meine achtjährige Tochter eine Stunde zu spät nach Hause. Ich hatte mich ziemlich aufgeregt und war froh, als sie wieder da war.
Als ich eine Stunde zu spät zum Alex kam, war er schon weg. Ich habe gleich bei ihm angerufen. Da war seine Tochter am Telefon, und die hatte eine Stimme wie eine erwachsene Frau. Da war ich erst einmal bedient. Ich dachte, der reißt Frauen auf und hat in Wirklichkeit eine zu Hause sitzen. Schließlich bekam ich ihn doch ans Telefon, und da klärte sich alles. Zwei Stunden später saß ich im Garten einer Gaststätte und wartete auf ihn. Einmal kam ein einzelner Mann vorbei. Ich dachte: O Gott, hoffentlich nicht der. Dann eine Gruppe von Männern, denen man die Säuferkarriere von weitem ansah. Ich dachte: Lieber Gott, bloß keiner von denen. Als er dann kam, dachte ich: Ja, wenn es der ist! Und der war es. Er hat mir sofort gefallen. Vorbehalte, weil er aus dem Osten kam, hatte ich überhaupt nicht.

Er: Unsere Eltern haben sich auch schon angefreundet. Ihre Schwester und ihr Schwager sind ganz lustige Typen. Die verscheißern einen manchmal ganz schön. Vor allem wegen der Ossisprache, die man noch so drauf hat. Worte wie «Plaste» oder «Zellstofftaschentücher». Da muß man immer ein bißchen auf der Hut sein und sich seiner Haut wehren. Aber das ist nicht böse gemeint.

Sie: Nein, es gibt nichts, wovor ich Angst habe. Ich wünsche mir, daß wir heiraten.

Das Erbe des Sozialismus

«Es ist eine Illusion zu glauben, das Problem der Stasi-Akten ließe sich dadurch erledigen, daß man einen riesigen Betondeckel über sie legt, so daß niemand mehr herankommt.»
Joachim Gauck

Joachim Gauck
Die Stasi-Akten *Das unheimliche Erbe der DDR*
(rororo aktuell 13016)

Rudolf Herrnstadt
Das Herrnstadt-Dokument *Das Politbüro der SED und die Geschichte des 17. Juni 1953 Herausgegeben von Nadja Stulz-Herrnstadt*
(rororo aktuell 12837)
Das Herrnstadt-Dokument enthüllt, wie tiefgehend die Krise der DDR-Führungsspitze vor, während und nach dem Aufstand vom 17. Juni 1953 war.

Günter Schabowski
Das Politbüro *Ende eines Mythos. Eine Befragung. Herausgegeben von Frank Sieren und Ludwig Koehne*
(rororo aktuell 12888)
«Mich bedrückt, daß ich ein verantwortlicher Vertreter eines Systems war, unter dem Menschen gelitten haben.»
Günter Schabowski

Cora Stephan (Hg.)
Wir Kollaborateure *Der Westen und die deutschen Vergangenheiten*
(aktuell 13218)

Joachim Walther / Wolf Biermann / Günter de Bruyn u. a. (Hg.)
Protokoll eines Tribunals *Die Ausschlüsse aus dem DDR-Schriftstellerverband 1979*
(rororo aktuell 12992)

Georg Lukács / Johannes R. Becher / Friedrich Wolf u. a.
Die Säuberung *Moskau 1936: Stenogramm einer geschlossenen Parteiversammlung Herausgegeben von Reinhard Müller*
(rororo aktuell 13012)

Helga Königsdorf
Unterwegs nach Deutschland
Über die Schwierigkeit, ein Volk zu sein: Protokolle eines Aufbruchs
(rororo aktuell 13618 / Okt. '95)

rororo aktuell

Soziale Konflikte

Dirk Brouër, Herbert Trimbach u.a.
Offene Vermögensfragen - ein Ratgeber *Der Streit um Häuser, Datschen und Grundstücke: Zur veränderten Rechtslage in den neuen Ländern*
(rororo aktuell 13672)

Daniela Dahn
Wir bleiben hier oder Wem gehört der Osten *Vom Kampf um Häuser und Wohnungen in den neuen Bundesländern*
(rororo aktuell 13423)
Mehrere Millionen Menschen in den neuen Bundesländern sehen die Grundlage ihrer Existenz gefährdet. Sie wissen nicht, ob und wie lange sie noch in ihren Häusern und Wohnungen bleiben können. Der Band beschreibt die desaströsen Folgen der bis heute üblichen Rechtspraxis – «Rückgabe vor Entschädigung» – und entwickelt Perspektiven für eine politisch wie sozial vertretbare Eigentumsregelung.

Götz Eisenberg/Reimer Gronemeyer
Jugend und Gewalt *Der neue Generationenkonflikt oder Der Zerfall der zivilen Gesellschaft*
(rororo aktuell 13352)

Walter Hanesch u.a.
Armut in Deutschland *Der Armutsbericht des DGB und des Paritätischen Wohlfahrtsverbandes*
(rororo aktuell 13420)

Holger Rosenberg/Marianne Steiner
Paragraphenkinder *Erfahrungen mit Pflege- und Adoptivkindern*
(rororo aktuell 12989)

Wolfgang Schmidbauer (Hg.)
Pflegenotstand – das Ende der Menschlichkeit *Vom Versagen der staatlichen Fürsorge*
(rororo aktuell 13118)

Burkhard Schröder
Heroin *Sucht ohne Ausweg? – Ein Aufklärungsbuch*
(rororo aktuell 13276)

Bernd Wagner (Hg.)
Handbuch Rechtsextremismus *Netzwerke, Parteien, Organisationen, Ideologiezentren, Medien*
(rororo aktuell 13425)

rororo aktuell

aktuell ESSAY

Alain Finkielkraut
Die Niederlage des Denkens
(aktuell Essay 12413)

Antonia Grunenberg
Antifaschismus – ein deutscher Mythos
(aktuell Essay 13179)
In unserem Jahrhundert der Ideologien war Antifaschismus eine der bewegendsten politisch-ideologischen Kräfte. Für viele bleibt er das einzige Erbe der jüngeren Geschichte, das zählt. Doch dieses Erbe ist ein Mythos. Die Geschichte des Antifaschismus ist von totalitären Visionen, Denkblockaden, Gewalt und beschädigten Helden geprägt. Eine demokratische Kultur muß sich diesem Mythos stellen.

Hans-Jürgen Heinrichs
Inmitten der Fremde *Von In- und Ausländern*
(aktuell Essay 13219)

Gunter Hofmann
Willy Brandt – *Porträt eines Aufklärers aus Deutschland*
(aktuell Essay 12503)

Joachim Kahl
Das Elend des Christentums *Erweiterte Neuausgabe*
(aktuell Essay 13278)

Sonja Margolina
Rußland: Die nicht-zivile Gesellschaft

Claus Leggewie
Alhambra - der Islam im Westen
(aktuell Essay 13274)

Sonja Margolina
Rußland: Die nichtzivile Gesellschaft
(aktuell Essay 13424)

rororo aktuell

Ein Gesamtverzeichnis der Reihe *rororo aktuell* finden Sie in der *Rowohlt Revue*. Jedes Vierteljahr neu. Kostenlos in Ihrer Buchhandlung

aktuell ESSAY

Johannes Beck
Der Bildungswahn
(aktuell Essay 13421)
«Bildungsnotstand» – dieser
populäre und vielzitierte
Begriff führt in die Irre, sofern
er die Aufmerksamkeit
lediglich auf die anachro-
nistisch gewordenen «Lern-
vollzugsanstalten» bündelt.
Zu diagnostizieren ist
vielmehr ein moralischer
Notstand unserer Gesell-
schaft. Die immer wieder
beklagte Bildungskrise ist in
Wahrheit eine Art Bildungswahn: Die totalitär geworde-
ne Pädagogisierung sämtlicher
Lebensverhältnisse.

Walter Janka
Schwierigkeiten mit der Wahrheit
(aktuell Essay 12731)

Peter Nádas/Richard Swartz
Zwiesprache *VierTage im Jahr 1989*
(aktuell Essay 13277)

Bahman Nirumand
Leben mit den Deutschen *Briefe an Leila*
(aktuell Essay 12404)

Chaim Noll
Nachtgedanken über Deutschland
(aktuell Essay 13120)
Leben ohne Deutschland
(aktuell Essay 13619)

rororo aktuell

Ein Gesamtverzeichnis der
Reihe *rororo aktuell* finden
Sie in der *Rowohlt Revue*.
Jedes Vierteljahr neu.
Kostenlos in Ihrer Buch-
handlung.